中央财政支持地方高校发展行政法重点学科资助项目，上海市一流学科法学（B类）资助项目

民国初期行政法院发展史研究

邱之岫　著

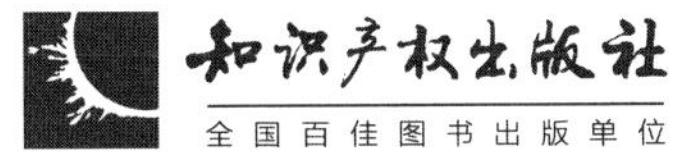

图书在版编目（CIP）数据

民国初期行政法院发展史研究/邱之岫著. —北京：知识产权出版社，2014.1

ISBN 978-7-5130-2566-9

Ⅰ.①民… Ⅱ.①邱… Ⅲ.①法院—法制史—中国—民国 Ⅳ.①D929.6

中国版本图书馆 CIP 数据核字（2014）第 019837 号

内容提要

本书以时间为脉络，援引史料客观地介绍了民国时期平政院、行政法院的中国行政法院发展历史。分别从平政院、行政法院的内部机构设置、人员任用资格、审判组织的构建，平政院及行政法院对于行政诉讼案件的受案范围、审理程序、案件审结的数量的影响，该时期的经典案例等多个维度，介绍、剖析了行政法院的演变历程。

责任编辑：崔　玲　　**责任校对**：董志英

封面设计：SUN 工作室　　**责任出版**：卢运霞

民国初期行政法院发展史研究

Minguo Chuqi Xingzhengfayuan Fazhanshi Yanjiu

邱之岫　著

出版发行：知识产权出版社有限责任公司　**网　址**：http://www.ipph.cn

社　址：北京市海淀区马甸南村 1 号　**邮　编**：100088

责编电话：010-82000860 转 8121　**责编邮箱**：cuiling@cnipr.com

发行电话：010-82000860 转 8101/8102　**发行传真**：010-82000893/82005070/82000270

印　刷：北京科信印刷有限公司　**经　销**：各大网上书店、新华书店及相关专业书店

开　本：787mm×1092mm　1/16　**印　张**：17.75

版　次：2014 年 1 月第 1 版　**印　次**：2014 年 1 月第 1 次印刷

字　数：320 千字　**定　价**：48.00 元

ISBN 978-7-5130-2566-9

自　　序

本书恰逢平政院制度设置距今天百年之际，付梓并得以出版，备感荣幸和欣慰。

“鉴往知来”，但如果不知道“自己”的过往又如何瞻望未来，必更茫然于当下。“凡走过，必会留下痕迹”，作者只是希望通过对行政法院发展与演变的每一个历史脚印的细腻观察与不懈追逐中，客观地叙述变迁经过，从历史考察的角度以及行政法治的角度，探索这段被忽略的行政法院发展脉络与轨迹，所关怀的是在中华大地这块土地上曾经有效实施的行政法院制度的设计、行政诉讼法律规则及曾经发生过的行政法议题，从历史的实践情况中汲取启示。

“宪法毁逝，行政法长存”，这是德国联邦行政法院院长 FritzWerner 曾说过的一句至理名言，从另一角度也揭示了宪法与行政法密不可分的关系。法学是指以特定法秩序为基础及界限借以探讨法律问题之答案的学问。行政法治的发展依托于宪法实施环境，对于民国初年的平政院、国民政府的“行政法院”发展与演化的掌握，若不对照其所处的宪法规范与宪法实施体制，恐怕只会流于其表或行政诉讼规则的简单堆砌，而不能窥其精髓与脉络，还会造成以今日之观念误析、妄评昔日之制度的悖论。本书以上述不同时期的宪法实施体制与宪法实施背景，作为分析该时期平政院与行政法院制度设计的基础坐标，分别从平政院、行政法院的内部机构设置、人员任用资格、审判组织的构建、行政诉讼案件受理与审结的种类、行政法院对于行政诉讼案件的审理程序等多个维度，对行政法院的体制设计进行了侧面的观察与剖析。另外，经多方查找，终获不同时期行政法院的原版判决书，通过这些原版案例的呈现与分析，感受行政法院在该历史时期的效能和行政诉讼规则的运用。

法治的影响是有延续性的，这段发生于中华大地上的百年行政法院制度也同样如此。基于从民初平政院到国民政府时期的“行政法院”，透过史料与文献的梳理，尝试能否发现可供对照、反省的行政法院制度与行政诉讼规则素材，前车之鉴，汲取精华，为我所用。在这个过程中，值得一提的是笔者为革命先驱追求民主、热爱法治之精神所感动：魏源先生、康有为先生、孙中山先生、张东荪先生、汪大燮先生、王宠惠先生、张知本先生、朱采真先生、茅祖权先生、王龄希先生及当代的林纪东先生、蔡志芳先生、翁岳生先生等，搁笔后的很长一段时间在脑中萦绕，崇拜与汗颜交织，难以用语言表达。

感谢我的先生和女儿，没有他们的爱与帮助，我无法完成本书的写作。

2013 年 5 月

目　　录

第一章

平政院建立的背景

一、清末西方宪法实施思想的渗透与宪法实施的社会实践

在中国古史的分期中，自公元前221年秦统一中国开始至1911年辛亥革命，近两千年的历史称之为封建社会。[①] 清朝（1644—1911）是中国封建史上的最后一个王朝，自1644年李自成率领的农民军攻陷北京，明崇祯帝自杀，清军乘机入关打败农民军，多尔衮迎顺治帝入关，定都北京开始，至1911年辛亥革命爆发，清朝统治被推翻，共历十帝，二百六十八年。清代中期创造了著名的“康乾盛世”，乾隆五十五年（1790年）左右，据说其人口达到了近三亿，占当时世界人口的近1/3，中国的经济总量占世界第一位，中国的外贸长期顺差，当时世界上50万人以上的大城市有10个，中国占了6个。[②] 18世纪德国著名的哲学家沃尔夫（1679－1754）在其名著《自然法》中论述道：中国之所以能够保持自然法则所赋予人的理性和力量，一个重要的原因，是因为它一直被深受儒家思想、道德和智慧教育并影响的开明君主所统治。开明君主的典范是执政长达60年的康熙皇帝。孟德斯鸠在1748年出版的《论法的精神》一书中写道：我们的传教士告诉我们，那个幅员辽阔的中华帝国的政体是可赞的，它的整体的原则是畏惧、荣誉和品德

① 对当代的该种权威说法学界一直有争议，最早提出质疑的是何新先生，1986年何新先生在《中国古代社会史的重新认识——从近年出版的两部史著看当代中国史学理论的危机》一文中提出：中国式学界称秦汉以后为“封建”时代，是硬套欧洲历史模式所造成的“概念和术语的错乱”；武汉大学历史学院冯天瑜教授的一书《“封建”考论》又将这种质疑推向了高潮，认为封土、封臣是封建生产关系的前提，政权分散、土地不可让渡是区分是否封建制的重要标准，而非贵族是土地所有制、中央集权君主专制与封建主义是不相兼容的，将秦以后说成是封建社会的观点是“泛封建观”，它既不符合封建的“古义”和“西义”，又与马克思封建社会的原论相悖；司马迁也曾在《史记》中写道自从秦始皇统一中国后废封建，立郡县。

② 《学习时报》编辑部．落日的辉煌——17、18世纪全球编剧中的“康乾盛世”［M］．北京：中共中央党校出版社，2001：3，7.

兼而有之……①

随着启蒙之后西方的崛起，辉煌的清朝却恰恰开始衰败，西方思想家心目中的“东方乐园”早已被“东方落后”论所替代。著名的哲学家黑格尔说：东方人认为普天之下有一个人是自由的；希腊和罗马人认为一些人是自由的；德意志人认为所有的人都是自由的。英国继1688年宪法实施革命之后，18世纪又率先实现了工业革命成为当时最强大的资本化主义国家。1840—1842年、1856—1860年先后两次对中国发动了鸦片战争。鸦片战争的炮火轰开了封闭几千年的古老中国的大门，迫使腐败的清政府和英国、美国、法国签订了一系列不平等条约，包括《南京条约》《五口通商章程》《虎门条约》《中美五口贸易章程》《中法五口通商章程》。鸦片战争摧毁了晚清自给自足的自然农业经济，动摇了家长式专制主义的统治制度，撼动了儒家以“礼”为核心的传统文化以及建筑在其基础之上的法律制度。在鸦片战争的炮火硝烟中，“民主”“法治”“人权”“三权分立”、宪法实施等西方的法律制度也随之而入。在中华大地上不知发生过多少战争，但最终执掌政权者都将会以儒家的礼仪文化为其统治的根基或利用儒家礼仪为其统治服务，所以从某种程度上说以汉人为主的中华民族永远是胜利者。但这场战争不同，它挑战了中国两千年一成不变的文化理念和中央集权的君主统治方式。彻底颠覆了“有我薄人、无人薄我”的中国人妄自尊大的思维，迫使满目创伤的中华民族重新审视自己，睁开眼睛观察世界，寻找新的对策、建立新的根基。“三代以上，天皆有不同的天，地皆有不同的地，人皆有不同的人，物皆有不同今日之物。天官之书，古有而今无者若干星，古无而今有者若干星；天差而西，岁差而东；是天不同后世之天也……”②

清朝末年最早出现了一批以魏源、郑观应、洪仁玕等人为代表的

① 孟德斯鸠．论法的精神［M］．北京：商务印书馆，2005：151.

② 夏新华．近代中国宪法实施历程：史料荟萃［M］．北京：中国政法大学出版社，2004：3.

早期主张学习西方先进文化与先进科学的先驱者。魏源（1794—1857）这位著名的爱国主义思想家和知识渊博的学者第一次提出“以夷攻夷、师夷长技以致夷”的方针；洪仁玕（1822—1864）也是中国近代史上较早提出师学西方、建立资本主义国家的启蒙人物之一，“所谓‘以法法之’者，其事大关世道人心，如纲常伦纪，教养大典，则宜立法以为准焉……”①以《盛世危言》在中国的启蒙史中占有重要席位的郑观应（1842—1922）论述道：“盖闻立国之本在乎得众；得众之要在乎得情。故夫子谓：人情者圣人之田，言理道所有生也……议院者，公议政事之院也。集众思，广众益，用人行政一秉至公，法诚良、意诚美矣……盖五大洲有君主之国，民主之国、君民共主之国。君主者偏权于上，民主者偏权于下，君民共主者权得其平。……方今二十世纪立宪时代非立宪国几不能立于世界……”②

19 世纪末期变法图强、移植西方法律及法治理念的思潮燃遍中华大地。康有为（1858—1927）是资产阶级改良派的代表人物，自 1888 年起先后九次上书光绪皇帝建议变法图强以抵御外国入侵，中日甲午战争以后，康有为又联合在京会试的举人 1 300 余名上“万言书”，要求清政府拒绝和日签订合约，迁都抗战，君主立宪变法维新。

1898 年康有为在给光绪皇帝“请定立宪开国会折”中写道：“臣窃闻东西各国之强，皆因立宪法开国会之故，国会者，君与国民共议一国之政法也。盖自三权鼎立之说出，以国会立法，以法官司法，以政府行政，而人主总之，立定宪法，同受治焉……立行宪法，大开国会，以庶政与国民共行之，行三权鼎立之制，则中国之治强，可计日待也……”③ 该奏折将西方的宪法实施思想作为强国的工具首次呈现在

---

① 夏新华. 近代中国宪法实施历程：史料荟萃［M］. 北京：中国政法大学出版社，2004：5.

② 夏新华. 近代中国宪法实施历程：史料荟萃［M］. 北京：中国政法大学出版社，2004：11.

③ 夏新华. 近代中国宪法实施历程：史料荟萃［M］. 北京：中国政法大学出版社，2004：17.

最高统治者面前，从而使变法与否成为朝廷官员热议的主题之一，君主立宪主张也由民间传播到了社会官吏的最上层。“戊戌六君子”之一的梁启超在1896年发表的《论不变法之害》一文中又将变法图治上升到了危及国家、种族生存的高度，“法者，天下之公器也；变者，天下之公理也。大地既通，万国蒸蒸，日趋于上。大势相迫，非可阙制。变亦变，不变亦变。变而变者，变之权操诸已，可以保国，可以保种，可以保教……”① 1901年梁氏又在其代表作《立宪法议》首次对宪法的概念作了阐释：宪法者何物也？立万世不易之宪典，而一国之人，无论为君主、为官吏、为人民，皆共守之者也，为国家一切法度之根源。此后无论更何令，更何法，百变而不许离其宗者也……盖为宪法者，一国之元气也。② 梁启超在这里深刻阐述了西方宪法实施国家法律面前人人平等的思想，颠覆了数千年的君为臣纲、父为子纲、夫为妻纲的中国儒家伦理文化中的架构。提出了宪法作为一国之母法的至上性、根本性、永恒不变性。这反映出梁启超先生对西方的宪法实施文化较以前有了更为全面的认识。在这篇文章中，梁启超先生还具体提出了中国实施立宪法实施体的具体方案与步骤：“然则中国今日遂可行立宪法实施体乎？曰：是不能。立宪法实施体者，必民智稍开而后能行之。日本维新在明治初元，而宪法实施在二十年之后，此其证也。中国最速亦须十年或十五年，始可以语于此。问者曰：今日既不可遽行，而子汲汲然论之何也？曰：行之在十年以后，则定之当在十年以前……”③ 可见，早期的启蒙思想家并没有忽略中国的具体社会现实而盲目移植西方的宪法实施制度，而是尽力将西方宪法实施文化与中国普遍的思想观念相融合，循序渐进使之本土化。从某种程度上说梁启超先生的宪法实施方略对辛亥革命后的理论产生了一定的影响，孙中山先生提出的军政、训政和宪法实施的方案不能不说是建筑在梁氏的

① 李华兴，吴家勋. 梁启超文集［M］. 上海：上海人民出版社，1984：12.
② 吴家勋，李华兴. 梁启超文集［M］. 上海：上海人民出版社，1984：148.
③ 吴家勋，李华兴. 梁启超文集［M］. 上海：上海人民出版社，1984：154.

宪法实施方略基础之上，可谓同出一辙。

戊戌变法、义和团运动失败后，20 世纪初期，出现了以孙中山（1866—1925）、章太炎（1869—1936）等为代表的主张民主共和的革命派，并在中国宪法实施理论界形成了君主立宪与民主共和的论战，从而拉开了中国近代宪法实施理论的序幕。流亡海外的康有为、梁启超认为君主立宪是适宜中国的最佳体制，对西方理论的近距离接触使其开阔了眼界，在 1902 年的《新民丛报》上康有为发表系列文章——“公民自治”篇，在参照了美国、英国、日本关于公民的理论基础上，提出了中国公民的资格定义：“今中国举公民之制，凡住经年二十以上，家世清白，身无犯罪，能施贫民，能纳十元之公民税者，可许为公民矣。”对于地方自治问题，康有为提出：今欧美之日强，人民之日智，地利之日出，学校之日盛，机械之日精，……此其本非在国政也，非在政府及疆吏令长之一二人也，乃由于举国之公民，各竭其力，尽其智，自治其乡邑，深固其国本故也。非惟欧美而日然也，日本明治维新以来，行地方自治而骤强矣。[①] 可见，康有为在畅想中国未来君主立宪体制之后，开始着手研究宪法实施的下一深层次问题，公民的资格、中央与地方的关系等问题，为日后的普选以及国家的管理模式，作理论上的探讨与准备。特别是地方自治制度的优越性的认识——人人参与国家的管理，充分发挥公民的创造力与智慧，折射出了高度中央集权统治下知识分子少有的开明与伟略。与此同时，1903 年 11 月华兴会成立，革命派邹容于同年在《苏报》发表了由章太炎作序的被誉为近代中国的“人权宣言”的《革命军》：

吾但信卢骚、华盛顿、威曼……

有生之初无人不自由，即无人不平等，初无所谓君也，所谓臣也……故我同胞今日之革命，当共遂君临我之异种，杀尽专制我之君主，以复我天赋人权，以立于性天智日之下，已与我同胞熙熙攘攘，

① 何勤华，李秀清．外国法与中国法——二十世纪中国移植外国法反思［M］．北京：中国政法大学出版社，2003：33．

游幸于平等自由城郭中。

国民者，有自治之才力，有独立之性质，有参政之公权，有自由之幸福，无论所执何业，而皆得为完全无缺人。

吾见夫法、美等国无君可忠，而其国人尽瘁国事之义务，殆一日不可缺焉。

自格致学日明，而天予神授为皇帝之邪说可灭；自世界文明日开，而专制政体一人奄有天下之制可倒；自人智日聪明，而人人皆得有天赋之权利可享。

全国无论男女皆为公民。凡为国人，男女一律平等，无上下贵贱之分。各人不可夺之权利，皆由天授。生命自由，及一切利益之事皆属天赋之权利。不得侵入自由，如言论、思想、出版等事。

个人权利，必需保护，须经人民公许，建设政府，而各假以权，专掌保护人民权利之事。

无论何时，政府所为，有干犯人民权利之事，人民皆可革命，推到旧日之政府，而求遂其安全康乐之心。

定名为“中华民国”。“中华民国”为自由独立之国。

立宪法悉照美国宪法，参照中国性质立定。自治之法律悉美国自治法律。①

无疑《革命军》一文吸收了法国的《人权宣言》和美国的《独立宣言》核心精华，发出了砸碎封建旧世界建立共和国——中华民国的呐喊，引入了西方天赋人权、法律面前人人平等的原则与思想。具体概括了公民所应当享有的基本权利：男女平等权，公民平等享有言论、思想、出版等政治自由权，平等的参政议政权，追求幸福权，反抗压迫权，安全权。《革命军》不仅反映了革命派对西方激进的资产阶级宪法实施理论和制度的向往，也为日后《中华民国临时约法》奠定了思想根基。

---

① 转引邹容.《革命军》辛亥革命前十年时论选集（第一卷下册）[M]. 上海：上海三联书店，1978：649－667.

这一时期革命派的杰作还有《猛回头》《警世钟》《国民必读》《无神论》等，都从不同侧面介绍了西方的宪法实施制度与理念，揭穿了清政府假立宪的真面目，驳斥了改良派的宪法实施观点，论证了革命的正义性和合理性。但是最完善、最先进的，还是在这一时期诞生的孙中山的三民主义学说，三民主义即民族主义、民权主义、民生主义。

余维欧美之进化，凡以三大主义，曰民族、民权、民生。罗马之亡，民族主义兴，而欧洲各国以独立，洎自帝其国，威行专制，在下者不堪其苦，则民权主义起。18 世纪末 19 世纪初专制仆而立宪法实施体殖焉。世界开化，人智益蒸，物质发舒，百年锐于千载经济问题及政治问题之后，则民生主义跃跃然动。20 世纪不得不为民生主义之擅长时代也，是三大主义皆基本于民递嬗变易……今者中国以千年专制之毒而不解，异种残之，外邦逼之，民族主义、民权主义殆不可以须更缓，而民生主义，欧美所虑积重难返，中国独受病未深而去之易，是故，或于人为既往之陈迹，或于我方为方来之大患。①

三民主义思想体系勾勒出了未来资产阶级民主共和国的基本框架，孙先生在《民报》上的发刊词，论述了民族主义是民权、民生之根本和前提，民族主义也是未来共和国免受异邦蹂躏、中华民族摆脱殖民地厄运的关键。民权主义、民生主义是中华民族发展的必然趋势，只有民权主义、民生主义才能救中国，才能彻底改变专制之苦。民生是未来共和国的奋斗宗旨与根本目标，民权是实现这一目标的保障。三民主义第一次提出了完善的资产阶级革命的理论和政治纲领，是西方资产阶级民主共和国宪法实施理论与中国社会现状的完美结合和创新，它为半殖民地半封建的中国指出了一条光明之路。

人类区别于动物的根本性特征之一就在于人类具有“思想与思维”，不同思想与思维碰撞产生的火花，又再一次将人类对于自然、社

---

① 何勤华，李秀清. 外国法与中国法——二十世纪中国移植外国法反思［M］. 北京：中国政法大学出版社，2003：38.

会的认识推向更高的阶段；没有碰撞、没有争论，就没有相互的汲取与补充，就没有相互的借鉴与参考，更没有相互的进步，社会必将陷入“皇帝的新衣”怪圈，国家必将陷入“一潭死水”的状态。改良派与革命派的争论，从另一角度来说大大传播了西方的先进宪法实施思想，也使中国人对西方的认识更趋于理性，不管二者有何分歧，有一点是共同的——他们都在为拯救饱受专制、饱受异邦侵略之苦的中华民族寻求科学的光明。

清末的最后十年，大量的译著涌入中国，包括1902年作新社出版的《各国宪法大纲》，1902年章宗元翻译的《美国宪法》，戢翼翚翻译、1902年出版的《万国宪法比较》涉及了70余个国家和地区的宪法及政治制度。

行政法理论在这一时期渐渐从日本传入，1902年中国首次出现了日本学者浮田和民著、白作霖翻译，东京译书社出版的《比较行政法》，1905年湖北法政编辑社出版发行了曹履贞先生编辑的《行政法》，1905年东京并木活版所印刷了夏同和先生编辑的《行政法》，1907年通社丛书出版了顾世昌先生编译的《日本行政法》。该时期可谓行政法的“舶来期”，主要是对日本行政法的引进和仿制，换言之，是对日本行政法讲义的编译。但这丝毫不减损其“行政法理论的伟大先驱”之光芒。当时的中国还处在清朝末年半殖民的封建专制状态，而近代行政法理论实施的前提是国家权力分权已经形成，所以，行政法对于当时的中国可谓“遥不可及、艰涩难懂的亮丽彩虹”。先驱们正在把“她”引向“人间”。正如夏世昌先生在“例言”中所作的说明那样：清水澄博士讲述行政法简略已甚，故本其三十年度已刊行之讲义录为编辑之主要，其不备者乃参考笕克彦博士行政法大意、冈实学士行政法论、美浓部达吉行政法总论、上杉慎吉行政法原论、福冈康郎行政法理研究书、小原新行政法总论、穗积八束行政法大意诸书以补之……法律名词多我国典籍未经见者，然关声法理，万难篡易，至事实上名词往往改之，以便观览……书中阐明法理处多照原书直译，编辑者于法理未能贯通，改之恐失直意，故其文多艰涩，阅者宜潜心玩之。[①] 曹履贞先生的《行政法》也是以清水城博士讲义为主，参以松本顺吉讲义而就。全书共分为九编：1～4 编为总论，5～9编为分论。总论主要探讨行政与行政法规、行政机关、行政组织、行政行为及行政处分、行政监督（行政诉讼、行政诉愿、行政行为之取消及停止），分论包括内务行政、财务行政、军务行政、外务行政、司法行政。

行政法的教学活动首次出现在 1906 年创办的京师法律学堂，在该校的第二学年开设了行政法课，由日本法学专家冈田朝太郎亲自主讲。

1904 年 1 月 3 日至 1905 年 9 月 5 日日、俄两国为争夺中国东北及朝鲜，在中国的东北地区打了一场日俄战争，尼古拉二世统治之下的沙皇俄国败北于岛国日本，让清政府朝廷上下震惊。如果说日俄战争之前是否实行君主立宪还处在朝廷的争论阶段，那么日俄战争之后，朝廷的争论主流重点已是如何立宪以及立什么样的宪等够最大限度地保存皇权问题了，“救危亡之方只在立宪”“日本以立宪而胜，俄国以专制而败”“非小国能战胜于大国，实立宪能战胜于专制。”[②] 当然，反对立宪的主张也一直未停息，光绪三十一年十二月二十日（1906 年 1 月 14 日）御史刘汝骥在给朝廷的奏折《御史刘汝骥奏请张君权折》中这样写道：

江西道监察御史刘汝骥跪奏，为异说嚣张，是非糅杂，请明定国是，以正学术而遏乱萌……

窃维庶民邪慝正诸经，群言淆乱宗诸圣。圣人所以恶夫异端曲说，断断而排之者，非攻异己也，惧夫是非不明，而天下之乱将由此处也。……少年学子喜其说之便于弋富贵钓名誉也，遂丐其剩馥残膏，昌言而无所于讳……

查今之政治家，其论国体也有三：曰君主，曰民主，曰君民共主。

① 何勤华，李秀清. 外国法与中国法——二十世纪中国移植外国法反思［M］. 北京：中国政法大学出版社，2003：44.

② 转引：《清末筹备立宪档案史料》第 29 页。

其论国政也亦有三：曰专制，曰立宪，曰共和立宪。大旨在抑君权一张民权。其自表观之，专制之不若立宪，夫人而知矣。虽然君子之谋国也，必先就其受病之根源，以为下药之次序。欧洲百年，其君暴戾恣睢，残民以逞，其病盖中于专制，以立宪医之当也。而我则官娇吏窳，兵疲民困，百孔千疮，其病总由于君权之不振，何有于专，更何有于制。知立宪之利，而不知立宪之害，彼曰立宪，我曰张皇其说曰立宪立宪。是犹之医者不寻其脉理，不察其症结，见萎弱之病夫，遽施以为乌堇猛烈之剂也，奚其可？且夫立宪之说行之彼国，犹利害相兼者也，施之我国，则有百害而无一利。奚以明其然也？曰政治之不同也，宗教俗尚之各异也，民智未开，议员未设，人民程度优劣之悬殊也。此犹其显然者也。……

1905年6月，袁世凯奏请派亲贵分赴各国考察政治，以为改正张本。同年7月2日，袁世凯、张之洞、周馥又联合奏请朝廷十二年之后实行立宪政体。“西狩”的慈禧被逼无奈为谋求继续统治的途径，对君主立宪的主张也不得不开始考量。1901年慈禧连续发布三道变法、革新“上谕”，1905年7月16日又下达了派载沣等分赴东西洋考察政治谕：

光绪三十一年六月十四日内阁奉上谕：方今时局艰难，百端待理，朝廷屡下明诏，力图变法锐意振兴，数年以来规模虽具而实效未彰，总有承办人员向无请求，未能洞达原为，似此因循敷衍，何由起衰弱而救颠危。兹特简载泽、戴鸿慈、徐世昌、端方等，随带人员，分赴东西洋各国考求一切政治，以期振善而从……①

1905年6月初，载泽、戴鸿慈、端方、徐世昌四人分赴各国出洋考察。端方、戴鸿慈一行于1905年12月19日从上海乘船出发，经日本，先后到美国、德国、丹麦、瑞典、挪威、奥地利、俄国、荷兰、瑞士、比利时、意大利等国。端、戴一行在德国停留最久，先后两次

---

① 夏新华．近代中国宪法实施历程：史料荟萃［M］．北京：中国政法大学出版社，2004：37－38．

入境，共67天，美国35天，奥、俄、意均在10天左右，7月21日回到上海；载泽、李盛铎、尚其亨一行于1906年1月14日从上海出发，游历访问了美国，考察了日本、英国、法国、比利时等国。载泽一行在法国停留最久，先后两次入境，共52天，英国45天，比利时16天，美国15天，1906年7月12日回到上海，7月23日抵京。①

爱新觉罗·载沣（1883—1951）

爱新觉罗·载泽（1868—1929）

出使各国考察政治大臣载沣等于光绪二十一年（1905年）奏请《以五年为期改行立宪政体折》：

……窃维宪法者，所以安宇内，御外侮，固邦基，而保人民者也。滥觞于英伦，踵行于法、美，近百年间，环球诸君主国，无不次第举行……最强之国，所以立宪最后者，其受外来之震撼轻，故其动本土之感情缓。然而强大如俄，犹激动于东方战败，计无复之，不得不出于立宪，以冀挽回国势。关于今日，国无强弱，无大小，先后一揆，全出宪法一途，天下大计，居可知矣。

且夫立宪政体，利于君，利于民，而独不变于庶官者也。考各国宪法，皆有君位尊严无对，君统万世不易，君权神圣不可侵犯诸条，

① 夏新华．近代中国宪法实施历程：史料荟萃［M］．北京：中国政法大学出版社，2004：36.

而凡安乐尊荣之典，君得独享其成，艰巨疑难之事君不必独肩其责。民间之利，则租税得平均也，讼狱得控诉也，下情得上达也，身命财产得保护也，地方政事得参预补救也。之数者，皆公共之利权，而受制于法律范围之下。至臣工则自首揆以至乡官，或特简，或公推，无不有一定之责成，听上下之监督，其贪墨疲冗败常溺职者，上得而罢斥之，下得而攻退之……

我国东临强日，北界强俄，欧美诸邦，环伺逼处，岌岌然不可张日。言外交，则民气不可为后援，言内政，则官常不足资治理，言练兵，则少敌忾同仇之志，言理财，则有剜肉补疮之虞。循是以往，再阅五年，日本元气已复，俄国之宪政已成，法国之铁道已通，英国之藏情已熟，美国之属岛已治，德国之海力已充，棼然交集，有触即发，安危机关，岂待蓍蔡。臣等反复衡量，百忧交集，窃以为环球大势如彼，宪法可行如此，保邦致治，非此莫由。惟是大律大法，必须遇事指归，而后趋向有准。开风气之先，肃纲纪之始，有万不可缓，宜先举行者三事：

一曰宣示宗旨……一以宪法意义为宗，不得稍有违悖。

二曰布地方自治之制……

三曰定集会、言论、出版之律。集会、言论、出版三者，诸国所许民间之自由，而民间亦以得自由为幸福……

以上三者，实宪政之津髓，而富强之纲纽。……①

载泽于1906年8月26日再一次给光绪皇帝“密折”，奏请宣布“立宪”：……立宪之利有最重要者三端：一曰，皇位永固。一曰，外患减轻。一曰，内乱可弭……端方也在同一天给光绪皇帝递交了“请定国以安大计折”：盖世界整体厥有二端，曰专制，曰立宪。专制之国，任人而不任法，故其国易危；立宪之国，任法而不任人，故其国易安。……中国而欲国富兵强，除采用立宪法实施体之外，盖无他

① 夏新华. 近代中国宪法实施历程：史料荟萃［M］. 北京：中国政法大学出版社，2004：38－39.

术矣。[1] 可见，清廷立宪的初衷是如何能够挽救皇权的统治。

考察而归的大臣皆痛陈中国不立宪之害及立宪后之利。[2] 慈禧七次召见并经过了一系列的御前密议。光绪三十二年七月十三日（1906 年 9 月 1 日）光绪皇帝发布《宣示预备立宪谕》：

……时处今日，惟有及时详晰甄核，仿行宪法实施，大权统一朝廷，庶政公诸舆论，以立国家万年有道之基。但目前规制未备，民智未开，若操切从事，徒饰空论，何以对国民而昭大信？故廓清积弊，明定责成，必从官制入手。亟应先将官制分别议定，次第更张。并将各项法律详慎厘定，而又广兴教育，清理财政，整顿武备……[3]

上谕奠定了清政府实施立宪的基本基调，“大权统一朝廷，庶政公诸舆论”，而立宪过程是一个复杂的过程、渐进的过程，先从官制改革入手。而这里的“大权”按照立宪“设计师”载沣的仿日之说：“凡国之内政外交，军备财政，赏罚黜陟，生杀予夺，以及操纵议会，君主皆有权以统治之。”光绪宣示预备立宪谕不管初衷如何，它都成为中华民族发展史上的一个重要转折点，是中国宪法实施文化从理论层面走向现实制度层面的一个里程碑。两个月后，官制改革草案出炉。“窃维此次改定官制，不外立法、行政、司法三权并峙。各有专属，相辅而行……立法、行政、司法三者，除立法当属议院，今日尚难实行，拟暂设资政院以为预备外，行政之事，则专属内阁大臣。内阁有总理大臣，各部尚书亦均为内阁政务大臣，故分支为各部，合之皆为政府，而情无隔阂。入则同参阁议，出则各治部务，而事可贯通……司法之权，则专属法部，以大理院任审判，而法部监督之。均与行政官相对

---

① 夏新华．近代中国宪法实施历程：史料荟萃［M］．北京：中国政法大学出版社，2004：41 －43.

② 《立宪纪文》中评述道：“计自四大臣归国以迄宣布立宪，才不足一月，其间大臣阻挠，百僚抗议，立宪之局，几为所动。苟非考察大臣以身府怨，排击俗论，则吾国之得由专制而进于立宪与否，未可知也。”

③ 夏新华．近代中国宪法实施历程：史料荟萃［M］．北京：中国政法大学出版社，2004：41 －52.

峙，而不为所节制，此三权分立之梗概也。此外有资政院以持公论，有都察院以任纠弹，有审计院以查滥费，亦皆独立，不为内阁所节制……"① 自夏朝以来，国家的管理体制一直采用行政司法合一的体制，在行政机关内设置相应的官署执掌司法事务，夏朝设有大理，周朝时期改为司寇。秦汉时期设廷尉掌管刑狱，御史负责重大疑难案件。大理寺首次出现于隋唐时期，隋唐时期对廷尉做出重大改革，大理寺主掌审判，御史主掌纠察，刑部主掌法务。元朝时期大理寺被废除，改为刑部。明清以来，一直采用刑部掌刑名、都察院司纠察、大理寺司驳正的管理体制。光绪的管制改革方案，直接导致了数千年来中国中央集权君主专制制度史上国家权力分配的重大变革，长期的"行政司法合一"模式发生了质的改变。"司法之权，则专属法部，以大理院任审判，而法部监督之。均与行政官相对峙。"这标志着西方司法独立、权力制衡的基本理念已经初步"植入"了中国的政治制度设计。

1905 年同盟会成立。伴随着同盟会的日益壮大，社会矛盾日益尖锐。同时也加速了清政府的立宪脚步，1907 年 8 月 13 日光绪颁布《考察政治馆改为宪法实施编查馆谕》；1907 年 9 月 20 日颁布《设资政院谕》；1907 年 10 月 19 日颁布《着各省速设咨议局谕》，封建专制下的中国国家机关被迫发生着质的变革。以至于当时的革命派也认为：立宪成功之后，政府之势力强，而国民之势力弱；政府之进步易，而国民之进步难，虽欲颠覆政府其道无由，故以言革命不可不持急进主义……要革命就快革命否则待虏听万事改革，势力巩固……我在立危地矣，鼠首保命之不遑，尚云大举哉！②

革命烽火硝烟四起，1906 年 12 月湘赣边界起义，仅 1907 年下半年就发生了广东潮州黄冈起义、惠州七女湖起义、广西钦廉防城起义、广西镇南起义、安庆起义等五次起义，1908 年 3 月、4 月又发生了广西钦州马笃山起义、云南河口起义。1908 年 8 月 27 日颁发了中国法制

---

① 转引（清）朱寿朋．光绪朝东华录［M］．北京：中华书局，1958：5578.

② 南方周末，2011 -06 -16.

史上的第一个开天辟地式的宪法性文件《钦定宪法大纲》。大纲共23条，分成君上大权（14条）和臣民的权利义务（13条）两个部分：

君上大权

一、大清皇帝统治大清帝国，万世一系，永永尊戴。

二、君上神圣尊严，不可侵犯。

三、钦定颁行法律及发交议案权。凡法律虽经议院议决，而未奉诏命批准颁布者，不能见诸施行。

四、召集、开闭、停展及解散议院之权。解散之时，即令国民重行选举新议员，其被解散之旧议员，即与齐民无异，倘有抗违，量其情节以相当之法律处治。

五、设官制禄及黜陟百司之权。用人之权，操之君上，而大臣辅弼之，议院不得干预。

六、统帅陆海军及编订军制之权。君上调遣全国军队，制定常备兵额，得以全权执行。凡一切军事，皆非议院所得干预。

七、宣战、讲和、订立条约及派遣使臣与认受使臣之权。国交之事，由君上亲裁，不付议院议决。

八、宣告戒严之权。当紧急时，得以诏令限制臣民之自由。

九、爵赏及恩赦之权。恩出自上，非臣下所得擅专。

十、总揽司法权。委任审判衙门，尊钦定法律行之，不以招领随时更改。司法之权，操诸君上，审判官本由君上委任，代行司法，不以诏令随时更改者，案件关系至重，故必以已经钦定法律为准，免涉分歧。

十一、发命令及使发命令之权。惟已定之法律，非交议院协赞奏经钦定时，不以命令更改废止。法律为君上实行司法权之用，命令为君上实行行政权之用，两权分立，故不以命令改废法律。

十二、在议院闭会时，遇有紧急之事，得发代法律之诏令，并得以诏令筹措必需之财用。惟至次年会期，须交议院协议。

十三、皇室经费，应由君上制定常额，自国库提支，议院不得置议。

皇室大典，应有君上督率皇族及特派大臣议定，议院不得干预。

臣民权利义务

一、臣民中有合于法律命令所定资格者，得为文武官吏及议员。

二、臣民于法律范围内，所有言论、著作、出版及集会、结社等事，均准其自由。

三、臣民非按照法律所定，不加以逮捕、监禁、处罚。

四、臣民可以请法官审判其呈诉之案件。

五、臣民之财产及居住，无故不加侵扰。

六、臣民按照法律所定，有纳税、当兵之义务。

七、臣民现完之赋税，非经新定法律更改，悉仍照旧输纳。

八、臣民有遵守国家法律之义务。

有学者称《钦定宪法大纲》草案出自日本学者北鬼三郎的手笔，该草案的总论也明确称：我中国制定宪法，其形式宜法、日本，其精神宜法、欧洲，盖二美并从也。《钦定宪法大纲》从根本精神乃至于文本规定形式上，几乎和《日本明治宪法》无异。充分显示出了所谓“移植”的特征。《钦定宪法大纲》从其内容上，首先反映出的就是清政府在立宪过程中的确保“皇权永固”的基本底线，不管颁布《钦定宪法大纲》是清政府出于何等的无奈，它毕竟以国家根本大法的形式第一次宣布立宪；第一次以国家根本大法的形式初步厘清了君权、议院、行政、司法大权及其行使；第一次以国家根本大法的形式确定了公民的基本权利的范围与框架。《钦定宪法大纲》本身就构成了中华民族发展史上的光辉一页，是此前近几十年外国宪法实施理论在中国的不断传播结果和延伸。就在《钦定宪法大纲》颁布的同一天，1908 年 8 月 27 日，原本遥遥无期的清政府立宪改革被迫推出了时间表，光绪颁布“九年预备立宪逐年推行筹备事宜谕”并附了资政院大臣奕劻上奏的宪政编查馆资政院会奏宪法大纲暨议员法选举法要领及逐年筹备事宜清单，按照该清单整个的预备立宪过程是自光绪三十四年至光绪四十二年，即 1908 年至 1916 年共九年。筹备立宪事项共包括92条之多，梁启超对该立宪清单曾作过这样的评述：考筹备案，虽列八十余目以塞篇幅，按其内容实只得十四项：一曰设立咨议局、资政院，二曰调查户口，三曰编撰法典，四曰司法独立，五曰办理巡警，六曰办理地方自治，七曰编订管制、官规，八曰清理财政，九曰编国民课本，十曰变通旗制，十一曰设行政审判院，十二曰设弼德院，十三曰颁布宪法，十四曰颁布议员法及选举法。根据这份“九年预备立宪逐年推行筹备事宜”清单，设立行政审判院是在九年立宪的第六年，即1913年，与其同一年的立宪事宜还包括施行户籍法、实行新刑律、颁布新定民律、商律、刑事民事诉讼律等法典。

但《钦定宪法大纲》自颁布之日起就受到了来自各种势力，尤其是革命派的抨击。梁启超曾说：这个宪法大纲只不过是涂饰耳目、敷衍门面而已。民主革命者、教育界知名人士瞿荪楼（1881—1947）在其《宪法大纲刍议》中抨击道：“钜谬”有三方面，一曰悖正义、二曰昧法理、三曰反事实。当时的中国处在仿英、德、日走君主立宪之路还是仿美、法等国走共和之路的历史抉择“十字路口”，当年伊藤博文在为清朝的出访考察大臣讲解宪法时就曾谈到，中国与日本相同，数千年来为君主专制之国，“贵国为君主国，以上所论种种大权，将来实行宪法时，必须归君主，而不可旁落也。余甚希望贵国为君主立宪国……”[①] 无论“君主立宪”还是“共和”都是西方的宪法实施思想，其本质都是实现民主与人权至上，只不过是不同的国家宪法实施模式而已。从今天来看，世界上也不乏英、日这样的由“封建专制”成功和平转型为“君主立宪”的范例。不能机械性地认为“君主立宪”就是“反人民”，只有“共和”才是革命。制度移植的目的就在于使被接受移植国家的社会制度达到完善与替代，当然制度移植本身就是不同文明、不同空间的社会制度的取舍与交融过程，不可避免地会带来

---

① 何勤华，李秀清．外国法与中国法——二十世纪中国移植外国法反思［M］．北京：中国政法大学出版社，2003：55.

不同思想、不同利益群体的激烈碰撞。但是如果能够将“碰撞”操纵在可控范围内——“共和制”的“软着陆”，实现由君主专制到君主立宪的和平成功转型，从而使中华大地免受军阀混战的生灵涂炭，对于中华民族来说无疑是一“幸事”。显然，移植“共和”制度，对于当时的中国是“硬性的着陆”，即使是国父孙中山也承认当时的中国完全不具备移植共和制度的政治环境，而不得不设计出军政、训政、宪法实施三阶段，大约需数十年的时间去接受与适应。在这之后近三十年的军阀混战、地方割据、政府缺位以及议会制度、政党制度的失败，则是“硬着陆”的一个必然轨迹与结果。当然“旧瓶装新酒”的成功取决于“天时、地利、人和”，换言之，即社会矛盾的激烈程度。而当时的清政府早已错失了这一大好良机，一系列的赔款、割地条约早已让清政府内外交困，在国人面前威严尽失，革命派羽翼已基本丰满，各地的起义连绵不断，“共和”的呼声一浪高过一浪，清廷内部握有重兵的袁世凯心怀鬼胎、伺机而动，各种社会利益冲突、社会矛盾一触即发。

1910年梁启超就预言，如不即开国会，组织责任内阁，不及三年，国必大乱，以至于亡。

1908年10月光绪与慈禧在同一天驾鹤西去，清政府在这之后作了一系列垂死挣扎。

为稳定时局，清政府分别于1908年12月3日、1909年3月6日先后颁布了“重申仍以宣统八年为限实行宪政谕”“重申实行预备立宪谕”两道重要谕旨：

……凡先朝未竟之功，莫不敬谨继述……

……国是已定，期在必成……

1910年11月4日又颁布了“缩改于宣统五年开设议院谕”：

……彼时为郑重要政起见成有不得不一再审慎者。乃揆度时势，瞬息不同，危迫情形，日甚一日，朝廷宵旰焦思，亟图挽救，唯有促进宪政……

……惟是召集议院以前，应行筹备各大端，事体重要，头绪纷繁，计非一二年所能蒇事，著缩改于宣统五年……

该谕旨将宪政筹备期限缩短为五年，在所附的修正逐年筹备事宜清单中，宣统二年厘定内阁官制……宣统三年颁布行政裁判法院法，设立行政法院。

1911 年 10 月 10 日武昌发生兵变，发出了推翻清政府的第一枪，各省纷纷响应，辛亥革命开始。为挽救其土崩瓦解的“噩运”，宣统三年九月九日，即 1911 年 10 月 30 日 清政府颁布了“实行宪法实施谕”，1911 年 11 月 3 日宣统颁布了最后一道有关宪法实施的诏书“择期颁布君主立宪重要信条谕”推出了《宪法重大信条十九条》（以下简称《十九信条》）。在国家失控的状态下的清政府仍在《十九信条》的第 1 条规定了“大清帝国之皇统万事不易”，与《钦定宪法大纲》不同的是：《十九信条》的第 2 条则规定了皇帝权以宪法规定为限；第 10 条规定：海陆军直接皇帝统率，但对内使用时，应依国会议决之特别条件；第 16 条规定：皇室大典不得与宪法相抵触。可见，《十九信条》基本精神采用了英式“虚位皇帝”的宪法实施体制。但“皇帝之制”已大势已去，1911 年 10 月 10 日武昌起义爆发，宣告了清王朝的终结。

早在 1906 年考察回国的总理大臣奕劻，在预备立宪诏书颁布之后，就将关于设立行政裁判和行政诉讼的方案在“厘定京内官制折”中正式上奏朝廷。而在这一奏折中包括了在我国行政诉讼发展史上有着开创先河的《行政裁判院官制草案》。1908 年颁布《钦定宪法大纲》时，附有一份逐年筹备事宜清单，预计在光绪三十九年，即《钦定宪法大纲》颁布后的五年 1913 年设立行政审判院。在 1910 年 1 月 27 日宪政编查馆大

奕劻（1838—1917）

臣奕劻等拟呈修正宪政逐年筹备事宜折中，附有一份修正逐年筹备事宜清单，预计在宣统三年，即1911年颁布行政法院审判法，设立行政审判院。清政府的上述“宏伟蓝图”虽未最后得以实施，但也足以说明了行政诉讼观念在清末已经产生，权力制约的思想已经由仅靠都察院制度，即国家权力制约国家权力，上升为在此基础上的行政裁判院制度，即公民权利制约国家权力的“民告官”制度，官贵民贱思想正在被法律面前人人平等的思想所代替。同时国家是独立的责任主体观念已经树立，至少在思想意识领域“国王不能为非”即将成为历史。

《行政裁判院官制草案》包括序言和21条具体规定两个部分。在序言中写道：

唐有知献纳使，所以申天下之冤滞，达万人之情状，与御史台并列。今各国有行政裁判院，凡行政各官之办理违法致民人身受损害者，该院得受其呈控而裁判其曲直。英、美、比等国以司法裁判官兼行政裁判之事，其弊在于隔膜。意、法等国则以行政衙门自行裁判，其弊在于专断。惟德、奥、日本等国特设行政裁判衙门，既无以司法权侵害行政权之虞，又免行政官独行独断之弊，最为良法美意。今采用德、奥、日本之制，特设此院，明定权限用以尊国法，防吏蠹，似于国家整饬纪纲勤恤民隐之至意不无裨益，是否有当，仍请钧裁。

第15条规定：行政裁判院判决事件，原告及被告人不得再求复审。第12条规定：行政裁判院裁判事件以会议决之。会议设一正使为议长，副使为副议长，凡议事可否，以多数决之。如可否人数相同，同则由议长决定。第13条规定：凡裁判事件之涉于细故者，由本院会议判决，并按月汇奏一次。其涉于行政官员枉法营私者，一经审查确实，由正副使联衔奏参请旨惩处。①

行政裁判院官制草案吸收了大陆法系和英美法系行政诉讼制度的

① 上海商务印书馆编译所. 大清新法令（第一卷）[M]. 北京：商务印书馆，2010：701－703.

核心理念，在作出比较之后，结合当时清末的社会制度，行政裁判院职司行政审判，不隶属于任何行政机关，而是将行政裁判院定性为司法机关，但却又独立于普通的司法系统，是一种特设的行政审判机关。采用一审终审制度。行政裁判采用少数服从多数原则，对官员的惩处皇帝握有最后的决定权。

《行政裁判院官制草案》第1条规定：行政裁判院掌裁判行政各官员办理违法，致被控诉事件。

第9条规定：行政裁判院应行裁判之事件如下：

一、奉特旨饬交裁判之事件。

二、关于征纳租税及各项公费之事件。

三、关于水利及土木之事件。

四、关于区划官民土地之事件。

五、关于准否营业之事件。

第10条规定：凡呈控事件关系阁、部院及各省将军、督抚暨钦差官者，准其径赴行政裁判院控诉。此外必须先赴各该行政长官衙门申诉，如不得直，可挨次上控以至行政裁判院，不许越诉。

关于行政裁判院的受案范围，《行政裁判院官制草案》采用了列举式规定，且仅限于税收、水利及土木、土地及营业许可核准等侵害公民财产权案件，裁判员受案以处分违法为前提。行政裁判以行政复议前置为原则。这些原则与理念几乎完全为日后民初的平政院所承袭。近30年后的国民党时期的行政法院也仍然坚守着行政诉讼以行政违法、行政诉愿前置为原则，特别是行政诉愿前置直到近一个世纪后的台湾地区2001年7月1日起施行的《诉愿法》和《行政诉讼法》才彻底将其抛弃。有学者称，官制条例规定的诉愿前置制度，即不服行政处理的，须逐级向上级行政机关申诉，最后才可以向行政裁判院起诉的规定，体现了传统司法体制下逐级审转复核制残余的影响，这种说法不无一定的道理，但不可否认的是，该说只是以当代人的观念看待“清末”这一个时间点，孤立地进行了分析，苛求了古人。采用西方法治观念重新整合审判制度，清末的官吏——扩展点说中华民族已经战胜了自己。纵观历史，诉愿前置制度之所以能够施行近100年，本身就证明了其优越性和适应本土性的一面。中国近现代的行政诉讼制度"滥觞"于清末这就是历史。

二、民国初期的宪政实践与平政院的设立背景

正如美国传教士汤姆森所说，在最古老的君主专制国家建立共和政体，这是难以想象的，但它出现了，这就要求黄种人要像白种人一样思考，而这从未有过。民国初年开始，中国进入了旧的社会秩序的土崩瓦解、新的社会秩序的苦苦探索阶段。"凤凰涅槃式的蜕变"让中华民族为之付出了惨痛的代价，从此中华大地陷入了近三十年的军阀混战与割据状态，各种政治、军事力量、各种思想意识激烈碰撞，政府缺位，社会失控。外蒙古东起哈拉哈河、西至阿尔泰山、南起瀚海、北至俄罗斯永远离开了中国版图，中华大地的形状也由"秋海棠叶"变成了"雄鸡"。

武昌起义后，各省纷纷宣布脱离清廷独立。好多省份相继颁布了仿照美国共和精神为主流的省际约法，如《中华民国鄂州约法机关之草案》《中华民国浙江省约法》等。1911年12月2日《民立报》上刊登的由宋教仁先生起草的《中华民国鄂州约法机关之草案》第14条规定：人民得诉讼于法司求其审判；其对于行政官署所为违法损害权利之行为，则诉讼于行政审判院。1911年12月29日《民立报》上刊登《中华民国浙江省约法》第8条规定：人民对于官吏违法损害权利之行为，有陈诉于行政审判院职权。1912年1月27日由宋教仁起草的《中华民国临时政府组织法草案》在《民立报》上公布，该草案第14条规定：人民得诉讼于法司求其审判，其对于行政官署违法损害权利之行为，则诉讼于平政院。这是"平政院"一词首次出现在正式的官方最高级别的法律文件中。而在此之前都是沿用清末的设计"行

政裁判院”。[①] 但对于平政院的性质、地位及隶属关系并未作具体的说明。所以由此引发的争论也是很自然的事情，曾留学于英、美的章士钊（1881—1973）、王宠惠（1881—1958）等人深受英美普通法系观念极强的影响，认为应采用英美体制，将行政法与普通法合而为一，行政裁判背乎法律平等之义，“法院之复杂，莫此为甚。国家因而增多无益之繁费，此其弊一也；……行政法院即为行政便利而设，则其审判已有偏袒行政之虞。此其弊二也；……法院宜为全国人民所信仰，自应保其尊严。行政诉讼普通法院无权审理……是以人民对于普通法院，既有轻视之心，对于行政法院又怀疑惧之念，殊非所以尊重司法之道。此弊三也；官吏既有特别保护，国民势难于之抵抗。而国民权利致有被蹂躏之虞，即使其判断公平，而国民亦难满意……此其弊四也。……总之实行民权之国，其人民与官吏于法律上为平等，即应受同一法律之支配，乃宪法上之一原则。”[②]

而凡反乎此原则者，皆应排斥之。此制定宪法时，所必具之眼光也。依上所论，行政法者，即官吏与人民于法律上为不平等也，其反乎上宪法之原则孰甚焉。而况以行政上言之，其所谓利者仅利及于一部分官吏而已。而其弊之多，则普及与国家人民，利弊多少轻重之比较为奚如耶。故我国不应采用行政法院派，可不待再计而决也。”[③] 章士钊先生也以“行严”为署名在《临时约法》颁布前后在民立报上发表数篇文章，如《论行政裁判所之不当设》《论特设平政院与自由原理不相容》《覆汪君叔贤书》等反对设立平政院。“设一不见于美洲大陆之平政院，使行政权侵入立法权，则约法所予吾人之自由者，殆所谓

---

① 关于“平政院”一词的出处，很自然地就有人传说是宋教仁先生所创或为孙中山先生所创，但无从考证。平政院的语源按“平章”之义，乃辨别章明。

② 夏新华. 近代中国宪法实施历程：史料荟萃［M］. 北京：中国政法大学出版社，2004：276－277.

③ 王宠惠.（东吴法学先贤文丛）王宠惠法学文集［M］. 北京：法律出版社，2008：14－15.

猫口之鼠之自由……”①

章士钊（1881—1973）

张东荪（1886—1973）

宋教仁、梁启超等人则深受大陆法系的影响，积极主张效仿法、日采用二元制，结合当时的社会状况，认为当时中国的司法力量本身就很薄弱，如再赋予其管辖行政诉讼的权利，不仅收效不大反而可能会影响司法独立。这种争论一直持续到1914年平政院设立之前。日本东京帝国大学毕业的张东荪（1886—1973）曾两度在《庸言》上发表文章对行政裁判的性质地位、受案范围做了深度的论述。张先生在《行政裁判论》中写道：“夫法力以诉讼而箸，无行政裁判而仅有畸形之调处者，则行政行为全不入乎法律之范围，易辞言之，即不为法律所拘束是也。行政行为不束服于法律之下，则有现象如下：一、私人因官吏之行政过失而受损害者，无由抗诉，大背乎人道；二、两官厅以职务而生争执者，不能得法律上之公判，苟非纷争不已，即曲服于无意义之调停，一则无由奖励官方，二则无由划分权限；三、人民之公权无由保障，法治之精神不举，欲就以上之弊端，欲进为法治国，欲行政权入于法的管理之下，则不可不有行政裁判，行政裁判者，行

① 黄源盛．民初平政院裁决书整编初探［J］．中西法律传统，2008（2）．

政权运行于法的管理之下，此法治国之特有现象也……不知国家与私人关系异于私人相互之关系性质，既不相同作用亦复不类断，难应用也。且自进化之理观之，必由简至繁由粗至细。国家与私人之关系应定有特别之法律，乃法律进化之结果，若即应用普通法，正足证其法律未尝进化。此吾人认为英美法派之弱点一也。虽然英美法派，既以凡属争讼皆须为法的宣告，则必视法之力至强而崇视法之心亦甚厚，全置行政权于法之下而毫无回护。此吾人认为英美派之优点又一也。反之大陆派，置行政权于自行管理之中，遇有争讼自为裁判，虽有特别法以绳之，然其法力终视英美派以为弱，此固必之势。吾人都认为大陆派之弱点一也。然大陆派，明国家与私人之关系不等于私人相互之关系……而专立行政裁判法以解决行政处分上之争讼，此自法理上观之实属至当至允，而自进化观之亦为法律发达之现象，此吾人认为大陆派之优点也……以法制而言，吾人极宜编制行政裁判法规定行政上之争讼解决方法以救时弊；以机关而言，吾人宜以普通司法机关兼理其事。”① 张先生在《论普通裁判制度与行政裁判制度》中阐述了将行政裁判院设立于行政机关但与行政机关保持相对独立状态的法国、奥地利模式，并且提出了行政裁判以保障公民权利为宗旨，而非为保障行政机关权力而设的观点。他在该书中写道：“行政裁判以法之宣告为目的维持行政法规而宣告其适用焉，是为裁判之一种，当然属司法……能胜任且行政裁判不仅宣告法规只适用且须有自由裁量之余地，故非司法官所能从事也，然而行政裁判苟属于行政则行政官厅自为被告又有裁判者，必难得公允可断言也。以奥、日之例言其行政裁判所不属于司法，复不属于行政乃为一独立机关，故吾以为此制之最为良也。行政裁判则非仅为保护行政机关之权利而设，且亦为保护公民权利而设。世之反对行政裁判者，实系误解法兰西之思想以为行政裁判之正训也。且大凡裁判必为保护二方权利而始成立。行政权于一定范

---

① 《庸言》（第一卷第23号），中华民国日本大正出版，民国二年十一月初一发行。

围之中应受保护亦理之公允者也。是故，行政法及行政裁判之设立行政权虽得其保护然亦受其限制，人民亦未当掠夺其诉讼权，不得为专注重于行政一方面也。”[①]

可见对于行政裁判性质与模式的选择，建筑在清末理论行政裁判院理论基础之上的民国初年理论界争论，持续了五年左右，其对于世界各国行政裁判制度的理解深度、理性的思考借鉴，远非当代人所能想象。特别是行政裁判院不同于都察院，其最高宗旨是不但要保障行政权而且要保护公民权，行政裁判的实质是一种限制行政权的制度，行政法的这种双重保障作用，直到二十世纪九十年代在中国的行政法学界仍占有一席之地。这些理论的探讨厘清了刑事、民事、行政三大诉讼之间的关系，对于行政诉讼模式的选择，既未全方位的移植英美，又未全盘移植法国，而是借鉴了源于奥地利的日本行政诉讼模式。[②] 为日后行政诉讼在中国的确立、1914 年平政院编制令的制定奠定了极为重要的理论基础。不能不说，将“民初”的平政院确立为不属于一般的司法机关，隶属于大总统属于行政权，而又是与一般的行政权相分离的特设的行政机关，就是这一理论的制度化。

孙中山

1912 年 1 月，经各省代表决定，由景耀月、张一鹏、吕志伊、王有兰、马君武组成“起草员”，由林森等 9 人组成“审查员”，《中华民国临时约法》起草工作启动，3 月 11 日以孙中山临时大总统的名义在

① 《庸言》（第一卷第 15 号），中华民国日本大正出版，民国二年七月初一发行。

② 奥地利 1867 年的《国家基本法》第 15 条规定：依现行法或将来公布之法律，行政官署就私人之间彼此有争议之请求须为裁判之所有案件，凡因该裁判致私权受损者，对于他造得自由循普通诉讼途径谋求协助。凡主张其权利因官署之决定或处分受侵害者，得自由于行政法院以公开之言词向行政官署之代表主张其请求。行政法院必须裁判之事件，其组成及程序以特别法律定之。

《临时政府公报》上公布。《临时约法》全方位地植入了美国共和制理念，第2条明确规定：中华民国之主权属于国民全体。宣告了封建君主专制的灭亡。《临时约法》共56条，规定了公民的基本权利与义务，根据三权分立的原则初步划分了参议院、大总统、国务总理、法院等国家权力。采用了选举制和责任内阁制。《临时约法》就实际实施的时间一年半左右，就地域范围也不过是数省，但仍不失为一部最具影响力的资产阶级民权宪章。以此为起点，中华民族开始了“共和之路”的艰难跋涉。

《临时约法》第10条规定：人民对于官吏违法损害权利之行为，有陈诉于平政院之权。第49条规定：法院依法律审判民事诉讼及刑事诉讼；但关于行政诉讼及其他特别诉讼，别以法律规定之。《临时约法》并未对平政院的性质及法律地位进行详尽规定，但却决定了日后北洋政府时期行政诉讼实行奥、日等大陆法系国家诉讼体制的发展方向。《临时约法》颁布后，其他各国家机关相继成立，而平政院之设立却一直拖延至三年之后。大概和当时动乱不堪的政治、军事局势有着密切的关系，从某种程度上也反映出以司法权制衡行政权，对于当时的中国而言，本来就是一个缺乏适应土壤的“海市蜃楼”的梦想。“顾自约法施行以来，已一年于今。各种行政司法机关，莫不次第设立，独平政院则寂寂无闻焉。政府未有提案也，参议院未有动议也，国民未有要求也，然则全国人之心理，对于行政法之否认，可概见矣。”①“民国有势无法，少有凭籍者。其无势力者，先自默尔，与人无竞，更不劳裁判。”② 1913年10月31日公布的《中华民国宪法案》（又称《天坛宪草》）第86条规定：法院以法律受理民事、行政及其他一切诉讼，但宪法及法律有特别规定者，不在此限。③ 1914年5月1日公布的

① 夏新华．近代中国宪法实施历程：史料荟萃［M］．北京：中国政法大学出版社，2004：275.

② 章伯锋，荣梦源．近代稗海［M］．成都：四川人民出版社，1987：39.

③ 在宪法草案讨论过程中，出席议员536人中对于平政院的设立有371人赞同，149人反对。在以后召开的20余次宪法草案审议会上，其中关于第86条的表决结果是，582人中有492人赞成。

《中华民国约法》（又称《袁记约法》）第45条规定：法院依法律独立审判民事诉讼、刑事诉讼，但关于行政诉讼及其他特别诉讼，各依其本法规定行之。平政院的宪法实施基础得以最终确立。1923年10月10日公布的《中华民国宪法》（又称《贿选宪法》）第99条规定：法院依法律受理民事、刑事、行政及其他一切诉讼；但宪法及法律有特别规定者，不在此限。1925年12月11日段祺瑞政府完成三读程序的《中华民国宪法案》第86条规定：法院依法律受理民事、刑事、行政及其他一切诉讼。陆海军人除犯军法受军事审判外，其他诉讼应受法院审判。但司法实践中平政院1914—1928年却一直存在。这又从另一角度反映出中国在行政诉讼的模式选择上，一直处于法国式“二元制”、英美式“一元制”的徘徊中。当然，更迭之中一种“谬误”始终在深层面演绎着——“法只不过是军阀、统治者手中的利器而已”。

“我约法虽有平政院之规定，然行政裁判法未曾制定，不过有名无实。中国人最喜鹜名，但得名存而实不必举，即以为足以。”① 但是司法实践却在催生着中国行政诉讼制度的运行。1912年年底发生了“民国大学控告工商总长案”，本案之所以轰动一时就在于它是国民控告国家机关的第一案：

按民国大学代理人汪有龄（京师法学会的发起人、前司法次长）向地方审判厅呈诉所有权被侵害请判令速将所有权返还事。该大学于十月间由发起人具呈大总统请将前清翰林院房屋拨给民国大学，作为校产。嗣奉国务院十月十二日批奉大总统发下来呈。讵该大学奉批后，前往视察房屋，始知有工商部之人占住。因即函至工商总长，请饬令即日迁让，乃于十一月十六日收到工商总长复函，以该大学所呈国务院之件并未闻为借口，不予迁让。该大学以此似蔑视所有权，乃诉请地方审判厅令工商总长将所有权已归该大学之翰林院，即日迁让，以重私权。

① 《庸言》（第一卷第15号）．中华民国日本大正出版，民国二年七月初一发行。

约言之，本案翰林院旧署，工商部向国务院请求使用于前；民国大学向国务院请求使用于后，而皆由国务院以命令拨给。上述地方审判厅准词后，因下命令于工商总长刘揆一，认为私人占据，着刘揆一五日内具交答辩状，又抄阅呈词费计银若干，折合铜子若干枚，着刘揆一付给等语，刘氏阅知大怒因以公函具复如下：

“十一月二十一日准贵审判厅，抄交民国大学代表人汪有龄告诉本总长侵害该大学代表人汪有龄告诉本总长侵害该大学所有权一案。阅之不胜诧异，查翰林院废署为公家财产，其所有权属于国家，而管理权分属主管官厅。本年六月十二日，由国务院将翰林院废署拨交工商部应用，是该废署管理权业已移转本部，不意十月十二日，国务院复批准民国大学之呈请，将该废署拨给该大学应用，并未商之本部，是误以他人管理之财产，转移于人，当国务院来缄通告此事，本部业已复缄谢绝。十一月初五日，国务院又有至本部公缄，取消民国大学批准之案，仍将该废署归本部应用；是批准民国大学请拨之案，已为国务院之后命令取消，当然失效。本部对于翰林院废署，始终有完全之管理权，毫无侵害民国大学之行为，兹将本部与国务院往来文件，抄交查阅。本总长以为此案原由行政处分而起，与私法上契约关系不同，今即假定此案为侵害该大学之所有权，亦属行政处分问题，民国尚无行政裁判所，贵审判厅是否有权兼理行政上之诉讼，并无法律规定，是以权用公缄答复，不递辩诉案，合并声明。”

其后民国大学代理人汪有龄又陈诉工商部长之意见云：“一、民国大学之得翰林院所有权，系奉国务院批准；工商部所据，系工商部与国务院内部之函件往来，对于人民不生效力，故此事仍应认为私诉。二、即让一步认为行政处分，当此行政裁判所未立之先，人民据《约法》，当然有诉讼于法院受其判审之权。不然，则人民无所控诉，岂非《约法》上所载之权利横被剥削？三、无论是私诉抑是行政诉讼，审判厅有无兼理之权，审判厅当然有解释之权限，不能由被控之工商总长以公函作复，谓其无兼理之权，如审判厅无相当之法，则仍拟正式催促，必得当而后止。”[1]

虽然对本案是否属于行政诉讼争论颇多，在今天的中国大陆也未使之纳入行政诉讼的受案范围。但是本案的社会意义远远超过其本身。首先，透过本案我们可以看到对于行政机关的侵权行为，公民渴望国家设置公正的司法救济途径加以援助。“打虎、告官、辞别祖先”这种普遍存在的“社会惧官”心理正在慢慢地融化。换言之，社会呼唤着平政院的诞生。其次，行政诉讼具体模式如何选择，是采用有普通法院受理的“一元制”，抑或单独设置平政院的“二元制”，是急需加以解决的问题。最后，行政诉讼的受案范围是什么？行政诉讼与民事诉讼乃至于刑事诉讼如何划分与衔接？行政诉讼制度与诉愿制度如何衔接？行政诉讼的原告、被告等当事人如何确定？这些诉讼的具体问题都需要加以理清。总之，本案反映了《临时约法》颁布后，相应机关与制度滞后的尴尬状态，对于日后的《平政院编制令》《平政院处务规则》等法规的颁布不能不说起到了一定的社会催生作用。

① 吴相湘．中国现代史料丛书（第一辑）［M］．台北：文星书局，1962：320－321．吴相湘．经世文编（第二册）［M］．台北：文星书局，1962：479－480．

第二章

北洋政府时期的平政院

一、平政院的法律性质与地位

对于袁世凯其人评价颇为争议，普遍认为他是“窃国大盗”。美国驻华公使芮恩施说：“他名义上是共和主义者，但内心却是专制君主。”佐藤铁治郎说：“袁世凯可谓能矣！”《剑桥中华民国史》精辟地指出了他的政治个性：他迷恋规章制度和程序规定……他不信任自发性和不受管制的政治行为。他是“枪杆子里面出政权”的最好例证。作为清末的官吏，他终生信奉君主立宪。在其执政期间的1912年至1914年，聘请了美国哥伦比亚大学教授、著名行政法学家古德诺①、日本学者有贺长雄（1860—1921，1882年毕业于东京帝国大学，1886年起留学德国、奥地利，先后获文学与法学博士学位）等世界一流的宪法行政法学界人士作为北洋政府的宪法顾问这也是不争事实。在古德诺起草的《拟中华民国宪法草案》中，第三章第一条写道：民国之司法权，应以国会随时制定设置之法院行之。（说明）本宪法于司法一章，不详法院之编制，而以编制之事，待诸法律之规定。试举一例而言，如欲规仿法国制度，设立平政院，此种计画，亦可以法律定之也。有贺长雄当时发表的《新式国家之三要件论》认为政治体制效法西洋，必须满足国会步入正轨、司法独立、小学教育普及这三个要件，中国只有这些条件都达到，政治现代化才不至于邯郸学步。1915年下半年，帝制进入实施阶段，有贺长雄以日本皇室典范为蓝本，向袁世凯进呈了一份《皇室典范》。

① 古德诺在任袁世凯顾问期间，经过对当时中国历时一年半的考察，1915年8月3日，他在《亚细亚日报》发表《共和与君主论》一文，从历史、政治、法律、国际关系以及国民素质等方面，论证、比较了君主制与共和制的长短，明确表示，“中国如用君主制，较共和制为宜，此殆无可疑者也。”不久，日本和英国的一些报纸都先后转载此文，于是帝制派人士将它奉为经典，此文也就成了帝制运动的理论根据。

袁世凯（1859—1916）

袁世凯的宪法顾问古德诺（F. Goodnow 1859—1939）

袁世凯的宪法顾问有贺长雄（1860—1921）

对于中国平政院的设立及行政诉讼制度确立进一步推波助澜，或者说对于中国平政院的设立及行政诉讼制度确定基本基调的是袁世凯的另一位宪法顾问美国学者法儒巴鲁，在其起草的《中华民国宪法草案》第21条规定：①

组织之平政院，职务兼顾问及行政之。（一）凡人民以为官吏执行职务及因所有职权犯者，有不法行为，致损害其利益或权益，而提起诉讼于行政裁判所者，以平政院为终审裁判。

说明：（一）平政院之有行政裁判权，约法第十条亦如是规定.

（二）本条之旨，所以使行政裁判则于普通裁判也。欧陆类皆采此原则，法国其最著者；但英国则反是。凡官吏执行职务而犯过错，致损害私人，因之被控者，均由普通裁判所。后凡无故侵害他人之例，裁判之。纵使证实其所行出于善心，非图私利，止为保障所职之利益，或且恪遵上官之命令者，亦不受特别之保护。

此二主义，两相径庭。一英国主义，由官吏自负责任，与国家无涉；一法国主义，凡官吏所行，苟无恶意者，悉由国家代负其责。以

① 夏新华. 近代中国宪法实施历程：史料荟萃［M］. 北京：中国政法大学出版社，2004：406－407.

英国主义言之，受治者得保其障，而官吏不能任意。以法国主义言之，使法律得严厉奉行。笛雪氏固极赞成用普通裁判者也，尝加评议云，“以普通法律之裁判，加惠于人民者，而害之伏也。即在法庭侵入行政机关，殆不能免。”由是历举行政官规，避曰，即如一八九四年航律多不敢实行，无他，恐以支配航路，而被控补偿损失也。其驳行政裁判，比则谓对于官吏之为所欲为，人民一无保障。盖误以行政裁判所（指地方议言）全属行政范围，是裁判又兼受判一也。今使行政裁判只任裁判，不兼他职，且与司法裁判官同其独立之保障，则是说不攻自破矣。况平政院实离政府而独立，以之监督地方议会。地方议会之组织，纵有不善，而所以补救者，断不少矣。

是故，欲决定官吏之受裁判也，应归普通裁判所，抑特别裁判所？两者究适用普通裁判法，抑行政裁判法乎？大非易事。但以中国现情而论，应采法国主义。盖欲改革行政，非切实有效不可。然则国家非切实保护官吏不可，使凡用种种激动以阻挠新法之实行者，力足以禁之。苟无特别裁判法，则地方豪族，但图私利，不顾公益者，皆得肆其怨谤，驯致在官者，以公益徇私情，而新政卷矣。故行政裁判法决不可无之要点，此不独合乎分权原则已也。盖采用普通裁判者，亦为分权原则二然。然以采用普通裁判，而潜令司法监督行政何如？使各安权限之为愈也。继自今民国法官，将见请求解决种种争议，关于私法、刑法、国际法及诉讼法等，非学理之研究极深，法庭之经验极熟，恐于新法问题已日不暇给。今又求其研习行政裁判法，法与司法系同一复杂，同一细密，而欲望其游刃有余得乎？今按：法国行政裁判所而改组之，每所中设置两种裁判官，一种为法官，与司法官受同等之俸给，与独立之保障；其余按地方缙绅册，选择之一人，即区域议会员（每年推选其一）。此项法官，每年按次轮充，无俸给。似此改组，则所员之足胜其任，而独立可必也。加之平政院策励维勤，各区域不难有深明法理之人出焉。

1914 年 3 月 31 日大总统袁世凯以教令第 39 号的形式公布实施

《平政院编制令》，共29条；1914年5月18日以教令第68号的形式公布施行《行政诉讼条例》，共35条；1914年5月19日以教令第69号的形式公布施行《诉愿条例》共19条；1914年6月8日以教令第679号的形式公布施行《平政院裁决执行条例》共5条；1914年7月20日法律第3号参议院议决案公布施行《行政诉讼法》共35条；法律第4号参议院议决案公布施行《纠弹法》共13条；法律第5号参议院议决案公布施行《诉愿法》共18条；同日以教令第107号的形式公布施行《纠弹事件审理执行令》共4条；1914年8月10日以教令第115号的形式《平政院处务规则》共36条；以教令第116号的形式公布施行《肃政厅处务规则》共18条。袁世凯时期有关平政院设计的一系列立法，初步完备了平政院的立法体系，标志着中国第一个行政诉讼审判机关——平政院正式成立并运行。

《平政院编制令》第1条规定：平政院直隶于大总统，察理行政官吏之违法不正行为，但以法令属特别机关管辖者，不在此限。平政院审理纠弹案件，不妨及司法官署行使职权。第5条规定：……平政院就行政诉讼事件及纠弹事件行使审理权。

《行政诉讼法》第2条规定：肃政史依本法第12条之规定，亦得提起行政诉讼。第12条规定：肃政史依左列规定。于陈诉诉愿期限经过后六十日内。提起行政诉讼。一、人民依第一条第一款之规定。得提起诉讼经过陈诉期限而未陈诉者。二、人民依诉愿法。得提起行政诉讼之诉愿经过诉愿期限而未诉愿者。

可见，当时的行政诉讼是指公民、法人或其他组织以及肃政史认为行政官署或行政官吏行为违法不正，侵犯了公益或其自身权益，而依法向平政院提起诉讼，由平政院进行审理并作出裁决的制度。

一系列行政诉讼立法的公布与实施以及平政院的正式成立，结束了自《临时约法》公布以来围绕着行政诉讼模式选择的激烈争论。平政院直接隶属于大总统，说明平政院的法律性质并非属于司法机关，而是属于行政机关，但又独立于一般的行政机关，直接受大总统管辖。

平政院直接隶属于大总统，接受大总统管辖，其具体表现之一是人事权方面：

《平政院编制令》[①] 第16条规定：平政院院长、肃政厅都肃政史，由大总统任命之。第17条规定：平政院庭长，由平政院院长开列平政院评事。呈请大总统任命之。第18条规定：平政院评事及肃政史，由平政院院长各部总长大理院院长及高等咨询机关密荐具有第十四条资格之一者，呈由大总统选择任命之。密荐规则另定之。第22条规定：……平政院惩戒委员会……由大总统选任平政院院长或大理院院长为会长。委员由大总统于平政院评事肃政厅肃政史大理院推事总检察厅检察官中选任之。第27条规定：荐任书记官，由平政院院长呈请大总统任命之。委任书记官由平政院院长或都肃政史任命之。

《平政院处务规则》[②] 第10条规定：评事之分庭由院长行之，但须呈报大总统。

可见，大总统对于平政院的人事任命，高至平政院院长、惩戒委员会会长；中至平政院庭长、评事、肃政厅肃政史；低至书记官人选，甚至连评事分庭事宜，都直接或间接完全掌控在大总统的手中。可谓“一统到底”。而议会对于平政院院长的人事权极度微弱。

平政院直接隶属于大总统，接受大总统管辖，其具体表现之二是职权方面：

《平政院裁决执行条例》[③] 第2条规定：行政诉讼事件，经评事审理裁决后，由平政院长呈报大总统批令主管官署按照执行。第4条规定：纠弹事件之执行，涉于刑律者，由平政院长呈大总统交司法官署执行。涉于惩戒法令者，由平政院长呈大总统以命令行之。

《纠弹法》[④] 第1条规定：肃政厅肃政史除依约法第四十三条之规

---

① 为方便读者阅读，在原文基础上，用现行标点作了断句。——编辑注
② 为方便读者阅读，在原文基础上，用现行标点作了断句。——编辑注
③ 为方便读者阅读，在原文基础上，用现行标点作了断句。——编辑注
④ 为方便读者阅读，在原文基础上，用现行标点作了断句。——编辑注

定外。对于官吏有左列各款情事之一者，依其职权迳呈大总统纠弹之。第 3 条规定：大总统认为官吏有第一条各款情事之一者，得特交肃政厅查办之。第 5 条规定：前条之查办事件，经肃政史查办后认为应行纠弹者，依其职权迳呈大总统纠弹之。第 7 条规定：前条之查办事件，经肃政史查办后认为应行纠弹者，依其职权迳呈大总统纠弹之。肃政史审查后认为毋庸纠弹者，应报告于都肃政史由肃政厅批驳之。第 8 条规定：前条之批驳人民告诉或告发事件，有肃政厅按月汇呈大总统。第 9 条规定：肃政史于纠弹事件，认为情节重大未便泄漏者，应密呈大总统纠弹之。第 11 条规定：肃政史纠弹事件，经大总统核定后，认为应交平政院审理者，特交平政院审理。第 12 条规定：前条大总统特交审理事件，有应付惩戒或司法审判者，由平政院呈明大总统分别交主管官署行之。

《纠弹事件审理执行令》① 第 1 条规定：平政院依约法第四十三条审理关于纠弹国务卿及各部长之违法事件。于审理后呈请大总统裁夺。

显然，对于行政诉讼案件的执行，需经大总统批令方可得到执行。对于纠弹案件，平政院首要的职能是分类，然后依大总统的命令进行审理，裁决权，包括是否纠弹、是否交付惩戒、是否交付司法审判，特别是关于部长级以上官员的裁决的最后决定权只专属于大总统。如肃政史和大总统的意见相左，则须报肃政厅批驳，最后呈报大总统。

平政院在人事产生方面、职权职能方面体系设置，虽然使之独立于司法机关，独立于一般的行政机关，意图摆脱其干涉，但却完全成为大总统手中的玩偶或代言人，特别是在纠弹案件上，让我们不得不怀疑，平政院是否是大总统个人意志合法化的一个“程序”或“道具”而已，根本无独立可言。民国的平政院——行政诉讼制度和其他法律制度一样根本约束不了手握重权，尤其是手握军权的重量级人物，现实的残酷再一次证明推翻了封建专制并未理所当然迎来“民主与人

① 为方便读者阅读，在原文基础上，用现行标点作了断句。——编辑注

权”，而只不过是用新的腐败代替了旧的腐败。“奴性”仍然在继续被制造。当然任何事物都有两方面，行政案件裁决的执行是以大总统批令的方式执行的，纠弹案件也是通过大总统令或大总统命令名义执行的。平政院与大总统这种直辖关系，使得平政院得以借大总统之权势，充分发挥了保障与监督行政权的法律效果。从这一角度说是当时卑微的司法监督所达不到的。对此，有人说平政院再一次演绎了中国“变态的法治”——法是统治阶级的工具；有人说“平政院是一个介于传统检查衙门和现代法庭之间的机构”①；笔者认为后一种说法比较客观。当时的行政诉讼制度的宗旨和现代行政诉讼制度的宗旨不同，正如张东荪先生所论述的那样，行政诉讼之目的在保障行政权行使的同时，兼有保障公民权利之目的。日本明治时代法学家清水澄“夫行政诉讼之目的所以正适用行政法规之方，而为行政之监督……”② 应当肯定的是平政院对于保障民初北洋政府政令行使、监察官吏的违法与违纪方面作出了突出的贡献，其目的当然是保障军阀统治的需要。不容忽视的是，平政院在行政诉讼具体制度上坚持的民与官——原被告诉讼地位平等、回避、行政诉讼裁决独立、审判人员高素质要求与身份独立、审理程序执行方面都是尚属中国之首次。

北洋政府时期，在司法审级方面仍然沿袭清末改制时所确立的四级三审制度。但平政院则仿奥地利、日本体制，在全国仅设一所，采用一审终审制。“日本仿普鲁士之制，设一行政法院，审理不服诉愿之决定提起行政诉讼事件。当时之行政法院为一审终结，对其裁判不得上诉或抗告……”③但为解决诉讼困难等特殊情况，必要时，采用就地审判的原则，可以在地方开庭审理。《行政诉讼条例》第 3 条规定：对于平政院制裁决不得请求再审。《行政诉讼法》第 4 条规定：行政诉讼经平政院裁决后，不得请求再审。《行政诉讼条例》第 4 条规定：平政

① 杨绍滨．北洋政府平政院述论［J］．安徽法学，2003（3）：52．

② 转引［日］清水澄．行政法泛论［M］．金民澜，译，北京：商务印书馆，1912：16．

③ 翁岳生．行政法与现代法治国家［M］．台北：祥新印刷有限公司，1990：384．

院因审理之便或必要时，除地方最高行政官署之行政诉讼外，得由平政院长嘱托被告官署所在地之最高级司法官，并派遣平政院评事，组织五人之合议庭审理之。其庭长由平政院长指定。《行政诉讼法》第5条也作出了同样的规定。

二、平政院的内部组织机构与人员设置

平政院内部机构的设置是由其行使的职权决定的。依据《平政院编制令》的相关规定，平政院具有行政诉讼和纠弹官吏两种职能，所以，平政院内部主要设有审判庭、肃政厅、惩戒委员会和平政院总会议。相对应的人员主要设有：平政院院长、都肃政史、平政院庭长、肃政史及评事。惩戒委员会会长及委员。此外，还设有书记官。具体法律规定如下：

《平政院编制令》① 第2条规定：平政院审理权，以平政院五人组织之庭行之。前项之评事，每庭须有由司法职出身者一人或二人。第3条规定：平政院置院长一人，指挥监督全院事务。第4条规定：平政院设置三庭，每庭以平政院评事一人为庭长，指挥监督该庭事物。第6条规定：平政院设肃政厅。第12条规定：肃政厅对于平政院独立行使其职务。第10条规定：平政院之裁决由肃政史监督执行。第13条规定：平政院肃政厅，置都肃政史一人，指挥监督全厅事务。第7条规定：肃政厅置肃政史。第11条规定：平政院肃政史之纠弹，以由行政职出身及由司法职出身之肃政史二人以上协议行之。意见不一时，取决于都肃政史。第22条规定：平政院评事及肃政史之惩戒处分，以平政院惩戒委员会行之。平政院惩戒委员会，置会长一人、委员八人。第25条规定：平政院置书记官，掌理诉讼记录统计会计文牍及其他庶务。

《平政院处务规则》② 第2条规定：平政院得设平政院总会议，以

① 为方便读者阅读，在原文基础上，用现行标点作了断句。——编辑注

② 为方便读者阅读，在原文基础上，用现行标点作了断句。——编辑注

院长及评事组织之。第3条规定：应经平政院总会议议决之事项。除法律有特别规定外，由院长定之。第4条规定：平政院总会议，以院长为议长。

《肃政厅处务规则》① 第1条规定：肃政厅得设肃政史总会议，由都肃政史及肃政史组织之。第2条规定：应经肃政厅总会议议决之事项，除法令有特别规定外，由都肃政史经肃政史四人以上之同意定之。第3条规定：总会议以都肃政史为议长（见图2－1）。

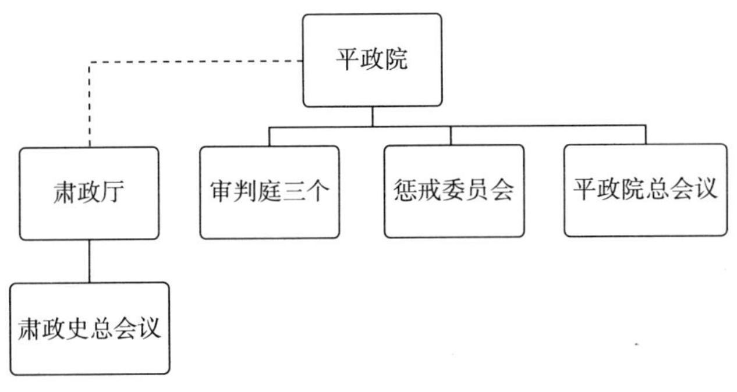

图2－1　日本行政裁所和中国平政院的内部组织机构区分

在平政院内设置肃政厅，是日本行政裁判所和中国平政院在内部组织机构上的最大区别。肃政厅从其法律地位看，虽然设立于平政院内，但却是一个相对独立于平政院的组织。肃政厅并不是当然地隶属于平政院，而是直接隶属于大总统。肃政厅的都肃政史和平政院院长一样，直接由大总统任命。《中华民国约法》第43条规定：国务卿、各部总长有违法行为时，受肃政厅之纠弹及平政院之审理。《平政院编制令》第10条规定：平政院制裁决，由肃政史监视执行。所以，从职权分配角度看，肃政厅和平政院之间的关系更类似于今天的检察院与法院的关系（见图2－2）。

《平政院编制令》② 第9条规定：平政院肃政史，依纠弹条例，纠

① 为方便读者阅读，在原文基础上，用现行标点作了断句。——编辑注

② 为方便读者阅读，在原文基础上，用现行标点作了断句。——编辑注

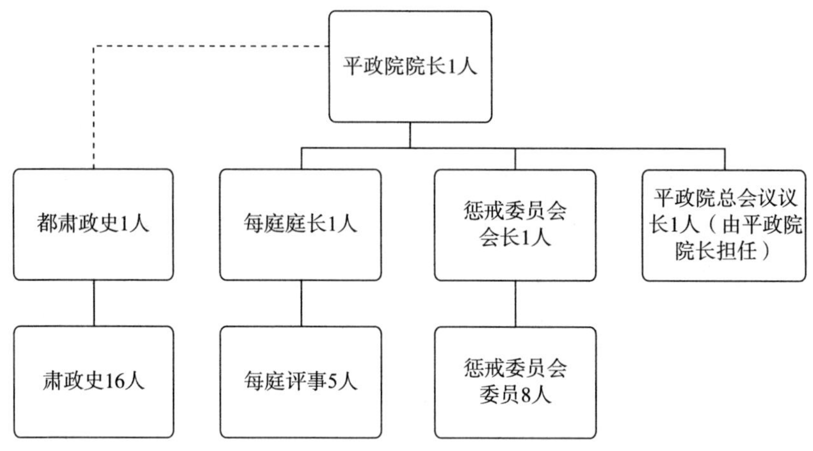

图 2－2　平政院机构人员设置

弹行政官吏之违反宪法行贿受贿滥用威权玩视民瘼事件。《纠弹法》[①]第 1 条规定：肃政厅肃政史除依约法第 43 条之规定外，对于官吏有左列各款情事之一者，依其职权迳请大总统纠弹之。一、违宪违法事件。二、行贿受贿事件。三、营私舞弊事件。四、溺职殃民事件。前项纠弹之规定，对于非在职之官吏，亦适用之。

《平政院编制令》第 8 条规定：平政院肃政史，于人民未陈诉之事件，得依行政诉讼条例之规定，对于平政院提起行政诉讼。《行政诉讼法》[②] 第 2 条规定：肃政史依本法第 12 条之规定，亦得提起行政诉讼。第 12 条规定：而未于陈诉期间内提起者，肃政史得于各该期限经过后，六十日内提起行政诉讼。一、人民依第一条第一款之规定。得提起诉讼经过陈诉期限而未陈诉者。二、人民依诉愿法。得提起行政诉讼之诉愿经过诉愿期限而未诉愿者。

肃政厅的性质是由其职能决定的。肃政厅从其职权看，具体包括两个部分：一是纠弹；另一是提起行政公诉。

从肃政厅的纠弹职能角度看肃政厅的性质，民初的肃政厅，更类

① 为方便读者阅读，在原文基础上，用现行标点作了断句。——编辑注
② 为方便读者阅读，在原文基础上，用现行标点作了断句。——编辑注

似于我国的行政监察。

行政监察制度在我国源远流长，早在秦始皇时期就建立了以御史大夫为中央监察长官的行政监察制度。隋文帝恢复汉之旧规，在中央恢复设立御史台，由御史台重掌“纠不当者，兼纠弹之”，御史台监察机制在唐代得以沿袭和完善。明朝时期，沿袭元朝，中央设中书省、都督府，到了清朝则进一步发展成为都察院制度。清末民初时期围绕着平政院的建立，曾发生过都察院与平政院性质异同的争论。肃政厅的纠弹职能的实质就是动用国家的行政权对国家行政权运转过程中，行政机关及官吏违法违纪行为实施监督与纠错，以确保行政权尤其是最高统治者的政令能够得以上传下达、政令畅通。“水能载舟，亦能覆舟”，任何统治只有使其统治保持在百姓心里“容忍底线”范畴内，才能够长治久安。这也正是行政监察制度，历经中国封建社会两千年数代君王而不断发扬光大、不断得以完善的原因。袁世凯在对平政院官员的训词中也曾说：肃政厅略如前清都察院之制。我们不能因此而说，肃政厅的建立是袁世凯的复辟的一种表现，是袁世凯为恢复帝制所建立的一种机构。但不容否认的是，肃政厅纠弹职能的运作与决定都与大总统的个人意志密切相关，带有浓厚的“袁世凯个人色彩”，所以，1916 年 6 月 6 日袁世凯死后未过一个月，1916 年 6 月 29 日即被黎元洪大总统撤销，仅存两年之久，可谓昙花一现。

“革命”即意味着“否定”与“割裂”，这是一种误区，更是一个“伪命题”。恰恰相反，“革命”意味着“进步”，而“进步”必然意味着“传承”。即使是在当代，对于国家行政权的监控也包括行政权对于行政权的自我监督，公民权对于行政权的监督以及其他权力或权利对于行政权的监控。当然，与今天不同的是，当时肃政厅的纠弹其目的不是控制行政权而保障公民的权利；而是保障国家行政权力的执行，保障统治者的统治能够长治久安。客观地说，肃政厅的建立，尤其是其纠弹功能，是古为“今”用，试图中西融合的一种表现。但是如前所述，依据纠弹法的相关规定，对于肃政厅的纠弹案件，平政院并无最终的审判决定权，而只是在履行着一种分类功能，纠弹与惩罚分离。“认为应当惩戒的，移交惩戒机关惩戒；应付刑事审判的，则交付司法机关审判。”最终的决定权掌握在大总统的手中。肃政厅不过是在给大总统的个人意志套上一个“美丽的合法性光环”而已。所以，从总体上看，这种中西的融合并不算是成功。

从肃政厅的提起行政公诉职能角度看肃政厅的性质，民初的肃政厅更类似于当代的检察院。对于公民超过诉讼时效而未能起诉的事件，肃政史在起诉期限届满后的六十日内可以原告的身份提起行政诉讼。

设置公益代表人，使其如同刑事诉讼之检察官，在行政诉讼中代表国家或其他公法人以维护公益的制度，源于“西德”，更确切地说源于德国的巴伐利亚。由国家设置公诉机关——肃政厅，为公民提供法律援助，对于维护公民的合法权益，使之最大限度地免受行政权的侵犯，某种程度上体现了公民权对行政权的监督，这在中国尚属首次。在中国法治发展史上具有极为重要的意义。尤其是在当时的中国民主刚刚传播，交通极为不便的社会状态下，更具有其必要性和重要性。

三、平政院人员任用资格、任用方式与身份保障

正如黄源盛先生所言：任何政策的举措，成于制度者半，成于人事者半。人格因素是极为重要的。民初的平政院吸收了大陆及英美诸国对行政诉讼审判人员的相关规定，在人员素质、身份保障方面作出了几乎完美的规定，为平政院独立行使职权提供了强有力的身份保障。也为日后行政法院法官的相关规定提供了蓝本。

《平政院编制令》[①] 第 14 条规定：平政院评事及肃政史，须年满三十岁，具有左列资格之一。一、任荐任以上行政职三年以上，著有成绩者。二、任司法职两年以上，著有成绩者。第 22 条规定：……遇有惩戒事件时由大总统选任平政院长或大理院长为会长。委员由大总统

① 为方便读者阅读，在原文基础上，用现行标点作了断句。——编辑注

于平政院评事、肃政厅肃政史、大理院推事、检察厅检察官中选任之。被认为惩戒委员会会长，或委员者，与惩戒事件有关系时，应声明回避。《平政院处务规则》[①] 第4条规定：平政院总会议，以院长为议长。《平政院编制令》第26条规定：书记官须具有左列资格之一。一、有荐任文职之资格者。二、有委任文职之资格者。

《平政院编制令》[②] 第19条规定：平政院评事及肃政史在职中，不得为左列事项。一、政治结社及政谈集会之社员或会员。二、国会及地方议会议员。三、律师。四、商业之执事人。第20条规定：平政院肃政史，不得干涉审理或兼审理事务。第21条规定：平政院评事及肃政史，非受刑法之宣告及惩戒之处分，不得强令退职转职及减俸。但有第23条第24条情事者，不在此限。第23条规定：平政院评事及肃政史，若因精神衰弱及其他不治之障碍，致不能执行职务时，由平政院长呈请大总统命其退职。第24条规定：平政院评事及肃政史。虽因受惩戒调查或刑事诉追被命解任尚未判决者，仍给以俸给之半额。《平政院处务规则》第10条规定：评事分庭后，非因不得已之事由。一年内不得各庭互相更调。

《平政院编制令》共29条，其中关于平政院人员岗位素质要求及职务保障规定就占据了8条之多，同时吸收了法国行政法院法官的任职资格要求，对于评事及肃政史的任职资格要求不但要有行政管理经验，而且要有司法任职经验。惩戒委员会会长由平政院院长或大理院长担任。平政院总会议议长由平政院院长担任。即使是看来无关紧要的书记官的任职资格，也作了规定，可见对平政院人员素质要求之细腻。

从1914年至1928年，平政院存活的近15年间，先后有7人被任命为平政院院长。他们分别是：汪大燮、周树模、钱能训、熊希龄、夏寿康、张国淦、胡惟德。

---

① 为方便读者阅读，在原文基础上，用现行标点作了断句。——编辑注

② 为方便读者阅读，在原文基础上，用现行标点作了断句。——编辑注

汪大燮是平政院的第一任院长，并被重任。汪大燮（1859—1928），字伯棠，浙江杭县人。汪大燮是1907年清政府派出的再次出洋考察宪法实施的大臣之一。1907年7月28日，清末时期袁世凯曾上了一个重要的奏折，请求清廷"派大臣赴德日详考宪法"再次出洋考察宪法实施。次日下谕，"命外务部右侍郎汪大燮，充出使英国考察宪法实施大臣……"① 汪大燮先生从政三十余年，曾任清末外务部右侍郎、邮传部左侍郎、驻日公使等。民国初期曾任参政院副院长、段祺瑞政府内阁交通总长、全国防务委员会会长等。"一战"后，汪大燮又和蔡元培、林长民等人组成国民外交协会，致电出席和会的中国代表，要据理力争，一举收回先后被德国、日本侵占的山东主权。汪大燮先生是一位积极主张西方宪政思想的爱国人士。晚年致力于平民大学、红十字会等社会事业。

周树模（1860—1925），湖北天门人，字少模，号沈观。1885年乙酉科举人，光绪十五年（1889年）中进士。1905年曾随清廷指派的载沣一行出洋考察宪法实施。清末曾任都察院御史、江苏提学使、黑龙江巡抚、宪政编查馆一等咨议官等。曾以兼任中俄勘界大臣的身份与俄国谈判勘测边界，订立《中俄满洲里界约》。后被重任平政院院长。

钱能训（1869—1924），字傒丞、干臣。浙江嘉善魏塘镇人。博览群书，清光绪二十四年（1898年）中戊戌科进士。清末曾任监察御史、刑部主事等。1918年12月，徐世昌任大总统时，任国务总理、约法会议议员等。1921年钱能训和熊希龄等发起组织华盛顿会议中国后援会，任主席，积极主张山东应无条件归还中国。

熊希龄（1870—1937），字秉三，别号明志阁主人，双清居士。因晚年学佛，又有佛号妙通。湖南省凤凰县镇竿镇（今沱江镇）人。天资聪颖，被誉为湖南"神童"。1891年辛卯科举人。1892年，高中二甲进士，后点翰林，1900年东渡日本。受梁启超、唐才常的影响，主

① 夏新华. 近代中国宪法实施历程：史料荟萃［M］. 北京：中国政法大学出版社，2004：54.

张维新立宪。1905 年曾随清末五大臣出洋考察宪政。1913 年当选民国第一任民选总理，由于他反对袁世凯复辟帝制，不久就被迫辞职。熊先生晚年致力于慈善和教育事业。1920 年创办著名的香山慈幼院，曾任世界红十字会中华总会会长，1928 年熊希龄任国民政府全国赈济委员会委员。

夏寿康（1871—1923），祖籍江西，生于湖北黄冈仓埠。字受之，号仲膺。自幼勤学苦读，1897 年丁酉科举人，光绪二十四年（1898 年）戊戌科进士，后点翰林，京师大学堂修习法政三年。1907 年由清政府学部派赴日本考察政治，清末曾任湖南咨议局筹备处参事，1909 年当选为湖北谘议局副议长等。曾上书建议疏浚江河。辛亥首义时任湖北军政府政事部副部长、湖北都督府参议。1913 年 10 月，任北京政府政事堂铨叙局长，后任总统府秘书长等。1914 年 6 月任肃政厅肃政使。查办京兆尹王治馨的贪渎案时刚直不阿，成为历史佳话。1920 年任湖北省省长。曾创办武昌私立法政学校。

张国淦（1876—1959），字乾若、仲嘉，号石公，湖北蒲圻人，幼年随父居安徽。1902 年壬寅科举人，1904 年考取内阁中书。清末时期，曾任宪政编查馆馆员、黑龙江历任巡抚秘书官、内阁统计局副局长等。在任北洋政府秘书长和农商总长期间，曾因凤凰山铁矿事宜为争取中国主权与亲日派及日本公使进行坚决的斗争，表现出了大义凛然的民族气节。还做过教育总长、司法总长和《文汇报》董事长等职。

胡惟德（1863—1933），字馨吾，浙江吴兴人。少年入上海广方言馆就读，1888 年戊子科以算学中举人。1890 年任驻英国使馆翻译学生、随员，三年期满后任驻美国使馆参赞。1896 年任驻俄国使馆参赞，1902 年 7 月以三品卿衔出使俄国钦差大臣，1907 年 9 月，内调外务部右丞，1908 年 3 月任使日本钦差大臣。1910 年派兼任海牙国际法院公断员，1911 年 11 月任袁世凯内阁外务部大臣，1912 年 11 月任驻法国公使兼驻西班牙、葡萄牙全权公使。1920 年 9 月，任驻日本公使。1918—1928 年四次连任海牙国际法院常设仲裁法院仲裁员。

历任的平政院院长（见表2－1）中我们可以看到，五人为进士，两人为举人。汪大燮、周树模、熊希龄、夏寿康四位都曾于清末出洋考察宪政，是我国最早接受西方宪政思想，积极主张实施宪政的进步人士。胡惟德先生还在海牙国际法院任职。张国淦曾任宪政编查馆馆员，钱能训曾任监察御史、刑部主事。在这里我们没有看到一位阿谀奉承的官场政客，恰恰相反他们都是受过良好教育、有一定的宪政思想背景或司法经验的爱国人士。他们对平政院是否能够依法独立行使职权，维护法律的尊严起着至关重要的作用。

表2－1　平政院历任院长

任次	姓名	照片	就任时间	卸任时间
1	汪大燮		1914年3月31日	1914年5月26日
2	周树模		1914年5月26日	1915年10月24日
署理	钱能训		1915年10月24日	1916年4月22日
3	钱能训		1916年4月22日	1916年7月7日
4	周树模		1916年7月7日	1917年2月27日

续表

任次	姓名	照片	就任时间	卸任时间
5	熊希龄		1917 年 2 月 27 日	1917 年 8 月 16 日
6	夏寿康		1917 年 8 月 16 日	1920 年 10 月 2 日
7	张国淦		1920 年 10 月 2 日	1922 年 6 月 15 日
8	汪大燮		1922 年 6 月 15 日	1927 年 11 月 12 日
兼代	邵　章		1923 年 9 月 6 日	1924 年 12 月 16 日
9	胡惟德		1927 年 11 月 12 日	1928 年

关于平政院的评事，有人说有 21 人曾任过评事①。按照黄源盛在《民初平政院裁决书整编初探》一文中的说法，应为 28 人。他们分别是：王耒、王杜、吴煦、吴敬修、延鸿、李俊、孟锡珏、周绍昌、周

① 杨绍滨. 北洋政府平政院述论［J］. 安徽法学，2003，（3）：49－54.

贞亮、徐承锦、邵章、马德润、陈兆奎、麦秩严、曾鉴、曾述棨、范熙壬、程明超、贺俞、杨彦洁、张海若、张超男、张一鹏、叶尔衡、郑言。卢弼、蒋邦彦、董鸿祎。据《平政院编制令》第 14 条规定的对于评事的任职要求，在教育背景方面并没有具体的规定。但其中今天有据可查的有：王耒、王杜、吴煦、孟锡珏、周绍昌、周贞亮、徐承锦、邵章、麦秩严、曾鉴、范熙壬、程明超、张一鹏、卢弼、董鸿祎都曾中第举人、进士、优贡。海外留学经历的有：王耒，日本法政大学毕业；延鸿，日本弘文学院学习警务；周贞亮，日本法政大学毕业；邵章，日本法政大学速成科毕业；马德润，德国柏林大学法学博士；范熙壬，日本帝国大学法科毕业；张一鹏，日本法政大学速成科毕业；卢弼，日本早稻田大学毕业；董鸿祎，曾留学日本。可见，平政院评事可谓“阵容强大”。总体上看几乎全部为清末、民初知识分子中的佼佼者。有近 1/3 人受过国外的法学教育，甚至有德国的法学博士，在当代人看来难以想象。不难看出，当时的平政院在人员任用方面的主导思想是，起用专业的法律专家、具有一定宪法实施思想的人士，以尽可能保障平政院的判决与裁定的公平与正义。当然，这些珍贵的努力在当时的军阀统治背景下，在权势与地位面前却又显得那样的苍白。

为确保平政院的评事及肃政史能够独立行使职权保持外部独立，免受议会、政党、社团、商业及企业等方面的干涉，《行政院编制令》规定了评事及肃政史不得参加政治社团、不得兼职议员、律师及商业执事人等职。在内部独立方面，首先，是评事与肃政史之间的相对独立。《平政院编制令》规定了平政院之裁决由肃政史监视执行，同时又规定平政院肃政史不得干涉审理或兼审理事务。其次，规定了职务保障制度。《平政院编制令》规定平政院评事及肃政史，非受刑法之宣告、惩戒之处分及法定之事由，不得强令退职、转职及减俸。只有因身体原因，如精神或不治之症等障碍等，经法定程序，即由平政院长呈请大总统命其退职。平政院评事及肃政史，即使是在受惩戒调查或刑事追查期间，尚未判决之前，有权享受一半的薪水。最后，平政院评事及肃政史与平政院院长之间也是相对独立的，依据《平政院处务规则》的规定，平政院长并不参与具体案件，稽核职员之勤惰。

上述可见，在保障评事及肃政史独立行使其职务方面，《平政院编制条例》作出了精心的设计。这些精心的设计大都借鉴了日本《行政裁判法》的相关规定。这些都是可以理解的，中华民族没有理由拒绝人类的共同智慧。但令人遗憾的是，无论是平政院的纠弹案件，还是行政诉讼案件，裁决后都要报大总统批令后执行。《平政院裁决执行条例》的这一规定，让人有“功亏一篑”之感。虽然，同期的日本行政裁判所实际上也还是由天皇管辖。

四、平政院的纠弹职能与判例

《平政院编制令》① 第 9 条规定：平政院肃政史，依纠弹条例，纠弹行政官吏之违反宪法行贿受贿、滥用威权、玩视民瘼事件。

《纠弹法》② 第 1 条规定：肃政厅肃政史除依约法第 43 条之规定外，对于官吏有左列各款情事之一者，依其职权迳请大总统纠弹之。一、违宪违法事件。二、行贿受贿事件。三、营私舞弊事件。四、溺职殃民事件。前项纠弹之规定，对于非在职之官吏，亦适用之。

《平政院裁决执行条例》③ 第 3 条规定：主管官署对于行政诉讼事件，不按照平政院裁决执行者，肃政史得提起纠弹，请付惩戒。

平政院的纠弹职能由肃政厅具体实施。被纠弹的对象，主要包括两大部分：第一，在职或非在职官吏的：①违宪违法事件；②行贿受贿事件；③营私舞弊事件；④溺职殃民事件。第二，拒绝执行行政诉讼判决的官署。

《纠弹法》④ 第 2 条规定：前条之纠弹，得由肃政史一人行之。第

① 为方便读者阅读，在原文基础上，用现行标点作了断句。——编辑注
② 为方便读者阅读，在原文基础上，用现行标点作了断句。——编辑注
③ 为方便读者阅读，在原文基础上，用现行标点作了断句。——编辑注
④ 为方便读者阅读，在原文基础上，用现行标点作了断句。——编辑注

3 条规定：大总统认为官吏有第一条各款情事之一者，得特交肃政厅查办之。第 4 条规定：肃政厅对于大总统特交查办事件，由都肃政史指定肃政史二人以上审查之。第 6 条规定：官吏有第一条各款情事之一，经人民告诉或告发于肃政厅者，由都肃政史指定肃政史二人以上审查之。第 5 条规定：前条之查办事件，经肃政史查办后认为应行纠弹者，依其职权迳呈大总统纠弹之。肃政史查办后认为毋庸纠弹者，应报告于都肃政史。由肃政厅呈复大总统。第 9 条规定：肃政史于纠弹事件。认为情节重大未便泄漏者。应密呈大总统纠弹之。

《纠弹法》[①] 第 11 条规定：肃政史纠弹事件，经大总统核定后，认为应交平政院审理者，特交平政院审理。第 12 条规定：前条大总统特交审理事件，有应付惩戒或属司法审判者，由平政院呈明大总统分别交主管官署行之。

由此得知，纠弹程序的启动有三种方式。第一，肃政史启动：肃政史直接依职权呈请大总统纠弹；第二，大总统启动：大总统特交肃政厅查办；第三，公民启动：经公民告诉或告发于肃政厅。但无论何种启动方式，是否纠弹的最后决定权掌握在大总统的手中。肃政厅只具有审理权及是否纠弹的建议权，而不具有实质意义的判决权。

肃政厅的纠弹案件审理，有“独任制”和“合议制”（即由肃政史二人以上查办）两种方式。凡是大总统特交的案件、公民告诉、告发的案件都要采用“合议制”，由肃政史两人以上查办。

肃政厅的纠弹职能，主要是纠弹行政官吏违法宪法、行贿受贿、滥用威权玩视民瘼事件，这本身就与司法审判存在交叉重叠与冲突。从《纠弹法》的具体规定看，对于官吏的违法行为，肃政厅有先行的审理与纠弹建议权，至于是否纠弹、是交付平政院审理还是交付司法审判，甚至由大总统密弹，全部由大总统决定。某种角度上可以说，肃政厅的纠弹，是司法审判的前置程序。毋庸置疑，在惩治官吏违法

① 为方便读者阅读，在原文基础上，用现行标点作了断句。——编辑注

方面，无形之中人为因素——“大总统的个人意志”成为主导，致使平政院与法院之间受案范围的界限出现混乱。

此外，《纠弹法》还规定了回避制度与保密制度。依据《纠弹法》第4条规定：前项指定之肃政史，与查办官吏有亲属关系或与查办事件有特别关系者，应向都肃政史声明理由，自请回避。

平政院肃政厅从1914年3月4日成立，至1916年6月29日裁撤，共存活两年三个月左右。今天我们来观察这一段历史，应当说肃政厅在整顿吏治方面还是起到了相当大的作用，处理了一些颇具社会影响力的大案、要案，涉及国家事物的方方面面。依据黄源盛先生的《民初平政院裁决书整编初探》一文，平政院纠弹事件裁决共13件，其中交付司法审判的案件有8件[①]。具体如表2－2所示。[①]

表2－2　平政院纠弹事件交付司法审判的案件

号序	日期	被纠弹人	案由	结果
1	1914年 7月28日	前直隶代理霸县知事刘鼎锡	被纠弹人对于执法事件收受贿款，婪赃至六千余元之巨	涉及刑事范围，交付司法审判
2	1914年 8月14日	增盛栈股东支友山	于塞北征收局长虞维铎卖羊毛案，为重要关系人	本案业经外交、财政两部结办，故毋庸审理
3	1914年 8月15日	前顺天府尹王治馨	被纠弹人所犯者，①卖官受贿，贿委官缺。②苛征牙纪，违法婪收。③私匿禁物，借口焚烧	涉及刑事范围，交付司法审判
4	1915年 2月4日	前江苏民政长应德闳	被纠弹人伪造报销债票，蒙混发息，意图侵占，图利忘国	涉及刑事范围，交付司法审判
5	1915年 3月2日	前直隶昌黎县知事郝继贞	被纠弹人浮收取利，滥罚冒销，纵丁婪赃	涉及刑事范围，交付司法审判
6	1915年 6月13日	前湖北咸宁知事张德柄	被纠弹人滥发营业证据，浮收查验费，枉法营私，蒙混舞弊	本案查无违法情事，惟该员确有疏失，交付惩戒

① 黄源盛．民初平政院裁决书整编初探［M］．//范忠信．中西法律传统，北京：北京大学出版社，2008：532－535．

续表

号序	日期	被纠弹人	案由	结果
7	1915年6月22日	前河南西华县知事刘泽青	被纠弹人被控藉公舞弊，枉法勒赃	查虽无勒贿情事，惟于交办命案违法办案，并浮收状纸图利，涉及刑事范围，交付司法审判
8	1915年6月23日	前直隶雄县知事丁纶恩	被纠弹人被控浮收税敛，颠倒案情	查于浮收一节，无涉不法，但确有失职，于颠倒案情一节，确有滥用职权，私擅监禁，涉及刑事范围，交付司法审判
9	1915年7月9日	前浙江泰顺县知事张元成	被纠弹人营私舞弊，溺职殃民	涉及刑事范围，交付司法审判
10	1915年10月16日	前津浦铁路局长赵庆华	被纠弹人于津浦铁路一案被控，①逢迎权要、位置私人；②虚糜公款、自便私图；③朋开公司、营私舞弊；④侵蚀运力、几酿风潮；⑤趁乱吞敛、捏造报销；⑥纵容站长、需索陋规；⑦包庇私人、赏罚紊乱；⑧密设机构、违禁烟赌；⑨路政废弛、不佳整理；⑩滥发免票、不顾路款	本案查无违法情事，惟该员确有疏失，交付惩戒
11	1915年11月15日	前归绥丰镇县知事项致中	被纠弹人遭控，溺职殃民	本案查无违法情事，惟该员确有疏失，交付惩戒
12	1915年11月30日	京汉铁路站长关赓麟、京汉铁路车务总长唐士清、北京铁路医院院长汤富礼、保定车站站长唐士濂、保定车站司磅梁士森	被纠弹人等于京汉铁路一案遭控，①巧立名目、位置闲人；②滥支公敛、结交报馆；③糜费医药、不顾公款；④密订矿约、检收运费；⑤勾串公司、通同舞弊；⑥挟带妓女、乘坐花车；⑦兼办饭车任带私货；⑧纵容各站、婪索陋规；⑨包庇私人、吞款舞弊；⑩购买材料、半归私饱；⑪假公济私、侵蚀公款；⑫沿路巡警废弛公务；⑬车务废弛、不加整顿；⑭延用劣员、不加慎防。唐士濂被控营私舞弊；梁士森任意需索	①关赓麟对车务总长背弃职务不加监察，汤富礼办医院无成效，且虚糜路款，唐士濂不知远嫌，监督不周，一并交付惩戒。②唐士清虽无侵吞公款实据，惟率订合同致路局受损，背弃职务图利私人，损害国家财产，涉及刑事范围，交付司法审判。③梁士森收贿应交付司法审判
13	1917年5月12日	前四川巡按使陈廷杰	被纠弹人遭控昏庸溺职，违法营私	本案查该员违背职守义务，交付惩戒

（一）河北霸县知县刘鼎锡贪赃执法案

本案是肃政厅纠弹的极具代表性案件。又称民国第一贪官案。

刘鼎锡，1914 年 2 月 9 日上任代理霸县知事，刘鼎锡查档发现启鸿恩，在前任知事内，曾因吸烟嫌疑被告发，并查明此人有“油水”，便立即将他传讯。以“进笼子”诈取 1 100 元；一位老者梁氏，因多年患痰喘之病，有时吃口鸦片。刘鼎锡到任后，在 2 月 18 日即将梁氏送到禁烟所去收押，其家人最后交了 750 元，才算把梁氏赎了出来。霸县有一个村正邱某，水师营在这个村里查获了烟土，送到了县里，前任县长以邱某没有具报，就命差役带邱到县听候审理。刘鼎锡到任后，认为是个敲诈的“好主儿”，就将邱某锁押入笼，当作烟贩来查办。家人为了让邱免在笼里受苦，无奈之下只得借钱交了 1 200 元。交钱当天，刘鼎锡就将邱某放了。这位以敲诈闻名的民国第一个贪官在位仅 7 个月的时间，利用职权敲诈赃款就达六千余元。

刘鼎锡被押解赴京后，1914 年 6 月 23 日平政院开庭审理，承审庭长为张一鹏。此案，立即引发了审理权限争议。当时的大理院院长董康，请求张一鹏应将本案交付司法法院审理。但张认为：“依据《纠弹法》第 1 条（一）违反宪法事件、（二）行贿受贿事件、（三）滥用威权事件、（四）玩视民瘼事件，当然在平政院审理范围之内，本院职在执法，不能放弃。”[①] 另外，在适用法律及量刑方面，《暂行新刑律》和《官吏犯赃之罪条例》的相关规定也存在冲突。依据《暂行新刑律》第 140 条、第 141 条的规定，应当处三等至五等有期徒刑。而依据《官吏犯赃之罪条例》第 2 条规定：枉法赃至五百元以上者。处死刑。第 7 条规定：死刑得用枪毙。第 8 条规定：徒行得遣赴新疆及极边烟瘴等省。

刘鼎锡案经平政院审理纠弹裁决后，呈请大总统批令的函文如下：

---

① 黄源盛．民初平政院裁决书整编初探［M］．//范忠信．中西法律传统，北京：北京大学出版社，2008：454－535．

为审理纠弹事件，依法裁决，仰祈鉴核事。本年六月十七日，国务卿函交顺天府尹，呈已撤霸县知事刘鼎锡，续被纠弹，应将查得赃证先行呈覆，请予核定。交审文一件奉批交平政院，按律迅速审理。此批等因遵钞附原呈到院，当经本院分由第三庭开庭审理，依法裁决。查《纠弹法》第十二条载：大总统特交审理有应付惩戒或属司法审判者，由平政院呈明，大总统分别交主管官署行之。又查《纠弹事件审理执行令》第二条载：平政院审理官吏之被纠弹事件，除依法裁决外，其被纠弹事件有涉及刑事范围者，得于呈报裁决情形时声请先行褫职各等语。本案据第三庭裁决书所具事实理由系涉及刑事范围，自应交主管官署办理。再刘鼎锡系由前顺天府尹委任代理霸县知事，未经正式受职，自无庸呈请褫职合并呈明。所有审理已撤霸县知事刘鼎锡一案裁决情形暨无庸褫职。各缘由理合随同裁决书呈报。

大总统批令：呈悉此案赃证确凿，罪无可逭。交司法部转饬该管检察厅，立即依法办理。裁决书钞发此批。[①②]

刘鼎锡案交付司法审判后，由大理院判处并执行死刑。

（二）江苏八厘公债案

本案是肃政厅纠弹的又一代表性案件。

1912 年民初政府为解决财政紧张，发行了八厘军需公债。江苏都督程德全任领了 500 万元。所认领的债券除部分支付军费、由各军队自己独立发售外，程德全把剩余的 361 万余元以六五折的折扣，转押西门子洋行而无款赎回。江苏省财政厅厅长蒋懋熙在给财政部的密呈中写道：押西门子一款究竟加押找绝是否确实有案卷可稽，收回日晖呢一款，此款呢厂是否有收归省有之必要，收买价格是否吃亏，收回后委派何人管理，现在已否开工，能否获利均须一一查明……此案经曝光后，社会影响极大。1914 年，袁世凯特交肃政厅查办此事。承办本案的肃政史是曾述棨、李映庚。经过近半年的调查取证，肃政厅作

① 政府公报［J］. 民国三年八月，439 - 440.

② 引文原文无标点，由作者审校后加标点。若有不当之处，恳请读者指正。——编辑注

出以下裁定：

此案前江苏民政长应得闳伪造报销意图侵占，业已涉及刑事范围，自应查照纠弹法第十二条以及纠弹事件审理执行令第二条之规定，请将应得闳先行褫职交司法官署依法办理。前江苏财政司长龚杰与应得闳朋比为奸，系属共犯且迭次催传，抗不到案。其为情虚畏罪，尤可想见。应一并褫职。饬下沪海道尹严拿归案讯办。前江苏都督程德全领取军用债票饬付惩戒，由主管官署依法议处。①

袁世凯下达大总统令：先行褫职，交司法官署依法办理。②

此案经大理院预审后，认为平政院和肃政厅提供的证据不足，作出了对应得闳免于起诉的判决。肃政史李映庚等人，认为大理院审理此案的推事朱学曾，在审理本案的过程中有受贿徇私行为，于是对朱学曾提起纠弹。周树模对该纠弹案进行了审理，认为朱学曾虽然在案件审理过程中无受贿徇私行为，但处理过宽，对朱学曾予以减俸处罚。公债案发回重新审理。

（三）杨度、孙毓筠案

本案是肃政厅纠弹的社会影响较大的案件之一。

杨度，1875 年出生于湖南湘潭，自幼聪颖过人，被视为神童。1906 年杨度为出洋考察宪法实施的五大臣代撰《中国宪法实施大纲应吸收东西各国之所长》《实施宪法实施程序》二文。笃信君主立宪体制，袁世凯执政时期任参政院参政。孙毓筠，1869 年出生于安徽寿县，早年求学于日本早稻田大学，曾参与组织同盟会。袁世凯执政时期任约法会议议长、参议院参政，并任大典筹备处副处长。

1915 年 4 月杨度在其《君宪救国论》中写道：客有问于虎公曰："民国成立，迄今四年，赖大总统之权力，削平内乱，捍御外侮，国以安宁，民以苏息，自兹以往，整理内政，十年或二十年，中国或可以谋富强，与列强并列于世界乎？虎公曰：惟惟否否，不然。由今之道，

① 转引中华民国国民政府公报（第 49 册）. 488 – 489.

② 东方杂志（第 12 卷第 3 号）. 1915.

不思所以改弦而更张之，欲为强国无望也，欲为富国无望也，欲为立宪国亦无望也，终归于亡国而已矣！……平言之，则富强、立宪之无望，皆由于共和；串言之，则富强无望，由于立宪无望，立宪无望，由于共和。今欲救亡，先去共和，何以故？盖欲求富强，先求立宪，欲求立宪，先求君主故也。……非立宪不足以救国家，非君主不足以成立宪。立宪则有一定法制，君主则有一定之元首。皆所谓定于一也。救亡之策，强国之本，皆在此矣。”① 即使是在袁世凯称帝失败“驾崩”后，杨度也写下了这样的挽联：共和误中国，中国不误共和；千载而还，再评此狱。明公负洪宪，洪宪不负明公；九原可作，三复斯言。

1915 年 8 月以“研究国体问题”为名，杨度、孙毓筠、严复、刘师培、李燮和、胡瑛等人发动“筹安会”，以“筹安六君子”之名而闻名全国，为袁世凯帝制鼓吹呐喊、推波助澜。

1915 年 9 月 9 日，肃政厅向袁世凯提出纠弹呈请“……杨度身为参政，孙毓筠曾任约法议长，彼等唱此异说……大总统迅予取缔，以靖人心”。袁世凯虽一心梦想称帝，但面对此纠弹，也不得不批令：……讲学家研究学理……不可逾越范围，著内务部确切考查，明定范围，以示限制。②

（四）王治馨纳贿贪赃案

本案是肃政厅纠弹的民国一大奇案。

王治馨，山东莱阳人。正蓝旗，清副贡，保举道员。民国时曾任北京外城警察总监，顺天府尹，汉军副都统。民国成立以后，曾先后担任过北京政府内务部次长、京师警察厅总监、顺天府尹。当时京畿地区下辖二十四县，王治馨利用职务之便，买官卖官、收受贿赂。竟收取了二十三个县官的贿金，每人几千银元。

---

① 季云飞．评杨度民国初年的君主立宪主张［J］．常德师范学院学报：社会科学版，2003（1）：61－65.

② 东方杂志（第 12 卷第 3 号）．1915.

1914年6月28日，袁世凯下达大总统令，特交平政院都肃政史纠弹：

代理都肃政史夏寿康等纠弹现任汉军副都统王治馨，前在顺天府尹任内，委署各县知事，几至无缺不卖，并有籍案乾没婪索情事，赃款竟至数万之多。应请究办。

王治馨先解去正蓝旗、汉军副都统本职。交步军统领看管。由平政院按照所揭各款，酌传要证，严行审理，呈请检办。①

1914年9月8日，时任北京肃政厅都肃政史的夏寿康，向袁世凯进呈弹劾北京京兆尹王治馨贪渎受贿的函告：

为遵令审理前顺天府尹王治馨被纠弹案，参稽众证，确有事据。裁决书呈候钧定事。本年六月二十七日奉大总统申令，据代理都肃政史夏寿康等纠弹前任顺天府尹王治馨纳贿婪赃一案。《官吏赃罪定例》綦严躬为地方大吏辄敢鬻官纳贿，籍案婪赃、蠹国殃民，尤属法无可恕。王治馨著先解去正蓝旗、汉军副都统本职。交步军统领看管，并由平政院按照所揭各款，酌传要证，严行审理，呈请核办等。因同月三十日准政事堂钞附原呈送院，当分由本院第一庭迭次开庭审理，正在裁决间续于八月一日国务卿面奉大总统谕。据肃政史张超南等呈称续查前府尹王治馨侵吞罚款，确凿有据，请饬院并案审理等语。著交平政院并入前案，认真审理等。因由政事堂粘钞原呈片交到院，仍由第一庭归并前案继续开庭，现亦审理就绪。综核全案，其得诸证据者已有四款，均详载裁决书附呈钧览。兹谨将裁决情形再为大总统陈之。窃以大法则小廉，故惩治贪墨，当先长官而后属吏。长官责贿于属吏，属吏取偿于小民。官邪赂章，为国法所万不可恕。该府尹所犯第一款系贿委官缺，意在诿诸在逃之史久延。殊不知此次既有炉房等。为之借款，复得居间人为之保证，京附近地公然若行买卖于市场。此外，因行贿人及证人在逃者不止一案，众论啧啧，通国皆知。且所委各员

① 东方杂志（第11卷第2号），1915.

多无服官资格履历，半由捏造，谓非贿求其谁信之所犯；第二款如苛征牙纪，凡捐款名目及办法皆由该府尹主之史久延，不过受其指示纵令到案亦难代为分责；第三款烟土事件获案俱在，隔年悬案不办迨期，迫交卸始授意科员呈请措置其为湮灭证据、未尝如数、焚毁情势显然；第四款罚款事件前后任陆续交代事所常有，然断无留剩公款事发后再行补造报销之理，既有炉房簿据及彼此移拨日期更无从曲为解脱。以上各款，既经众证明，确应即裁决。查《纠弹法》第十二条载：大总统特交事件有应付惩戒或司法审判者，由平政院呈明大总统分别交主管官署行之。又《纠弹事件审理执行令》第二条载：平政院审理官吏之被纠弹事件，除依法裁决外，其被纠弹事件有涉及刑事范围者，得于呈报裁决时，声请先行褫职各等语。本案据第一庭裁决书所具事实理由，系涉及刑事范围，拟请解职，正蓝旗、汉军副都统王治馨先行褫职，交主管官署办理。所有本院审理前顺天府尹被纠弹案裁决情形，暨随案声请先行褫职。各缘由理合随同裁决书呈报。①

袁世凯立刻批复，命令逮捕王治馨并立刻由大理院审理。本案于1914年10月23日开庭判决，宣告死刑，并连夜执行枪决。王治馨贪渎案从判决到执行没有超过24小时，办理之迅速在当时前所未有。王治馨也成为民国时期被枪决的“部级”干部第一人。

从本案的审理过程我们可以看到，对于王治馨的纠弹立案是大总统特交的，尚未审理之前，大总统对本案就已经定性：纳贿婪赃。平政院只不过是按照所揭各款，酌传要证，严行审理。从证据角度看，违背了最基本的法律原理“无罪推定”，本案颇有“按图索骥”之嫌，当然是按照大总统的“旨意”去酌传要证、严行审理。王治馨买卖官缺、纳贿贪赃案，之所以被称为民国奇案，因为让老百姓看到的是，不管是谁，即使是顺天府尹，只要贪赃枉法，也要严行审理。王治馨案在当时可谓大快人心。而这里的“严”与“宽”是相对的，有

① 政府公报［J］. 民国三年九月，490－491.

“严”的出现，就会有“宽”的存在，而何时“严”？何时“宽”？这就不能不说要取决于权威者的需要。所以“严行审理”表面上是在依法办理，实质上其本身就是对法律尊严的亵渎。法律规范本身具有指导性，“法治与宪政”要求对于法律规范的执行应保持其高度的稳定性。无论何人，无论何时，只要触犯了法律的底线，都应受到同样的惩处，这就是法律“公正与权威”的真谛。如果对于法律规范的执行采用“严打”的运动方式，这本身就表明是“人治”而非“法治”，“严打”之下，即使是受到处罚的人，其感同身受的也并非是对法律的“尊重”而是“命运不济，撞到枪口上了”。王治馨案也同样如此。

透过本案，平政院的肃政厅，其纠弹职能似乎是虚拟的，平政院并没有真正的决定权，其审理纠弹案件的过程似乎是在履行案件审判之前的分类与分流功能，应付惩戒的，交付主管官署；涉及刑事范围的交付司法审判。而是否惩戒、是否交付司法审判，其最终决定权全在大总统。“平政院审理纠弹案件，性质属于预审程序”①。所谓“民主共和”，即是无绝对权威存在的一种社会状态。只有在这种社会状态下，权力分立才能实现，司法独立才能达成。军政合一的大总统体制下的民国初始，平政院肃政厅只不过是“玩偶”也是顺理成章之事。

（五）津浦铁路局长赵庆华被纠弹案

赵庆华，浙江金华人，系与张学良相伴一生的赵四小姐赵一荻的父亲。1910 年得到邮传部尚书唐绍仪提携，以七品小京官的身份出任广九铁路代理总办。迅速崛起的赵庆华后任津浦、沪宁、沪杭甬铁路局局长，交通部航政局局长等职，是北洋政府时期旧交通系的骨干。1915 年 6 月间，发生了交通大参案，参案是自津浦铁路开始的。由前任津浦路北段总办、现任肃政史孟玉双和津浦路总稽核金恭寿定参案草稿，由肃政史王瑚、蔡宝善至津浦路密查，列出了津浦铁路局长赵庆华十大罪状：①逢迎权要，位置私人；②虚縻公款自便私图；③朋

① 蔡志芳．行政救济与行政法学［M］．台北：三民书局，1993：287.

开公司，营私舞弊；④侵蚀运力，几酿风潮；⑤趁乱吞欵，捏造报销；⑥纵容站长，需索陋规；⑦包庇私人，赏罚紊乱；⑧密设机构，违禁烟赌；⑨路政废弛，不佳整理；⑩滥发免票，不顾路款。同年7月18日国务卿徐世昌面奉袁大总统口谕：

据肃政史庄蕴宽等呈称，铁路为营业性质，如浦津一路，全系借款，倘我不刷新整顿，有债权者必有异言等语。当经特交王瑚、蔡宝善将种种情弊切实访明，呈请核办。兹据该肃政史等调查事毕呈具报告书前来罗列十款，俱系重大弊端，除饬交通部将该路局长赵庆华立予撤差、传解就质外，应交平政院依法审理，并将案内重要人证，分别传提，毋得瞻循！①

平政院第二庭开庭审理，1915年10月23日作出裁决，裁决书具体如下：

被纠弹人：赵庆华

被纠弹人因津浦铁路一案，经本院第二庭审理依法裁决如左：

主文：

本纠弹事件，应付惩戒。

事实：

民国四年六月十八日，准政事堂交片内开本日国务卿面奉大总统谕，前据肃政史庄蕴宽等呈称，铁路为营业性质，如浦津一路，全系借款，倘我不刷新整顿，有债权者必有异言等语。当经特交王瑚、蔡宝善将种种情弊，切实访明呈请核办。兹据该肃政史等调查事毕，呈具报告书前来罗列十款，俱系重大弊端，除饬交通部，将该铁路局长赵庆华立予撤差，传解就质外，应交平政院依法审理。并将案内重要人证分别传提，毋得瞻徇。报告书钞给阅看。此交等因到院，分由第二庭审理。当即按照原报告书所列各款，传集案内人证，分别审讯。并先后咨行交通部、农商部及直隶山东、江苏、浙江各巡按使，调集

① 政府公报［J］．民国四年十月，995．

案卷，查明一切情形。兹将本案事实分举于左：

第一，逢迎权要、位置私人一款，内分五节：（甲）馈送叶恭绰礼物奔走其门一节。据赵庆华供称，从前在邮传部与叶恭绰相识。民国元年调充津浦南段会办时，叶为路政司长。二年十二月升为全路局长时，叶为交通次长兼路政局长。平素与叶毫无馈遗，惟叶恭绰父生日曾送屏障等语。又据叶恭绰供称，因赵庆华办九广铁路时，能对抗胡汉民，故调充津浦南段会办，浦口乱后，路上警察、脚夫、皆柏文蔚等所派，难于驾驭，故升为全路局长。一则，利其熟悉南段情形；一则，因其洋文甚好，便与外人交涉。伊到京常在衙门相见，并未至私宅，亦无馈赠等语。经派警会同区警至叶宅门房搜寻门簿，门役坚称向无此等簿册。故馈遗奔走各节均查无实据。（乙）派叶道绳为南段处长一节。原报告书称，叶于路政，既无经验又无知识，并闻嗜好甚深等语。讯据赵庆华，供称：叶道绳系叶恭绰胞兄，前充南段秘书。因浦口之乱尚能维持路事，故南段改为办事处，即详由交通部升为处长。又据叶道绳供称，从前曾充南浔铁路弹压于路事，稍有知识并无嗜好各等语。当以叶道绳有无烟瘾，饬京师警察厅严密调验，经外城官医院查验一星期，实无烟癖。出有证明书在案。（丙）路员加多、开支加巨一节。查津浦路局职员表二年分计：一千二百四十三员；三月份计：一千四百九十八员；四月份计：一千五百九十员。三年较二年增加二百五十余员。四年较三年增加九十余员。又查该局开送，逐月薪公总数单，二年分南北两段，总数计一百四十一万九千一百二十四元有奇。三年分计一百六十三万六千一百四十四元有奇。比较二年分增加二十一万七千元有奇。据赵庆华供称：铁路营业日渐发达，故用人不得不多。且到任时曾经裁去华洋工程司及翻译数员，每年可省二万余元。即以此款添用科长、科员。又从前在车上收票时多偷漏，现改为在站收票，故添剪票司事一百余人等语。卷查，剪票司事，本年二三月间始行考取。尚未载入职员录。至所裁华洋工程司等，虽节省二万余元，而总计薪公之增加，较所省者已逾十倍之数。（丁）办事处各设数科，与总务处名目相复一节。查四年份津浦路局职员录内载，济南办事处设有总务、营业、考工、编查、会计、警务、庶务七科。各有科长、科员。浦口办事处组织亦同，均与总务处明目重复。（戊）设津浦路事务所于上海电政局，以其戚袁长坤兼任一节。查袁长坤为赵庆华之妹婿，据供称：驻沪办事处，由宣统元年设立。向由电局总理兼任。由路局月给二百五十元薪水，伙食杂费均包在内等语。是驻沪事务所由来已久，非由赵庆华创设。

第二，虚糜公款、自便私图一款。内分另支房租、挪款购屋、私置田产三项。据赵庆华供称：津浦路局逼仄，故另租住房。房价每月一百五十元，由局支付。各路局长及洋员均有此例。又上年曾以五千元在租界典押房屋一所，内容甚破坏。久未回籍，并未在原籍购买田产等语。当经咨行直隶浙江各巡按使，就近密查，旋准直隶巡按使咨称，赵庆华曾在天津法界自购洋房一所，价洋一万二千两。惟闻该房系托永年人寿保险公司，英人体伯出名，是否动用公款碍难调查。又准浙江巡按使咨称，赵庆华在外日久，向不回兰谿本籍，不闻购田产等因。

第三，朋开公司、营私舞弊一款。查银公司洋员梅尔斯柯达士，致交通总长函，有汇通公司闻，有办理中国铁路，位高之官员合办等语。传讯叶恭绰、赵庆华是否有股，均坚不承认。袁长庆则称，汇通公司初开办时，曾有充执事人，并未入股。三年八月到交通部后即辞职。有致该公司信及该公司复信为证。袁长坤则称，洪少圃虽在上海见过，并未谈过汇通公司事，亦未经复股迭经。以公司成立情形详讯洪少圃，据称：汇通公司运输事业发达，故赵局长特别信，任予以权利。其初推林康侯为总经理，林旋辞职。遂由少圃一手经理。赵局长系在南段相识叶次长，本年四月储蓄票开彩时，始相见。二人无何种关系，亦无股份等语。调查该公司收股存根，自一百五十一号至一百六十九号止，共计银元：五万七千五百元。股东名氏，但称某堂某记，不知确系何人。其第一号至一百五十号，系委托交通银行代行收股。

其中只填写一号至七号，均经涂销。讯据该银行经理任凤苞，供称：此系已入股而又退股者。检阅农商部送到卷宗，有三年七月汇通公司呈报各股东退股情形。一禀与任凤苞所供相符，此外未填一股。该公司本年五月，续禀农商部请注册文，填列各股已缴银数，亦近六万七千五百元。是股本原不充足，不知赵庆华何所征信，竟于到任未及三月内，遽与订立最有利益至合同，详由交通部核驳，代收客票及专利五年等节外，均与核准。且查前清公司律及民国三年一月颁布之公司条例，均有未经注册不准营业之规定。汇通公司于三年四月，禀请农商部注册，经农商部以设立运输公司于路政有无妨碍等因，咨请交通部核复其时，叶恭绰为路政局长，于到文上注有“慎核”二字后，竟延搁一年未予咨覆。而该公司则已于三年五月一日开始营业。据叶恭绰供称，农商部咨未经答复，系由梁总长初到任，应商之事甚多，遂致停搁。各转运公司均未经注册，先行营业已成惯例，故未加干涉等语。然是时，梁总长因洋员梅尔斯柯达士，有函指驳汇通公司合同，即有取消合同之意。故特饬津浦路局查覆。乃赵庆华覆称，合同报部有案，取消合同须发生损害赔偿问题，遂迁延至今，依旧成立。计该公司，因合同所得之利益，约有七种：（甲）运费记账。查津《浦铁路记账运货章程》第十条：如有某商记账，运费未至，月底结账之先，已达其保证金四分之三，应即由会计处立刻开具账单，向该商行收款。又第十一条：会计处须负责任，不得使记账运货之运费，有逾保证之书数目。汇通公司与路局所订合同亦载明，公司交存路局二万元作为预付车价之款，随时续存，不得透支各等语。检阅路局账务处三年十一月二十五日，致汇通公司函称：九月、十月分共欠运费五万三千六百九十三元。十二月九日函称：十月下半月账单连同前欠运费共四万六千四百五十五元。又四年五月十五日路局会计科函称：上年十二天月分运价约十万以上，较之预付之数超过已越五倍。且本月运费细账必至下月始能结出，时经两月已达二十万元左右。区区预付之二万元，实不足维持保证之信用云云。账务总管袁长漪亦称，汇通所欠运费，算至本年五月底止，约计二十万元。据赵庆华所递理由书内称，津浦路局自土货酌减运费后，各转运公司营业因之发达。汇通运费每月自六七万元增至十二万有奇，故记账之数亦渐增加，如积两月之久为数自钜等语。续据送到账单内开，汇通公司记账，津韩段结至四年二月分止，共该二十六万四百三十六元八角五分。韩浦断结至四年四月分止，共该三十万九千一百三十九元八角。两共五十六万九千五百七十六元六角五分。汇通所缴，结至四年五月二十日，共收五十三万五千四百五十四元八角一分。除收外，计该三万欠等语。查核所送账单，津浦段记账尚有三月分五万二千二百二十二元四角、四月分五万三千六百十八元一角，均在赵庆华任内应汇入记账之数。乃所注洋账房开送账单，日期列在赵庆华本年六月卸事以后，固属洋账房送账迟延，而局长亦难辞责任。（乙）减折收费。查汇通公司所订北段合同规定，运输经理费用自五万元以外至六十万元以内，按数递加。少则百分之四，多则百分之九。较之南段各公司所定回用成数原未加重。惟合同第七条载明，公司每年专运包件、零担，银洋、铜币或国币所付车价，路局均按每百元给予经理费二十元，是为汇通特别利益。（丙）包运零件。查各转运公司与路局所订合同，均无包运零件一条。惟汇通公司合同第七条是其特例。据该局向交通部文内称，津浦银铜两币，皆由海运，欲行招来，非特别加给回扣不能招致至零担包件。本路定章另有专价，比之整吨运费较贵。各转运公司往往以零担包件汇作整吨装运，故议定专交一家承办，以杜取巧云云。讯据赵庆华，所供亦同。（丁）减收电费。查汇通公司合同第九条，公司如因运输公事在各车站拍发电报，允遵路局章程按照八折费。据赵庆华供称，汇通拍发电报按八折计算，系援照南段旧历。南段从前本系免费，自庆华任局长始，一律改为八折收费等语。检阅南端各公司原定合同，均有关于转运电报免收电费之规定，与赵供相符。（戊）拨给站屋。查三年十一月车务总管佘塝，详路局文内称，各站汇通公司办事处已遵六一二号分别，站之大小，或拨给站房一间，或划定相宜地位设办事棹。现均部署就绪云云。经局批略，谓拨给房间其租金应按建筑费伸算。如设棹位，即以所占面积酌定。仰由该处核拟具覆等语。卷查，无核拟房租覆文。讯据洪少圃，供称：各站房屋多系自己租用，间或借路局房屋亦属有限，并未出过租金。赵庆华亦称，汇通办事棹，只在数大站摆设，由该公司派人经理，无委托职员代办之事。（己）专挂车辆。查汇通公司于三年十月二十三日致函路局，请于第三次、第四次通车之龙头第一节或末尾一节，每日挂十五吨篷车一辆，专租公司应用。经局饬车务处、机务处查覆，据称：南段无带气闸，十五吨篷车、其二十吨篷车亦易生危险，不能挂用。复据分段工程司，德纪函称，本路有三十吨篷车装有卫士侯氏气闸。无论挂于何车，莫不安稳等语。后来是否挂用，卷无明文。据洪少圃供称，挂车事件曾向路局要求，并未挂过，只在南段邮车及北段守车内个占一小间，共租六十元，专为装运银洋之用等语。赵庆华所供亦同。（庚）发给免票。查汇通公司免票底册，计免票八种，共五十三张。据洪少圃供称，此册所在除旧免票业经取消外，只三十九张加二等免票四张，共四十三张属实。据赵庆华供则谓，发给免票只二十余张，数目不符。检阅路局开送，长期免票清单内载，三年分签发各转运公司者，头等一张、二等七张、三等一百零八张。至短期免费券，尚不在此数。又公司以乾股乾薪，报酬局员一节。检阅该公司函稿，有三年九月二十八日致路局车务处计核科科长高节函，内称：敝公司百凡进行需才甚殷，谨以监察一席借重台端月俸脩敬五十元云云。讯据洪少圃，供称：聘高节为监察，系由张谦益接洽此函，亦由张缮写。不过为联络起见，不知高节曾承认否，薪水送过几月亦不能记忆。据高节供称，上年七月到底，洪少圃到局约为公司帮忙，当经面辞。隔十余日忽由该公司送到一函，并银币五十元。即亲身将原函及银票退还该公司。适洪少圃他出，遂交运输处张谦益手。据张谦益供称，致高节函及薪水由我送出，系面奉洪少圃之命，言高在车务处须送钱与之联络。前已面商妥洽，嘱我写信并附洋五十元，送至雍和里高节家中。适高未归，当点交伊妻手。后来高将原薪送还，由我交至账房内等语。是公司以乾薪报酬局员一节，不为无因。

第四，侵蚀运力，几酿风潮一款。查津浦铁路各站长，夫代客装卸货物、脚力。由该局于民国二年七月改定章程，所有装卸整车或零担货物及牲畜、车轿、银元、行李等项，均经改减价目收归自办。据赵庆华所递理由书内称，津浦脚力自元年四月以后，概归洋账房列收暂记。由元年四月起至三年十二月止，约存十七八万元。韩浦段自取消民生公司归局自办后，由二年四月起至三年十二月止，约存十一二万元。两共存三十万余元。路局员司屡次请求分给，纷争不已。直至今年二月间奉部饬，遵照统一会计，会营业进款则例，将装卸脚力列收进款项下。当以四年一月以后所收脚力，自宜归入正账。其以前积存之款，本不在收入正项范围，全路员司希望甚殷，不能丝毫不给。当经酌拟办法与部商议，按照各员役薪水，分别加给一月或半月不等，总共约支六万余元。账目上系作为积存脚力，全数归公，再支出此六万余元等语。据交通部路政司长袁龄供称，以脚力归公款项提出奖金六万余元，此事未经报部，由龄面禀总长经总长认可等语。当经咨行交通部，饬局将南北段洋账房所存脚力总数开单送院。并查明奖金一项，曾否报部核准。旋准开送南北段脚力，总数计，三十万零三千四百六十一元四角五分。并声称，分奖一节经赵庆华面陈，当允其分别办理等。因与赵庆华所递理由书尚属相符，惟积存款项至三十万元之多，案前未经正式详报，未免贻人口实。

第五，乘乱屯款、捏造报销一款。查民国二年十一月十日，赵庆华密陈宁省叛乱，津浦南段先后办理情形概要书，内附列伪职人员衔名事迹清单。有伪车务总管马俊才，将车站应解之进款，五千六百余元解送伪局长徐申伯收用，徐申伯将车务进款五千余元携去逃遁等语。又二年十月八日，孟锡珏、肖俊生、赵庆华联名致交通部代理次长电内称，南段军事用款现经叶委员，电开工程机务、电务、车务、材料等处，以及各处加薪共需二十万八千五百元。尚有未经查齐之款，为数尚属无多等语。旋于十二月七日将浦口办事处临时加薪数目清册，报部查核总表所载，计洋三万九千一百九十二元七角，银五千零七十八两一钱三分。其工程、机务、电务、车务、材料等处报销。迭向交通部咨取，仅据送到民国二年分及三年一月至六月分收支计算书，款目不明无从查核。讯据赵庆华，供称：二年十月八日电报所开损失数目计二十万八千五百元，均系约数，其实用过数目不过十余万元。此款是预备摊在每月报销之内，另列一款开报。三年年报底子有军事损失特别开支，可向洋账房调取等语。据袁龄供称，赵庆华允南段会办时，总局有电调查各处军事损失用款，曾代拟洋文信分致各处，亦经开来约数。惟现由部中查过，实无专案报销。经部电询路局，覆称：此款在每月计算书内分目列出，惟明目不甚相符，无军事损失字样。昨由路局派来洋账房二员，言各处领款单全是列在一起，并未将军事弥补费另行开列，须就原单逐一挑出方有眉目。当嘱伊等即照此办理等语。旋准交通部将洋账房检出账单、账据咨送到院。当以此项单据凌乱无次，难于清算，电调路局经手人员来院说明，据称：军事用款系匀摊列入二年七月至三年十二月分资本、营业两项计算书内，并无专案报销。账单上均有红线符号，并有另纸签注数目等语。查原送表目开总数，共计：十六万九千四百十八元九角三分。就该局另纸签注之数与清单账及计算书核对，大致尚属相符。惟所单据，军事用款与普通用款混合不分。该局仅就账单册内另纸签注军事用款总数，其计算书内有无说明，且查表中所列军事加薪之数与二年十二月七日报部清册数目不合，嗣经该局声明错误，并补送单据更正表册前来，始得勉符前数。

第六，纵容站长、需索陋规一款。据赵庆华供称，各站站长不闻有需索月台费、车底费及挂龙头、挂钩等名目。惟从前蚌埠站长郑鸿宾收受规费，曾经惩办等语。经咨请江苏巡按使，饬警厅就南段各转运公司，逐一传询准覆称。讯据各转运公司经理马德祥等，供称：代客转运货物除照给车费外，并未给过私费，站长亦未另索。车底费及挂龙头、挂钩各费，其月台费一种，系车站港务处经收，为上下货物长夫运送之费。每石铜元二枚，每十吨大洋七角。如由站运送下船，运费大洋二元五角，除此以外未有他项规费等语。查该经理等所称之月台费，即系装卸脚力费，曾由路局规定章程，上述无关弊窦。

第七，包庇私人、赏罚紊乱一款。内分五节：（甲）郑鸿宾营私舞弊一案。系由天津地方审判厅判决，经本院咨由直隶巡按使，饬厅提取全段卷，并声明如何释放情形。旋准覆称。据该厅长详称，此案于民国三年八月八日判决，合并处徒行六个月，于八月十四日送同级检察厅执行。至释放一节。因郑鸿宾在押抱病，准予取具连环铺保，暂行保释。嗣经屡传执行，郑鸿宾因病未到，追问原保人，责令提出保证金三百元没收在案等因。并准咨到全卷一宗查核无异。（乙）梁兆荣亏款潜逃一案。查前蚌埠货票司事梁兆荣，系于三年二月八日潜逃，计亏款三百八十一元有奇。当经车务总管佘塝，详请路局分别饬缉。旋由路局通令三段警务正段长，严行查缉。并函请直鲁苏皖四省省长，饬属协缉各在案，嗣因查缉无踪复。经总局饬车无处查明来历，责令原保、原荐之人将梁兆荣交案讯究。并因梁兆荣卷逃事，将站长严祖述、车号司事黄龙标先行开除，分段长唐尚文查令严究。是该局办理此案，尚无故纵情行。（丙）滁州站长周锦潼于民国元年九月间，充南宿州站长时，曾因粮石堆积、车少不敷分配，为利兴、捷成、裕通各转运公司所控告。又因违抗稽查电令半途截留车辆，经南段总办陶逊，记大过一次，降为学习站长。二年七月南军倡乱，站务需人，由车务副总管陈某，委为蚌埠站长。任事月余，舆论反对，以为蚌埠烦剧，非周所能胜任，遂改为滁州站长。查此事尚不在赵庆华任内。（丁）徐州站长陆洪开于民国三年二月充蚌埠站长时，因梁兆荣亏款潜逃一案，曾自请降调，后来未加处分，反调徐州。原报告书谓，由上海求新厂设法运动，经沪海道传询求新厂经理朱志尧。据称：陆洪开原系亲戚诘以陆惧撤差，向总局代为运动一节，则坚称不知，已无其他证据。（戊）营业科主任关瑞林前充，车务正段长时，曾有向稽查站长鸠会，借钱完债情事。经赵庆华闻之，改调总局当差。本年二月间，派赴临城至济南一段考试剪票司事，取录三十人。据称，考试科目兼用中文、英文，并无贿托情弊。调取考试原卷，该局覆称遗失。经咨行山东巡按使派员，分赴济南、临城各段按照所取剪票司事名单，严密考试，并查明有无贿赂情事，旋准覆称，业经考查竣事，除各站剪票司事已告退者不计外，因病、因事请假者三人、因中英文字毫无研究故意规避者二人、实在与考者二十人。校阅试卷，中英文字稍称完全者七；本无大错谬者五；本稍通门径、错谬重叠者八；本至考试时，有无贿赂情事。以事隔多日，难得确证等因。是关瑞林受贿与否，虽不可知。而考试司事取录不公，则无可解脱免。（己）总务处科长归宝熙，自赵庆华办九广铁路时，即相从任事津浦路局，一切规则多由归起草。委用人员、公事亦由归办。账务处总管袁长漪，系电报学生素与赵庆华相识，且有戚谊。赵任局长后，调为账务总管。二人皆与赵关系最深，甚为信任。惟调查案卷及历次供词，尚无劣迹可指。

第八，密设机关、违禁烟赌一款。据江苏巡按使查，覆文内开，据下关区署长余家谟详称，铁路局同志会名称起自民国二年以前。原设于下关大马路青莲池旧址。兵燹后全埠被毁。三年三月由赵局长改租仪凤门外天后宫对面，楼房两栋，以为员司公寓。本年春，部饬取消公寓。将该处后进改为港务处驳运事务所。前进改为该路招待所。该局员司等偶尔聚会。不过籍打弹子、赌酒决胜，从无金钱关系。惟查酗酒、狎妓一节，在未取消公寓前，局员往来颇为杂遝。当员司荟萃之际，籍醼饮以资酬，应事诚有之等语。复据委员陆振摺陈，吸食鸦片一节，查当此禁令森严之际，即有其事亦必深自隐讳。密查之时，难得真相。聚众赌博、酗酒、狎妓一节，查该路办公时间较短，每日三四钟后过江南来，与下官办事人员相互邀约，三五成群，为消遣娱乐。计或仿西国叶子戏或碰麻雀及招妓侑酒，诚有所难免。惟近来该路人员聚众地点，以在下关各旅馆为最多。访之舆论，虽酒食征逐，时所常有，而赌博一层胜负均属有限，未必极为豪赌。然举动不自检束物议之来，良由于此等语。查津浦南段处长为叶道绳，据称，招待所每月租金二百二十元，各种设备均由公款开支，竟任所属各员聚赌、狎妓于其中，不应毫无觉察。

第九，路政废弛、不加整理一款。据赵庆华供称，徐州一带系夜间行车，每有匪人用钩，将货物钩去。以致偷窃之事时有所闻。前奉部饬令路局担负完全责任。路局未敢承认。因此，路篷车不能敷用。如能加增篷车一百辆，或可免失物之弊。惜此时尚办不到。渗漏处亦所不免。但此事应由站长、段长报告车务总管，再由车务处知照机务处修理。此系伊等责任。惟此路只有车六百辆，逐日开行，几鲜空闲时候，苦无工夫修理等语。此虽实在情形，然对于整理路事，不肯负责，即由此可见。

第十，滥发免票、不顾路款一款。据赵庆华供称，免票章程系民国元年所订。本年又改订一次。路局职员接送家眷都有免票。但发给时仍由职员署名，不能借与别人。交通部路政司亦存有免票，皆由局长签字送部随时填发等语。调阅路局所订章程，员司乘车票分为免价、半价两种。因公调差，如携带眷属，准发给免价车票；因私事往来乘车者，如携带眷属，每年准发给来回半价车票，至多不得逾二次以上云云。又据叶恭绰供称，免票由路局送部每本一百张。皆有存根在路政司长手，如需用即由司填发长期免票，部中只有四张。恭绰自己亦有免票数张，但长存在署内，未携至家中等语。查路局填发各转运公司长期免票，既有一百余张，路员携带眷属复有免票，部员亦各有免票。虽经定有章程，而滥发之弊，固自不免。

理由：

据以上事实，赵庆华查无朋开公司、侵吞路款实据，惟与洪少圃素来熟识，到任未久，即为详转推广全路最有利益之合同。对于公司运货记账之款，任凭洋账房送单迟延，不加催缴。脚力收支全数及南段军事报销，事隔数年。经本院行查后，方始和盘托出。其他，如用人太滥、赏罚不公、废弛路政、滥发免票均属咎有难辞。应付高等文官惩戒委员会惩戒。叶道绳，资望尚浅，遽予擢升处长，难免徇情。

其对于南段路事，各员亦复不知约束，致有在公寓旅馆聚赌、狎妓情事，应即并附惩戒。叶恭绰，查无受人馈赠及朋开公司实据。惟狃于转运公司不尽注册之惯例，致未援据商律取消汇通合同。偶尔疏虞，尚非故意。袁长坤向未入有公司股份，袁长庆，初虽充任公司执事人，到部后即行断绝关系，一并免其置议。高节，收受乾薪一节，虽经张谦益证明收回。惟先事不知远嫌，致洪少圃有此非分之馈赠，亦属有污职守。关瑞林，平日不知检束，为赵庆华所深知，本年考试剪票司事，取列不公，行查属实。一并撤差。不准在路局，夤缘进用。周锦潼，曾因记过降调。陆洪开，年少气浮，虽查无运动实据，而于站长要差能否胜任，应由该局详加察看。如不尽职，立即撤换。归宝熙、袁长漪从赵庆华办事日久，致滋物议。惟查尚无劣迹，应准留局酌用。策其后效。洪少圃身为公司总经理，辄与路局人员暗中勾结，并巧立名目致送月薪。经张谦益证明，先于高节商妥，然后令伊写信交付，实涉及行求贿赂之范围。应付普通司法审判。至汇通公司合同利益独优，久为银公司所籍口。路局中如车务总管佘埗，亦曾一再言之，见于文卷此实为妨碍路政之大者，应交交通部饬令将合同取销。本兹理由特裁决如主文。

第二庭庭长：曾述棨

第二庭评事：邵章

第二庭评事：马德润

第二庭评事：郑言

第二庭评事：周绍昌

第二庭书记官：官张则川

中华民国四年十月十六日①②

这份平政院关于纠弹案的裁决书，共包括被纠弹人、主文（即纠弹结果）、事实、理由、庭长及评事署名五部分。裁决书详细论述了案

① 政府公报［J］．民国四年十月，995－1007.

② 引文原文无标点，由作者审校后加标点。若有不当之处，恳请读者指正。——编辑注

件的事实、调查过程及事实认定结果，共计9153个字。1915年距离今天已近一个世纪，长达万字的裁决书，虽然，在取证手段、举证责任等方面还值得推敲。但论证之详细、推理之缜密，不能不令今天我国法院行政庭的法官叹为观止！惊讶、感慨之余，我们似乎看到了中国大陆司法文书的改革之路。详述事实理由以论证、支持主文裁判结果的判决书，不仅是表达了对法律的尊重，对审判权行使的慎重，更是对当事人人格与人权的尊重。

五、平政院的行政诉讼审判职能与判例

1914年平政院的设立以及1914年5月17日《行政诉讼条例》的施行，标志着行政诉讼制度在中国的正式确立。这是中国诉讼发展史上的一座丰碑。到1928年12月闭院为止，共存活15年之久。这个数字虽然还不能和当时大理院审理的刑事诉讼案件相比拟，但民国初期的行政诉讼在司法实践上保障公民合法权益方面还是起到了难能可贵的巨大作用。公民权与行政权在行政诉讼条例、行政诉讼法面前开始了平等的博弈。翁岳生先生曾客观、全面地评价道："纵观我国行政诉讼制度，自民国三年就已具规模……我国革命先进追求民主，热爱法治之精神，由此可见。惟中国之君主专制政治，历史悠久，民主法治又非可一蹴而就，故民初虽有行政诉讼法，人民仍怀打虎、告官、辞别祖先之观念，威慑于官署之权威，不敢对其违法处分表示不服，因之，平政院每年接案不及十件，无案可审……①"

1920年曾在平政院任书记官的陈顾远先生回忆道："平政院设于北京丰盛胡同，民五以后，任院长者有张国淦、汪大燮诸人。内分三庭，每庭有庭长、评事，均简任，另有荐任或委任书记官，高普考分发而来的，暂为学习书记官，有缺亦可补实。三庭以外，设文书科、会计科、总务科，直接接受院长的指挥监督。平政院本来是一个清闲的机

① 翁岳生．行政法与现代法治国家［M］．台北：祥新印刷有限公司，1976：390.

关，每年所收的案子不到十件，各方对其地位都不重视。当灾害遍北平的时日，平政院尤其贫苦，每年能向财政部领到四个月经费薪给就算好光景，冬日连办公室的煤炉都生不起，其他可推而知。于是，平政院便有了一个众所周知的黑名‘贫政院’……院方接受案件既少，办公人员到了办公室，真是所谓‘划划到，看看报，谈谈天，抽抽烟’，不然，便是下棋或小睡而已！后来，因欠薪更多各人情意均懒，划到也成了官样文章，或预先签到数日，或数日后再为补签，总长，一星期能有一天到院也就算好了。然在此数年中，我倒主办了五件案子，说来也很有趣。因为庭长卢先生乃一博学鸿儒，最喜读书人，对我相当器重，而那时新来的几位评事，学问很好，却不懂法律，案子分到某位评事主办，均以‘我对法律生疏’拒绝接受。于是庭长便想到我，每一件案子，令我写一说帖，结果大体上都照说帖的意见裁判下去。我当时系修习政治学科，尚未毕业，而人家几万元，甚至几十万元的财产的案子，谁赢谁输，都由我这未成熟的刀笔上，评定了他们的命运。以一个学校未毕业的学生，而实际上有如此之权力，当时颇以自豪，迄今思之，必不免有疏误的地方，好不惭愧人也……”①

对民初平政院行政诉讼的评价要做到客观，有必要从多角度、多层面去认识。一方面我们应看到其“开天辟地”之伟大，平政院打破了数千年国家权力循规蹈矩的运转模式，朝着保障公民权正确方向去行动了，事实本身已足以证明其不可思议的“伟大”了，对于该项制度的所存在的欠缺、瑕疵与不完备性的任何指责，都属于过于苛求了。“平政院在我国行政诉讼制度萌芽之时担当裁判者之角色，于法治及法制不甚发达之际，能有此成绩，尚属难能，至于与现制同以行政官及司法官担任评事，乃其缺点（有评事以对法律生疏拒绝受理者），实应加强法官之行政法及行政事务、鉴定著手。”② 平政院第一次为公民提

---

① 转引黄源盛．民初平政院裁决书整编初探［M］．//范忠信．中西法律传统，北京：北京大学出版社，2008：454－535.

② 蔡志芳．行政救济与行政法学［M］．台北：三民书局，1993：297.

供了行政救济，并为日后南京行政法院与行政诉讼、台湾的行政法院与行政诉讼提供了蓝本和发展方向。另一方面我们也应看到其难逃必然失败之“厄运”。其失败的原因诸多，但主要原因并不是民智未开。正如孟德斯鸠所说：一切有权力的人都容易滥用权力，这是万古不易的一条经验。有权力的人们使用权力一直到遇有界限的地方才休止……当立法权和行政权集中在一个人或同一机关之手，自由便不复存在了……如果司法权不同立法权和行政权分立，自由也就不存在了……①在军阀统治的民初时期行政诉讼让位于军权及权势，也是必然。

1914年7月20日法律第3号参议院议决案公布施行《行政诉讼法》。与此同时，在这之前实行的《行政诉讼条例》也即告废止。《行政诉讼法》与《行政诉讼条例》相比，在撤诉、判决的执行方面略有不同外，其他方面大体相同。《行政诉讼法》共35条，分为四章。第一章：行政诉讼之范围；第二章：行政诉讼之当事人；第三章：行政诉讼之程序；第四章：行政诉讼裁决之执行。

（1）关于行政诉讼的受案范围、管辖、参加人与行政诉讼案程序的启动。民国初期的行政诉讼制度，从总体上主要是仿照日本。但在行政诉讼的受案范围上，无论是1914年5月18日公布施行的《行政诉讼条例》，还是1914年7月20日公布施行的《行政诉讼法》，都仿照奥地利采用了概括主义的方式进行了规定，而没有采用当时的德国、日本的列举主义。如日本《行政裁判法》第15条规定行政裁判所，审判依法律敕令所许可出诉于行政裁判所之事件。《行政庭违法处分之行政裁判事件》规定的受案范围是：①海关税以外关于租税及手续赋课之事件；②关于租税滞纳处分事件；③关于营业兑许之拒否或取消事件；④关于水利及土木事件；⑤关于土地官有民有区分之查定事件。②

---

① 孟德斯鸠．论法的精神［M］．北京：商务印书馆，2005：184－185．

② 何勤华，李秀清．外国法与中国法——二十世纪中国移植外国法反思［M］．北京：中国政法大学出版社，2003：125．

《行政诉讼法》第1条规定[1]：人民对于左列各款之事件，除法令别有规定外，得提起行政诉讼于平政院。一、中央或地方最高级行政官署之违法处分，致损害人民权利者。二、中央或地方行政官署之违法处分致损害人民权利，经人民依诉愿法之规定诉愿至最高级行政官署不服其决定者。第3条规定：平政院不得受理要求损害赔偿之诉讼。第4条规定：行政诉讼经平政院裁决后，不得请求再审。第5条规定：平政院因审理之便利或必要时，除地方最高级行政官署为被告之行政诉讼外，得由平政院长，属托被告官署所在地之最高司法官署司法官，并派遣平政院评事五人之合议庭审理之。其庭长由平政院长指定。

《行政诉讼法》第2条规定[2]：肃政史依本法第十二条之规定，亦得提起行政诉讼。第12条规定：肃政史依左列规定，于陈诉诉愿期限经过后六十日内，提起行政诉讼。第10条规定：肃政史提起行政诉讼，以肃政史执行原告职务。

《行政诉讼法》第9条规定[3]：法律所任之法人，得以其名称提起诉讼。第8条规定：平政院得命有利害关系者参加诉讼。其自愿参加者亦得允许之。第6条规定：行政诉讼当事人，得委任诉讼代理人。官署为当事人时，得命属官或声请主管长官特派委员为诉讼代理人。第7条规定：诉讼代理人，须提出委任书证明代理之事项。第18条规定：诉讼当事人已提起之诉讼，非经平政院许可后，不得请求撤消。肃政史所提起之诉讼亦同。

平政院行政诉讼的受案范围采用概括主义，而摒弃了当时日本《行政裁判法》的列举主义，从而使平政院的受理范围处在了世界前沿，而没有完全抄袭日本。这是难能可贵的一个精心设计，更能够符合法治国家的要求。依照《行政诉讼法》的规定，凡是人民对中央或

① 为方便读者阅读，对其按照现行阅读习惯加标点符号。——编辑注
② 为方便读者阅读，对其按照现行阅读习惯加标点符号。——编辑注
③ 为方便读者阅读，对其按照现行阅读习惯加标点符号。——编辑注

地方最高级行政官署之违法处分，致使其权利损害受到损害；凡是人民对于中央或地方行政官署之违法处分，致其权利受到损害，经诉愿至最高级行政官署不服的，均有权提起行政诉讼。这里的“违法处分”，在《纠弹法》颁布之前，依据《平政院编制令》相关规定，是指：违反宪法、行贿受贿、滥用威权、玩视民瘼。《纠弹法》颁布后，依据《纠弹法》相关规定，是指：违反宪法、行贿受贿、营私舞弊、溺职殃民。平政院不受理要求损害赔偿之诉讼。从这一规定我们可以看出，民初的行政诉讼的目的，并不在于保障公民的权利免受行政权的违法侵害。在平衡公民权与行政权的过程中，当时行政诉讼的最高宗旨在于保障行政权能够在法律所规定的范围内运转。由于平政院属于行政机关，而非司法机关，所以当时行政诉讼的确是一种监督制度，但与今天的行政诉讼不同，它是一种行政权对于行政权的自我监督。至于保障公民的合法权益，只不过是这种监督制度运转之后客观上所带来的附带效果而已。“盖当时行政诉讼之目的，在于行政自行监督，促使行政合法化，并非以保护人民权益为主要目的……”①

与纠弹案件相同，行政诉讼也同样采用了一审终审制，当事人没有上诉途径，而且不得再审，判决立即生效。

行政诉讼与诉愿之衔接，从《行政诉讼法》第一条的规定看，兼采了直接提起行政诉讼和诉愿前置两种方式。而并非一律采用诉讼前置主义。启动行政诉讼的方式有两种：一是由公民、法人开启；二是由肃政史开启。肃政史开启行政诉讼程序的设计，可以说是公民提起行政诉讼制度的一种补充。在当时民智未开、法律知识较差、交通不便的社会背景下显得尤为重要。由肃政史开启的行政诉讼程序，肃政史是以原告身份参加诉讼的，民初行政诉讼的原告，与今天行政诉讼的原告构成有所不同，包括：公民、法人、肃政史。行政诉讼的第三人参加诉讼的方式有两种，即由平政院通知参加诉讼或主动参加诉

---

① 翁岳生．行政法与现代法治国家［M］．台北：祥新印刷有限公司，1976：388.

讼。在代理人制度方面，行政诉讼与当时的民事诉讼、刑事诉讼一样，规定了提交代理证明程序。从司法实践上看，提起行政诉讼的原告，多为商会、学会会员，也包括一般民众、学生、法人等，此外，还有僧人。因清末以来“毁庙兴学”盛行，所以出现了十余起涉及寺庙财产的诉请。由于平政院在全国只设一所，与纠弹案件之审理相同，又以就地审判为补充，平政院因审理之便利或必要时，除地方最高级行政官署为被告之行政诉讼外。得由平政院长属托被告官署所在地之最高司法官署司法官。并派遣平政院评事五人之合议庭审理。

另外，基于行政诉讼公益性的特点，行政诉讼在是否允许原告撤诉方面，并没有采用民事诉讼的相关规定，《行政诉讼法》作出了行政诉讼非经平政院准许原则上不得撤诉的规定。在撤诉问题上《行政诉讼法》与先前施行的《行政诉讼条例》虽然都作出了不得撤诉的规定，但二者在具体规定上有所差异。《行政诉讼条例》第 18 条规定：诉讼当事人已提起之诉讼，不得请求撤销。但肃政史所提起之诉讼，不在此限。《行政诉讼法》第 18 条规定：诉讼当事人已提起之诉讼，非经平政院许可后不得请求撤销。肃政史所提起之诉讼亦同。《行政诉讼条例》关于撤诉的规定，对原告进行了分类并区别对待。当原告为公民法人时，不得撤诉是硬性的规定，没有例外情形。而当肃政史为原告时则不然。《行政诉讼法》关于撤诉的规定，则取消了这种分类，对公民、法人、肃政史采取了相同的态度，不得撤诉也不再是硬性的规定，而是原则性规定。即原告一旦起诉，原则上不得请求撤销。而是否准予撤诉，最后的决定权在平政院。可见，《行政诉讼法》关于撤诉的规定从此之后一直延续至今。

关于行政诉讼的程序是《行政诉讼法》的主体部分，《行政诉讼法》从第 11 条至第 32 条，共计 22 条都是关于行政诉讼程序的规定。从总体上看行政诉讼的程序规定，除肃政史参与诉讼部分外，大都和日本相关的规定完全相同。

《行政诉讼法》第 11 条规定[①]：行政诉讼，自中央或地方最高级行政官署之违法处分书或最高级行政官署之决定书达到之次日起。除行程日不算入外，于六十日内提起之，期限至末日。遇星期日、国庆日及其他休息日，无庸算入。第 12 条规定：肃政史依左列规定，于陈诉诉愿期限经过后六十日内，提起诉讼。一、人民依第一条第一款之规定，得提起诉讼经过陈诉期限而未陈诉者。二、人民依诉愿法。得提起行政诉讼之诉愿经过诉愿期限而未诉愿者。第 13 条规定：第十一条第十二条规定之期限内，遇有事变或故障致逾限者，应向平政院声明理由，受平政院之许可。

《行政诉讼法》第 14 条规定[②]：行政诉讼未经裁决以前，除法令别有规定外，行政官署之处分或决定不失其效力。但平政院或行政官署认为必要或依原告之请求，得停止其执行。第 19 条规定：诉状经平政院审查。认为不应受理时，得附理由驳回之。但诉状仅违法定程式者，发还原告，令其于一定期限内改正。肃政史提起之诉讼，不适用前项之规定。第 20 条规定：受理之诉讼，其诉状副本及其他副本，须发交被告，并指定限期。令其提出答辩书。前项答辩书，应添具副本，由平政院发交原告。第 21 条规定：肃政史提起之行政诉讼，应由平政院抄发原文，并指定限期，令被告提出答辩书。前项答辩书，应由平政院以公文通知肃政史。第 22 条规定：平政院认为必要时，得指定限期，令原告被告以书状为第二次相互之答辩。但对于肃政史执行原告职务时，以公文行之。第 23 条规定：被告提出答辩书后，应指定日期，传原告被告及参加人出庭对审。但平政院认为便利或依原被告之请求时，得就书状裁决之。肃政史提起之行政诉讼，有对审之必要时，应由平政院通知莅庭。第 24 条规定：原被告或参加人，于对审或莅庭时得补正已提出之诉状，或另举证据。第 25 条规定：原告被告或参加人所提出之证据外，庭长认为必要时，得传证人或鉴定人证明或鉴定

① 为方便读者阅读，在原文基础上，用现行标点作了断句。——编辑注

② 为方便读者阅读，在原文基础上，用现行标点作了断句。——编辑注

之。第 28 条规定：平政院得派遣评事或属托司法官署行政官署调查证据。第 26 条规定：平政院审理行政诉讼事件，以各庭出席评事过半数议决之。第 27 条规定：评事遇有左列各款情形之一，应自请回避。或由诉讼当事人请其回避。一、自为诉讼当事人者。二、曾以行政官资格参与该诉讼事件之处分或决定者。三、与诉讼当事人有亲属之关系者，评事于前项各款规定外。凡与诉讼当事人或诉讼事件有特别关系者。诉讼当事人亦得具理由，请其回避，前项之回避，由平政院各庭评事议决之。《平政院处务规则》第 25 条规定：各庭审理案件，于宣告裁决前发见左列情事，院长为适当之指告。一、解释法令之错误。二、适用法令之失当。三、审理程序之欠缺。四、文字有误或体裁未备。《行政诉讼法》第 30 条：审理应行公开。但庭长认为必要时，得禁止旁听。第 29 条规定：原被告或参加人不到庭对审时，审理不因之中止。第 31 条规定：行政诉讼中诉讼当事人同时在司法官署提起民事诉讼时，经庭长认为必要时，俟民事诉讼判决确定后，行其审理。第 32 条宣告裁决后，须具裁决理由书，由评事书记官署名钤章。并另用缮本，发交原被告及参加人。

《行政诉讼法》第 33 条规定：行政诉讼裁决后，对于主管官署违法处分应取消或变更者，由平政院长呈请大总统批令主管官署行之。第 34 条规定：平政院之裁决，有拘束与裁决事件有关系者之效力。《平政院裁决执行条例》第 3 条规定：主管官署对于行政诉讼事件，不按照平政院裁决执行者，肃政史的提起纠弹，请付惩戒。

行政诉讼的起诉时效，民初的行政诉讼法完全采用了日本《行政裁判法》的相关规定，自收到违法处分之日起六十日内提起。同时作了扣除与顺延性规定，如路途耽误时间、节假日等。比日本《行政裁判法》先进的是，民初的《行政诉讼法》设计了肃政史可以提起行政诉讼的机制，而且在诉讼时效方面，采用了更为宽泛的时间设计——与陈诉诉愿限期经过后六十日内提起。一方面弥补了公民恐惧官府不敢诉的现实社会状态；另一方面对于超越行政诉讼时效而失去救济可能的公民权益，又设置了一道有力的保护屏障。如果说民初的平政院的设置初衷一直意图达到中西融合的目的，那么从行政诉讼的起诉与时效的规定上看，可谓是中西合璧的成功精彩范例。为确保公民不致因超越诉讼时效而无法得到救济，《行政诉讼法》第 13 条用兜底性的条款再一次规定了特殊情况下平政院的许可权。

行政行为具有公定力的理论产生于德国，“二战”之前为世界各国所采纳，日本就是其中之一。日本学者美浓部达吉的著作中，曾对这一理论有较为全面的论述。行政行为公定力的内涵，即行政官署的行政行为一旦作出就被推定为合法有效。诉讼期间不停止行政行为的执行，是行政行为公定力的经典表现。行政行为公定力理论是以国家至上为前提，认为行政权力运转的第一要义就是社会秩序的有序化。显然，民初的《行政诉讼法》受当时日本行政裁判法的影响，为保障国家行政管理的有序化，同样作出了行政诉讼期间不停止具体行政行为的执行的原则性规定，同时规定了行政官署的主动叫停权，平政院的主动叫停权或依原告之申请的被动叫停权为补充。这一规定在今天中国大陆施行的行政诉讼法中，仍有类似的规定。另外，当肃政史为行政诉讼原告时与公民不同的是，依据《行政诉讼法》的规定，对于公民起诉经审查不予受理予以驳回起诉时，要说明理由。而对与肃政史提起的行政诉讼则要一律予以受理。

行政诉讼采用言词辩论主义为原则，以书面辩论为补充。《行政诉讼法》第 33 条规定，被告提出答辩状后，在指定的日期，传原、被告及诉讼参加人出庭对审，但处于便利或原告之请求，得就书状裁决之。但与当代不同的是，在履行了将原告起诉状副本递交被告、被告提交了答辩状的程序后，原被告言词辩论之前，《行政诉讼法》第 22 条规定了特殊情形下的原被告二次提交书面答辩的程序，即平政院认为必要时，得指定日期令原告、被告以诉状为第二次相互之答辩。但在司法实践中，“以民国四、五年平政院裁决书为例，共计 36 件，其中 3 件是就原告或参加人的言词陈述，与被告之答辩书作成，亦非两造出庭对审。此外，皆就书状裁决而成。”① 可见，行政诉讼案件绝大多数是书面审理，言词审理是绝对的例外。

在证据方面，民初《行政诉讼法》并没有采用今天大陆行政诉讼举证责任的设置规则，即被告负举证责任的原则，而是采用了与民事诉讼相同的“谁主张、谁举证”的原则。该举证责任的设置规则，一直为今天台湾地区“行政诉讼法”所延续。②《行政诉讼法》第 24 条的规定：原被告或参加人，于对审或莅庭时得补正已提出之诉状，或另举证据。与此同时保留了法院法官的调查权。“平政院得派遣评事或属托司法官署行政官署调查证据”，反映出当时行政诉讼不完善的一面，尚未与民事诉讼完全分开。司法是否公正某种程度上取决于举证责任的分担，在行政管理过程中，公民处于被动的被管理地位，在行政诉讼中却要由原告就其诉讼请求举证，显然，对于原告合法权益的维护是极为不利的。

此外，“司法内部独立”在民初的行政诉讼程序中也初见端倪。首先，评事与平政院院长、肃政史之间在审判业务方面是相对独立的，依据《平政院编制令》《平政院处务规则》的相关规定，平政院院长指挥监督全院事务，但只是稽核平政院职员之勤惰，而不实质性地参与具体案件的审理判决。平政院的肃政史也不得干涉审理或兼审理事务。其次，为保障评事与当事人、参与人之间的相对独立，《行政诉讼法》规定了相应的回避制度。当评事为诉讼当事人、参与该诉讼事件

① 黄源盛．民初平政院裁决书整编初探［M］．//范忠信．中西法律传统，北京：北京大学出版社，2008：493.

② 关于举证责任的分配，依据 2000 年 7 月 1 日施行的台湾地区“行政诉讼法”第 136 条规定：“除本法有规定者外，‘民事诉讼法’第 277 条规定于本节准用之。”“民事诉讼法”第 277 条规定：当事人主张有利于己之事实者，就其事实有举证之责任。可见行政诉讼举证责任之分配原则与民事诉讼相同。“本法有规定者外”系指职权调查权。依据台湾地区“行政诉讼法”第 133 条：“行政法院”于撤销诉讼，应依职权调查证据；于其他诉讼，为维护公益者，亦同。第 134 条：前条诉讼，当事人主张之事实，虽经他造自认，“行政法院”仍应调查其他必要证据。第 135 条：当事人因妨碍他造使用，故意将证据灭失、隐匿或致碍难使用者，“行政法院”得审酌情形认他造关于该证据之主张或依该证据应证之事实为真实。前项情形，于审判前应令当事人有辩论机会。

之处分或决定者、与诉讼当事人有亲属之关系、诉讼当事人或诉讼事件有特别关系，都要主动或被动予以回避。最后，从行政诉讼的审判庭的组织、判决方面看，依据《平政院编制令》《行政诉讼法》《平政院处务规则》的相关规定，行政诉讼采用合议制，平政院的审理权以平政院评事五人组成审判庭，并且规定每庭须有司法职出身者一人或二人。各庭之案件，经庭长及专任审查评事认为无须受理者，应由该庭评事和议议决。行政诉讼案件的判决采用多数决的方式决定，以各庭出席评事过半数议决之。平政院设立总会议，对于重大案件，必要时，经院长决定，得交平政院总会议议决。总会议由院长及评事组成。由院长为议长，非有评事 2/3 以上出席不得开议。总会议对于案件的裁决同样采用多数决的方式，非经出席评事半数以上同意不得作出决议，赞成及反对人数相同时，由院长最后决定。另外，对于行政诉讼与民事诉讼的衔接问题也做了相关的规定。

关于行政诉讼裁决的执行方法，《行政诉讼法》与《行政诉讼条例》的规定略有不同。《行政诉讼条例》第 33 条规定："行政诉讼裁决之执行方法，另以教令定之。"《行政诉讼法》第 33 条规定"行政诉讼经平政院裁决后。对于主管官署违法处分应取消或变更者。由平政院长呈请大总统批令主管官署行之。"前后两种不同的规定一方面显示出了行政诉讼在裁决执行方面的成熟与进化，另一方面也显示出了民初对于如何能够保障行政诉讼裁决得以执行上还是进行了一番审慎的思考的。行政法院之判决，必须经国家行政首长签署才能够生效并付诸执行，源于法国 1872 年前确立的"保留之司法"制度。法国行政法院在设置上虽然与普通法院并列，但在性质上属于行政机关，行政法院之判决，自应由最高行政长官签署方能生效。1872 年以后，"保留之司法"被"委任之司法"所取代，即中央行政法院之判决，不再由国家行政首长签署，而由该法院院长本身签名即能生效，移送执行。当时的平政院对于其判决的生效与执行并未一概采用法国行政法院的方式，经过审慎地斟酌，平政院判决的执行，针对不同性质的案件，采用了不同的制度。对于行政诉讼案件的执行，借鉴了“委任之司法”制度。《行政诉讼法》最后规定了由大总统以批令的形式命主管官署行之的办法，可见，行政诉讼案件，平政院的判决一出立即生效，但在程序上需要经大总统以批令的形式，命主管官署执行。从而，使平政院能够借大总统之权势使判决得以执行。这也反映出当时司法不独立、处于弱势地位，不得已而为之的一个办法。对于纠弹案件的执行，借鉴了“保留之司法”制度，《行政诉讼法》规定，对于不履行平政院判决情形下的肃政史的纠弹权，主管官署对于行政诉讼事件，按照平政院裁决执行者，肃政史的提起纠弹，请付惩戒。1914 年 7 月 21 日颁布的《纠弹案件审理执行令》第 1 条规定：平政院依约法第 44 条审理的关于纠弹国务卿及各部总长之违法事件，于审理后呈请大总统裁夺。可见，平政院对于官吏的纠弹案件，只具有请付惩戒及请付何种惩戒的建议权，平政院对于纠弹案的判决生效，以大总统裁夺签字为前提。

在平政院存在的 15 年历程中，平政院共审理了多少案件，不同的学者有过不同的考量，结论也有所不同。一种说法是平政院 15 年间总共受理了 407 件行政诉讼案；另一种说法是平政院 15 年间总共受理了 187 件行政诉讼案。“平政院从民国三年三月三十一日开院，以迄于民国十七年十二月闭院为止，其间共审理了多少案件，虽其统计正确数目不可考，但依政府公报所得之保守资料可知，民国三年计 3 件、民国四年计 57 件、民国五年计 38 件、民国六年计 4 件、民国七年计 57 件、民国八年计 62 件、民国九年计 68 件、民国十年计 16 件、民国十一年计 6 件、民国十二年计 12 件、民国十三年计 11 件、民国十四年计 6 件、民国十五年计 6 件、民国十六年计 4 件、民国十七年计 3 件。十五年间共计 407 件，平均每年受理二十八件左右。”① “我们所搜集到的民国四年至十七年（1915—1928）间的平政院行政诉讼裁决书，共计 187 件。其中民国四年 18 件、民国五年 18 件、民国六年 11 件、民国

① 蔡志芳．行政救济与行政法学［M］．台湾：三民书局，1993：277.

七年23件、民国八年15件、民国九年30件、民国十年18件、民国十一年6件、民国十二年16件、民国十三年10件、民国十四年7件、民国十五年8件、民国十六年4件、民国十七年3件；平均每年收件数约为13件。”[①] 407件与187件差距可谓不小，因为一个是受理案件的总数，一个为裁决案件的总数，其中可能会有差异，但不应如此巨大。今天再去深究这些数据已经意义不大，因为平政院每年所处理的案件数量与当时的民事案件数量或刑事案件数量是无法相比的，行政诉讼尚未成为广大民众寻求救济的重要途径，这是不言而喻的。行政诉讼在中华民国刚刚起步，这种事实是很自然的。但在这两组不同的数据中反映了一个共同的趋势：平政院运行的前十年，即1915年至1924年这十年中行政诉讼案件数量一直维持在十件以上，尤以1920年为高峰，但平政院运行的后4年，即1925年至1928年行政案件数量下降至个位数，尤以1928年为最少。这从某一角度反映了民众对平政院行政诉讼制度所寄予的希望由燃起到渺茫的社会心理与社会现状。

行政诉讼是公民权对于行政权的一种抗衡，是私权对公权的一种监督。与平政院肃政厅审理纠弹案件不同。平政院的行政诉讼案件的审理则完全是在公民权与行政权的平衡中，至少在客观上是为保障公民权利免受行政官署违法处分之侵害，起到了“开天辟地”的救济作用。更为重要的是，在平衡公民权与国家行政权的过程中，虽然当时行政诉讼的首要目的是保障国家行政权的实行，但从平政院行政诉讼案件的裁决结果总体情况看，“本录存所列的187个案件中，维持原处分者共计101件。约占54%；取消原处分者计47件，约占24%；变更原处分者为39件，约占22%……”[②] 取消与变更裁决共计86件，约占46%，总体与维持裁决基本相当。平政院在行政诉讼的过程中并没有

① 黄源盛．民初平政院裁决书整编初探［M］．//范忠信．中西法律传统，北京：北京大学出版社，2008：495.

② 黄源盛．民初平政院裁决书整编初探［M］．//范忠信．中西法律传统，北京：北京大学出版社，2008：499.

完全站在行政官署一方，一味偏袒国家行政权，这一点是确凿无疑的。此外，从案件分布地域情况，我们也可以看到行政诉讼案件遍及 17 个省市与地区，行政诉讼制度在中华大地的东部地区基本得到公民的接受与认可，尤以中原地区、长江三角洲地区为多。“上述 187 个案件中，依其陈述案件之多寡，得顺序如下：①河北（直隶），27 件；②浙江，19 件；③奉天（辽宁），19 件；④江苏，16 件；⑤安徽，11 件；⑥湖北，8 件；⑦湖南，8 件；⑧河南，7 件；⑨福建，7 件；⑩江西，5 件；⑪广东，4 件；⑫山东，4 件；⑬黑龙江，4 件；⑭吉林，3 件；⑮陕西，2 件；⑯贵州，1 件；⑰其他，42 件。①”

表 2－3　平政院 14 年来案件类别详表②

年份 案件类别	1915	1916	1917	1918	1919	1920	1921	1922	1923	1924	1925	1926	1927	1928	合计
产权争执	4		2	10	4	6	6	4	4		1	1	2	1	45
矿业权	3	2		2		6	2			1	1				17
荒地承垦、公地承买优先承买权、林地承领	2	3	3	3	6	4	1				1			1	24
营业执照给予或撤销		1			2							1	1		5
行政罚	1									1					2
充公查封	2	3	1	3	2		1		1						13
勒令停业	1		1												2
征收	1						1			1					3
特别捐、税、租	1	1	1			2	2		2	1	1				11
筑堤、修堤费用	1		1		2			2	1	1		2			10
营业限制	1				1										2
司法判决执行	1														1
学款用途		1				1									2

① 黄源盛．民初平政院裁决书整编初探［M］．//范忠信．中西法律传统，北京：北京大学出版社，2008：498.

② 黄源盛．民初平政院裁决书整编初探［M］．//范忠信．中西法律传统，北京：北京大学出版社，2008：496.

续表

年份 案件类别	1915	1916	1917	1918	1919	1920	1921	1922	1923	1924	1925	1926	1927	1928	合计
盐权		1		2	2	2									7
著作权				1											1
违章建筑之拆除					1										1
铁路路线敷设权						1									1
庙产处分						3				1		1			5
利率限制						1									1
税务承办			1			1									2
投行纳用						1									1
永佃权							1								1
转运航权							1								1
典权回赎										1					1
发还盐本											1				1
禁垦									1						1
人事资格		5		3	1	1	1		6	3	1	2			23
民事事件与行政事件之划分			2				1		1						4
其他				2			1				1	1	1	1	7

（一）京师华商电灯有限公司诉农商部案

京师华商电灯有限公司，成立于1905年。时当清光绪二十八年（公元1902年），由清朝御史、行部员外郎史、履晋、御史、蒋式惺及候补同知冯恕等人，集股筹办公用电力事业，共筹得官商股本白银8万两，1904年商部正式复文批准。公司在前门西城根处建设发电厂，1906年11月25日正式对外供电营业，初期容量仅为300千瓦。该发电厂是石景山发电厂的前身，并于2004年5月17日正式更名为北京电力公司。

1916年7月，京师华商电灯有限公司，因运营成本增加，上调了电价二分，并要求所用用户需用洋元缴纳电价款项，而不得用纸币。

因用户抱怨，并且有四分之一的用户拒绝缴纳，舆论哗然。农商部遂作出决定，电费价格需农商部核准，采用纸币、洋元各半的方式收取。京师华商电灯有限公司不服，经诉愿后，提起行政诉讼于平政院，平政院作出决定，由第三庭审理，庭长为卢弼，评事由李棨等担任。但是，卢弼、李棨均与京师华商电灯有限公司有特别关系。“……庭长卢弼、评事李棨均与本案当事人有特别关系，系声请回避。经该庭依法议决，因指定该庭第二席评事杨彦洁，兼代理庭长职务，并指定第一庭第二席评事马德润兼代……”。①

原告：京师华商电灯有限公司

诉讼代理人：振律师（年二十九岁，住前门外，大安润营十三号）

被告：农商部

右原告对于农商部核准电价，令收现钞各半之处分不服，提起行政诉讼到院，经本院第三庭依法审理，裁决如左：

主文：

农商部之处分变更之

事实：

京师华商电灯公司，开办于前清光绪三十年，当时呈请注册。经前农商部奏准并札示：用人办事各节随时呈报稽核有案。该公司从前电费每由尼特售价二角四分，直至民国五年七月每由尼特增加二分。嗣因中交价低落，自六年九月起，对于商家用户改现洋。自七年一月起，一律专收现洋。事前均经该公司登报声明，各用户照数缴费者约居四分之三。维时农商部据商家翠芳园等及北京医院，对于该公司加价二分及违章婪索各等情，先后呈请设法取缔，当经转令该公司据实呈复。旋据复称，加价二分经股东会议议决。自七年六月起规复原价二角四分，并以电费付现问题长此虚悬，殊非了局，恳请批示遵行八月二十七日，部批电费恢复原价。应即照准备案，其在六月以前电费

① 政府公报［J］. 民国八年五月，718.

既未减价，除已收不计外，未收之费，姑准其现洋、京钞各半搭收等因。该公司以部批与法律事实殊多违误，碍难遵办，详陈理由，依法诉愿。十一月六日经部决定，仍照原处分施行。原告不服，陈诉到院，分由第三庭审查，准予受理。咨行被告官署提出答辩书，并调起原卷，又经原被告以书状为相互之答辩。兹将两造争辩要旨分述如左：

原告陈诉要旨：

甲、核准电价一节：

（一）本案核准电价在部批，并无不准公司之减负旧价。事实上似无利害可言，所惧者，农商部认为此次为核准则从此电价将成为非核准不可之例。夫商人买卖货物应有自由定价之权。查《电气事业取缔条例》第十六条，主管官厅对于营业价目仅言得令更改并无需经核准之语，则官厅对于电价之干涉权，只能限于条例所载之饬令更改而止。"更改"与"核准"，法理上各有阶段，显属两事。更改与确定之价目相对，待商人得自由定价，惟须受更改之制限；核准与拟定之价目相对，待价目非经核准即无由而定。条例所以用"更改"不用"核准"者，原采事后监督之主义。农商部滥用核准之权，使商人定价之自由全被剥夺，即与条例有背。乃答辩谓，核准为实施更改之准备手续。然事经核准，则官厅必认为与公益无害，更何更改可言。

（二）当时公司系遵照公司律而成立，一切应以公司律为标准。前商部札文虽属成案，然既不能指为对于公司律之特别法，何能借此为违反公司律之武器？至于用人办事随时呈报稽核云云，亦不过得令呈报得为稽核而已，决不能因得稽核，即更进而加准驳。且"用人办事"四字包括甚广，当时因事属创举，故有此混括之辞。如用一人办一事皆核准始能举办，恐无此解释。况现在既有成法可循，此种混括不调理之成案当然无效。

乙、令收现钞各半一节：

（一）公司增价原因，以欧战货昂成本增重故不得以照原价之额稍增十分之一，以资弥补，至于收现则以纸币跌价之故。《公司条例》本许商人自由定价，并未规定商人货价不许收现。自有《电气事业取缔条例》，始有定价后须受更改之限制，仍无须核准及得迫令应收跌价纸币之明文。且此条例系六年四月十一日颁布，法律以不追溯为原则，农商部乃援为处分前年七月以来电价之依据，根本错误，实难服从。而答辩则谓，公司收现为违反公益之例外行为。从无条例之颁布，亦在应行纠正之列。试问政府何至使国家银行不能兑，现钞价低落，机关不负其责，所有收入可以责之人民缴现？今公司乃因收现获咎而斥为违反公益，是真政府万能，商民应重足而立也。

（二）条例第十六条之更改云云。乃对于将来非对于过去之语，如指过去则当用取消字样，何以独用更改？且所谓更改价目者，谓某种不合于公益，其标准在于价目之多少，非在于所用货币之种类。今乃直言曰钞现各半是部批，与价目并无异议，惟与所用之货币有异议矣。此果，为条例所称更改之本意乎？总之，增价，所以补材料昂贵之亏；收现，所以补纸币低落之亏，各有原因，岂能混为一谈？钞现问题，系指所收之货币，非更改营业价目条例所定更改之权，决不能如此行使。而答辩则强调二者有连带关系，并以当时事实相绳。查五年七月增价，七年一月收现，在此年半之中，票价落至七折左右。其时，公司并未收现，可知所称收现与加价实质相等，殊属不确。

（三）电价本收现洋中交钞票特替代物之一种。钞票跌价之后，偶然表示好意，听买主搭用，不能谓即成默认契约。公司改收现洋，所用户并无异词。且其用电亦照常无异。法律上已成立债务之关系。收现之时未缴价者仅四分之一少数，因受人鼓惑而观望不缴，乃农商部认为有害公益，批令更改是侵夺商人已成立之债权。安有如此广泛之行政处分？且如部批办理未收者既当减收，已收者何以不能复例索回？事实上滞碍殊多，尤难遵行。

被告答辩要旨：

甲、核准电价一节：

（一）电灯公司北京仅有该公司一家，与住户、商民之公益均有直接之关系。《取缔条例》既许主管官厅对于营业价目有更改之权，较之普通商人得自由定价者，已不能相提并论。核准电价，乃实施取缔必经之手续。若事前不经核准，事后又何从根据以为更改？核准与更改原因属一贯之行为，盖核准乃对于公司拟定之价目而予以确定；更改亦对于公司拟定之价目予以修改，其时期或稍有先后、其手段或略有不同、其目的则纯为公益。采何种手段以达其更改之目的，只须法律上无禁止之明文。行政官厅尽有伸结之余地。

（二）前农商部札示用人办事呈报稽核，固因事属创举，其命意所在仍不外维持公众之利益。故一切待遇较之普通商人纯任自然者有间。当时官厅既札知公司，公司亦遵照开列呈报，业已明示服从。若无明文取消已定之成案，自应继续有效。既曰呈报稽核，则对于呈报办法，如营业价目之类，若稽核与公益上有无妨害，当然可行其准驳之权，如谓核准与稽核无关，则札文之实质既等具文，公司固无庸呈报官厅又何须稽核？

乙、令收现钞各半一节：

（一）电气营业与公益有密切关系，故国家特设取缔条例，对于营业价目认为有公益必要时，得为相当之限制。减收电费问题，即无取缔条例之颁布。本部为维持公共利益，计亦难专顾公司一方之利益，而不为相当之纠正。况此项条例于去年四月十一日颁布，适值公司收现问题为商民所叠控，本部职责所在，安能任令公司违反公益之例外行为，毫不加以纠正乎？

（二）条例第十六条主要之点，全以公益为前提。苟与公益有妨，无论事前事后，主管官厅均有令其更改之权。该公司营业价目即为过去事实，既与共益有妨，本部自应依法更改，按之《电气事业取缔条例》，固无违反可言。若如诉状所言，更改系对于将来非对于过去，则官厅于公司妨害公益之行为，事前既不能核准，事后又不能更改，试问，官厅取缔公司职权何时可以实施？按之，公司五年增价与收现本有连带关系，增价而不收现，乃利用机会藉成本昂贵之名，填补纸币亏损之实。设钞票兑现则增价已行平添二分之收入。若不能兑现，仍得补纸币之亏，部令各半收用，系根据事实以引用法律，故不失法律之精神。质之条例更改之法文，固亦不相违反。今该公司强判增价与收现为两事者，无非藉以巧避条例变更权之适用，即以收现而论，事实上何尝与增价有别，不过直接间接之差而已。

（三）该公司改收现洋既未得用户之承诺，片面主张不得视为契约成立，而用户所以不声明废约、截止通电者，盖北京别无其他贩卖电气之机关，且已安设之电灯又不便遽同虚掷。公司利用用户之弱点，滥施独占之特权，以行其压迫。用户不得不变更其废约之手续，以不缴价为抵制，以控告为救济，而契约之未当合意成立，固有此种表现而益明之。谓未收者，既当减收，已收者亦将援例索回。试以合意契约之原理、原则言之，固亦不难解决。

理由：

据以上事实，本案争执之点，一为核准电费减复原价；一为令收现钞各半。关于核准问题，原告谓此次电价复旧，部批核准本无利害关系。特恐此例一开，公司自由定价之权行将剥夺。因援引《电气事业取缔条例》第十六条，系采事后监督不干涉定价之自由，又以公司成立时旧案，仅限于用人办事随时呈报稽核主管官署，不能施其准驳。且现有成法可循，旧案效力应归消灭。此为原告主张最力之论据。查该条例第十六条开载，电气事业者，所定之营业价目，主管官署认为公益上之必要时，得令更改之等语。可见，营业者之自由定价在前，官署因公益而令其更改在后。原告指此为事后监督，其言不无理由。至营业者订定价目之际，应否呈经主管官署核准，始为有效，此则条例并无明文，而施行细则目前又未规定。被告答辩书谓核准电价，乃实施更改权之准备手续，时期虽有先后、手段虽有不同、目的则纯为公益。核准更改本属一贯行为云云。意在就条例以引申法文之未备，而与法文本体之解释初未尝加以出入。但核准系事先一种监督，自不得与更改并混为一事，倘主管官署对于该营业者，除本条例所定取缔事项外，另有特别例案与事前监督相类者，尽可援引据以实施其监督权。固非法律所禁此项例案，在未有明文废止之前，不得主张为无效。卷查原告经前商部奏准开办时，曾札饬公司用人办事各节随时呈报稽核。旋由公司将《售灯章程》及电灯价目等项呈部鉴核、饬遵，此即前述特别例案之一种。原告谓稽核不能准驳及旧案应归消灭俱属误解。关于现钞各半问题，原告谓：增价二分原于材料价昂，事在五年七月电费一律收现，原于钞价低落。事在七年一月时期，原因均异。因推及条例之营业价目与货币无涉。农商部混为一谈，以施处断，实为违法等语。查政府公报登载，该公司五年增价广告第一次系六月二日，谓因各种缘由。第二次系六月十四日，始为因材料价昂。二者已不一律。本院以广告中有股东会议议决之语，因饬原告将议决录呈案备查。乃据称，记录遗失无从提出。推论上述情形，并证以各种缘由之说。可见，当时议决加价，不仅原于材料一项。故被告谓加价与收现，均因钞价低落含有连带关系，适合于条例第十六条营业价目之规定。据此以实施处分并不违法，不得谓为无理由。条文援用，既无不合。苟认为公益上之必要，自可依法行其饬令更改之权，乃视其处分之结果，对于营业价目仍令照旧收受，并未饬令更改。惟分别货币之种类以定其折中配收之法，揆之条例饬令更改营业价目之旨，显有未合何则。现钞问题乃原于货币发生之特别情形，收钞不得谓价减，收现不得谓价增。货币之与价目二者界限不同，未能相提并论。兹被告主张收现问题，事实上当与增价有别，不过直接间接之差，令收现钞各半，系根据事实以引用法律，质之更改之法文。固亦不相违反等语。然既曰依法处断，自应根据法定之办法。果使被告始终本条文上饬令更改价目之特权，未始不可以救济。事实上间接之影响，如竟据此间接之途辄涉及法外之调停，究不能认为适法之处断也。卷查，翠芳园等控案发生，农商部先后饬令原告呈复核办者，仅限于所拟定电费价目，每度若干，其与收现一层本未过问。嗣因原告呈报电费减复旧价时以付争执殊非了局，恳请批示。爰酌断为现钞各半搭收，并除已收者不计，其用意本在息事，而顾全原告利益已昭然可见。然此项权宜办法与法规既缺明据。原告复以事实滞碍，未便遵行为言。即不如准予撤销，厅令回复原状。

以上述论断，核准电费减负旧价，并不违法，应予以维持。令收现钞各半，法规殊缺明据，应予撤销。爰依行政诉讼法第二十三条裁决主文。

兼代第三庭庭长：杨彦洁

兼代第三庭评事：马德润

兼代第三庭评事：贺俞

第三庭评事：苑熙壬

第三庭评事：徐承锦

第三庭评事：张葆彝①②

“一战”以后，伴随着国家行政职能的扩张，行政权越来越多的涉入私法领域，如交通运输、养老、医疗、共有共用设施的建设及特定行业的市场准入，等等。作为特定行业的电力公司与用电居民、用电商户之间所形成的债权债务关系，与其他普通的商品买卖所形成的债权债务关系是否应有所区别？电价决定权究竟是否应由行政官署决定？本案可以反映出，当时对于这一问题的认识还处于争论与模糊状态。

从行政诉讼的受案范围看，《行政诉讼法》第1条只是概括性地规定：“人民对于左列各款之事件。除法令别有规定外。得提起行政诉讼于平政院。一、中央或地方最高级行政官署之违法处分，致损害人民权利者。二、中央或地方行政官署之违法处分致损害人民权利，经人民依诉愿法之规定诉愿至最高级行政官署不服其决定者。”第3条规定：平政院不得受理要求损害赔偿之诉讼。行政机关的“违法处分”，并没有区别抽象行政行为与具体行政行为。“……彼时之行政诉讼因诉讼客体（就诉讼标的理论）广泛，故诸如公法契约、公用事业经营权

① 政府公报［J］. 民国八年五月，718－724.

② 引文原文无标点，由作者审校后加标点。若有不当之处，恳请读者指正。另，为保持引文原文完整性，未对其词语使用作调整。——编辑注

之特别规制……亦由平政院管辖。”① 从我国大陆现行《行政诉讼法》相关规定与行政诉讼法的相关理论分析，行政机关关于电价的规定，水费的规定，出租车计费规定，火车、地铁、公交等交通票价的规定等，均属于抽象行政行为，当事人的任何一方均不具有提起行政诉讼的救济权，即不在行政诉讼受案范围之内。

行政官署对于京师华商电灯有限公司电价问题之决定究竟有何权力？是本案最为关键的争论焦点，也是原告京师华商电灯有限公司提起行政诉讼的最终目的所在。当时的取缔条例只是含混的规定，营业价目认为有公益必要时，得为相当之限制……官厅对于营业价目享有更改之权……公司用人办事须随时呈报稽核。京师华商电灯有限公司极力主张行政官署将行政官署对于电价的决定权限定在事后监督。“更改”与“核准”，法理上各有阶段，显属两事。更改与确定之价目相对，待商人得自由定价，惟须受更改之制限；核准与拟定之价目相对，待价目非经核准，既无由而定。条例所以用“更改”不用“核准”者，原采事后监督之主义。单从本案裁决情况看，平政院的裁决是“农商部之处分变更之”，似乎是被告农商部败诉。但实质上在这一场诉讼中，原告京师华商电灯有限公司才是最大的“输家”。因为本案的判决确立了这样的惯例，不管京师华商电灯有限公司关于电价是减价还是增价，都要事先报农商部稽核。从而确立了国家行政权为维护公益，对于公用事业等特定行业的收费标准事先干涉权力的合法性，清晰地划分出了国家行政权与公用事业经营权之间的权利界限，在实践中对于避免垄断行业侵犯公益意义可谓重大。本案也显现出这样一个端倪——近现代国家的政府公权力越来越深入到公民的衣食住行、生老病死等私权利之中。

自此，民国初期特定行业市场准入制度确立。我国大陆地区《行政许可法》第 67 条规定：取得直接关系公共利益的特定行业的市场准

① 蔡志芳. 行政救济与行政法学［M］. 台北：三民书局，1993：279.

入行政许可的被许可人，应当按照国家规定的服务标准、资费标准和行政机关依法规定的条件，向用户提供安全、方便、稳定和价格合理的服务……即控制特定行业服务价格从而避免垄断性涨价是国家行政机关的职能之一。我国大陆地区的通讯、宽带、电力、燃油等费用标准居高不下现象，值得思考。

（二）陈时力诉内务部违法免职案

原告：陈时力（免职内务部土木司司长）

被告：内务部

右原告为内务总长违法免职提起行政诉讼，兹由本庭裁决如左：

主文：

内务部之处分取消

事实：

据免职内务部土木司司长陈时力诉称：窃时力备员司长已逾十年，勤勉从事，靡有旷废以言，主管事务属于河海者，则有河务之整理；属于土木工程者，则有国道之计划。至于督率员司处理日行公务，几于日不暇给差，幸免于罪戾。本年十一月四日，因患胃病具呈请假，赴津就医，据医者云，须住院静摄方易奏效。嗣因假满未愈，历经续假在案。顷读报载：十一月二十日，大总统令属内务总长孙丹林呈司长陈时力擅离职守，请予免职，陈时力准免本职此令等因。敬聆之下，无任惶惑。伏查文官服务令第九条内载，官吏除左列假期外不得请假……（三）病假等语。时力患病请假赴津就医，有医生证明书可资佐证。法令既有病假之规定，时力又有患病之事实，既经具呈请假，而病假又为条文所明白规定且与例假并列，是即为法令之所特准乃属当然解释。不谓内务总长竟置请假事实于不顾，而以擅离职守呈请免职，此对于内务总长违法呈请免职不服之理由一也。复查，官吏服务令第十四条内载，官吏非经本管长官许可，不得擅离职守等语。细释法意，乃指本令第九条一、二、三、四款以外之事故而言，非经长官批准给假，当然不得擅离，且患病在事实上亦不能待其批准而后始不到署。

时力此次因病请假，即为法令所规定不啻为法令所许可。请假公牍尚可覆按擅离职守，实不敢承，且一次请假四次续假，均有假条呈文可凭，长官如认为不合，应预有批驳声明，何得于事后横加擅离职守之名？此对于内务总长违法呈请免职不服之理由二也。又查，官吏服务令第二十九条内载，凡官吏有违上开各条者，该管长官依其情节轻重，分别训告或付惩戒等语。时力因病请假即认为擅离职守，则服务令第九条病假，似非呈请明令废止以后，不能加以擅离职守之罪案，又非将请假公牍私行销毁以后，更不能加以擅离职守之处分。姑退一步言之，即使未经长官许可，亦应依据第二十九条规定交付惩戒。今内务总长呈请免职，不按法定手续办理，是以内务总长资格而兼惩戒委员会职权，揆之法理，殊有未合。此对于内务总长违法呈请免职不服之理由三也。再以文官保障法第二条所载，凡文官非受刑法之宣告、惩戒法之处分及依据本法不得免官云云。言之，时力任内务部司长系实缺简任官，当然应受文官保障法之保障。今既未依照服务令第二十九条之规定交付惩戒，是为违令；又未遵照保障法第二、三两条之规定擅请免职，是为违法违令；违法之命令当然无效等语。于去年十二月十九日依法提起行政诉讼，到院分由第二庭审查批准受理。经将诉状副本咨送内务部，限期答辩。本年一月十七日准内务部咨称，该司长陈时力免职，原案本部无卷可稽，惟文书科存有该司长请假假单五张，自十一年十一月四日起至十六日止。应即检送，查照办理。复经本院咨行内务部，请仍依法提出答辩书，并将该司长免职情形与呈请免职文件，一并咨送过院藉资参考。去后，二月三日，准内务部咨称，该司长陈时力奉令免职，现经一再详查，本部并无免职文稿，当系孙前总长在国务会议席上提议之件，惟此项议案原稿，孙前总长亦并未发交存卷，实属无从答辩。本院随于二月九日函请国务院，将国务院会议席上，关于内务总长提出呈免陈时力司长本职议案文稿抄送过院。二月十九日准国务院函复，查此项议案原稿，系以未先请假擅离职守出京赴津。拟请免去本职，遗缺以第一科科长尚秉和暂兼代，请公决等语。本院复以陈时力请假假单五张，系十一月四日起至十六日止，以后有无续假情事，批令陈时力声叙到院，以凭核办。嗣据陈时力呈称，十六日据呈请给假二星期，领有内务部收呈回执在案，钞具续假原呈及回执一纸前来本院，遂于二月二十八日，咨请内务部将陈时力请假呈文检送过院。三月七日准内务部咨称，该司长十一年十一月具呈请假两星期一节，查文书科未经存有此项假单，惟土木司呈堂文件登记簿，于十六日载有该司长续假两星期之件，可资证明，相应检同前项登记簿，咨复查照办理各等语。

理由：依上述事实，本案之先决问题应以原告是否曾经请假为断。查内务部咨送请假假单五纸，系自十一月四日起至十六日止，皆有长官手批阅字。其十六日续假两星期，亦据内务部咨称，土木司呈堂文件登记簿载有此项文件可资证明等语。复检阅呈案附件，又有医生王祖祥之证书。是该原告因病请假已无异议，乃免职呈文谓为未先请假擅离职守，核与事实不符。本是论断内务部呈请将该原告免职之处分，殊与法令有违，应予取消。再内务部对于此案，因无卷可稽，无从答辩，依本院处务规则第八条，既有得参用通常诉讼程序之规定，在本院已有先例可援，况内务部咨送文件并有可为此案之证明等语，自无须必经答辩，方可断定。爰依行政诉讼法第二十三条裁决如主文。

第二庭庭长评事：马德润

第二庭评事：郑言

第二庭评事：周绍昌

第二庭评事：程明超

第二庭评事：吴敬修

第二庭书记官：张元峰①②

本案是平政院审理行政诉讼案件的一个极具代表性案件——行政机关工作人员因不服其所属机关免职处分，而提起的行政诉讼案。在

---

① 政府公报［J］. 民国十二年三月，1545－1547.

② 引文原文无标点，由作者审校后加标点。若有不当之处，恳请读者指正。——编辑注

这之前的1916年5月（民国五年五月）祝书元等28人不服内务部裁员案①，在这之后的1925年8月（民国十四年八月）教育部佥事周树人（鲁迅），因不服教育部呈请免职之处分提起的行政诉讼案②，都与本案如出一辙。1914年《行政诉讼法》对属于行政诉讼受案范围的“行政行为”并没有作出详尽界定，只是在第1条规定可以提起行政诉讼于平政院的行政行为包括：①中央或地方最高级行政官署之违法处分，致损害人民权利者；②中央或地方行政官署之违法处分致损害人民权利，经人民诉愿至最高级行政官署，不服其决定者。第3条又作出了否定性的规定：平政院不得受理要求损害赔偿之诉讼。这种规定本身就是概括而模糊的，“违法之处分”如何界定，司法实践中如何把握，平政院本身，拥有较大的回旋余地。对于行政官署内部行政人员

① 民国五年内务总长孙洪伊整顿内务部，裁减部员，被裁汰人员祝书元等28人在徐树铮的煽动下，借口不合文官任免休职条件，向平政院起诉，控告孙违法。9月21日，平政院决定受理，并限孙于五日内提出答复。而孙以平政院编制令与行政诉讼法系根据袁世凯的新约法总统制而来，非由正当之法定机关发生，则该院是否依法设立，尚属疑问，岂有受理诉讼之道理，对此置之不理。10月7日，平政院竟缺席裁判，认为所有内务部非法任免部令，应一律取消，由国务院呈请大总统下令执行。

② 1925年年初，因北京女子师范大学学生不满北洋政府教育部所派遣的校长杨荫榆的种种行为，发动“驱杨”运动，宣布从即日起不再承认杨为校长，即著名的“女师大风波”。当时兼任女师大教师的周树人（鲁迅）等人坚决支持女师大学生这一正当要求，并在媒体上发表《流言与谎言》等文对杨等人治校以来的种种黑暗行为予以揭露，支持女师大学生，矛头直指杨、章等人。身为教育总长的章士钊以鲁迅作为教育部官员，参与学潮，并任维持会总务主任，组织学生对抗政府等理由，8月12日呈请段祺瑞将鲁迅免职，8月13日，段命令照准。教育部佥事周树人（鲁迅）遂向平政院起诉以章士钊为总长的教育部，要求法院撤销教育部对周树人的免职令。教育部代为答辩：本部原拟循例呈请交付惩戒，乃其时女师大风潮形势严重，若不实时采取行政处分，一任周树人以部员公然反抗本部行政，深恐群相效尤，此项风潮愈演愈烈，难以平息，不得已将呈请周树人免职。章士钊虽为教育总长，但处理教育事务，尤其是对于此次学生运动的处理与镇压，可谓系受段祺瑞的全权委托和支持。在这种情况下，被告教育部本不至于败诉。但原告周树人（鲁迅）抓住了将其免职存在严重的程序漏洞和瑕疵，免职处分行为系违法，据理力争。1926年3月平政院经审理对这起行政诉讼作出如下裁决：被告停办国立女师大，原告兼任该校教员，是否确有反抗部令情事，被告未能证明。纵使属实，涉及《文官惩戒条例》规定范围，自应交付惩戒，由该委员会依法议决处分，方为合法。被告遽行呈请免职，确与现行规定程序不符。至被告答辩内称原拟循例交付惩戒，其时形势严重，若不采用行政处分，深恐群相效尤等语，不知原告果有反抗部令嫌疑？先行将原告停职或依法交付惩戒已足示儆，何患群相效尤？又何至迫不及待必须采取非常处分？答辩各节并无理由，据此论断，所有被告呈请免职之处分系属违法，应予取消。

的处分行为，平政院也将其纳入了行政官署的“违法处分”范围，而予以受理，是本案的一大特色。在这之后的类似免职处分案件得以平政院的审判，与本案所树立的先例不无关系。从大陆的行政诉讼情况看，行政行为分为内部行政行为和外部行政行为，依据现行《行政诉讼法》第12条规定，行政机关对行政机关工作人员的奖惩、任免等决定不属于行政诉讼的受案范围。2006年1月1日施行的《公务员法》第90条规定，公务员对于涉及本人的人事处理行为不服的，可以自知道该人事处理之日起30日内向原处理机关申请复核；对复核结果不服的，可以自接到复核决定之日起15日内，按照规定向同级公务员主管部门或者作出该人事处理机关的上一级机关提出申诉；也可以不经复核，自知道该人事处理之日起30日内直接提出申诉。可见，司法权对于行政权的监控，并不包括行政机关对其内部工作人员的惩处与任免行为。对这一部分行政行为，大陆采用的是行政权自我监督的方式解决的，即使是行政机关对于公务员的开除处分行为也不例外。

公务员对其所属行政机关惩处行为不服，救济途径的设置从世界情况看，法国、瑞士采用诉诸于行政法院的行政诉讼途径；奥地利则采用在行政机关内部设立惩戒委员会，对惩戒委员会决定不服者，有权诉请行政法院或宪法法院；德国则采用惩戒法院制度，惩戒法院隶属于行政法院，对于惩戒法院裁判不服者则可上诉于行政法院。各国救济途径的设置虽略有不同，但采用司法最终解决原则是共同的。

我们不得不承认平政院的行政诉讼受案范围之宽泛。当然有一点需要注意的是，平政院并非属于国家司法机关范畴，在性质上属于国家行政机关，从这一角度来讲平政院介入行政机关工作人员的任免问题，也属顺理成章。但是本案也发映出民国初年对于公务员行政处分救济途径的设置，基本上采用了法国的模式。这种模式不能不说影响到了今天的台湾，依据当今台湾地区“公务员惩戒法”规定，公务员惩戒处分由公惩会议决，在审议之救济亦由公惩会受理。依“公务员考绩法”规定，公务员依“考绩法”之惩处，在用尽“公务员保障法”之复审程序后，得提起行政诉讼。依“公务员考绩法释字第298号解释”意旨，不论惩戒或惩处处分，凡足以改变公务员身份或对公务员有重大影响者，受处分人均得向公惩会声明不服，惟免除公务员职务之处分，又不属于惩戒或惩处性质者，如已达限龄强制退休、依规定资遣或因丧失国籍而免职，此类事件如有争议，最后仍应由“行政法院”受理。

透过本案我们应当看到，无论是陈时力案，还是后面的周树人案，被告内务部、教育部的败诉原因都有一个共同点，那就是行政行为违背法定程序。特别是周树人案，时任教育总长的章士钊，是当时颇具名望的著名学者，在政界也具有广泛的人脉。对于女师大学生的“驱杨运动”，从教育部的方针政策，到具体的方法与措施都是遵循大总统段祺瑞的旨意而为的。在当时特定的军阀统治社会背景、社会影响下，对于平政院来说，保持司法独立，裁断教育部对于周树人的免职行为内容违法，可能性极小。恰恰相反，由于受到特定的政治影响，从国家权力角度出发，认为教育部对于周树人的免职行为内容合法，可能性极大。周树人案，平政院的裁断天平之所以最终倾向于教育部行政行为违法，不能不说其行政行为程序违法占了很大的比重。可见，当时平政院考量行政行为的合法性的标准，已经涵盖了内容合法与程序合法两大方面，在行政行为内容合法而程序严重违法的状态下，行政行为也会被认定违法，这不能不说是行政诉讼司法实践的一大进步！

被告内务部在整个诉讼过程中并没有提交答辩状，是本案的一大特殊之处。“准内务部咨称，该司长陈时力奉令免职，现经一再详查，本部并无免职文稿，当系孙前总长在国务会议席上提议之件，惟此项议案原稿，孙前总长亦并未发交存卷，实属无从答辩。”按照大陆《最高人民法院关于执行〈中华人民共和国行政诉讼法〉若干问题的解释》第26条规定，在行政诉讼中，被告负举证责任。被告应当在收到起诉状副本之日起10日内提交答辩状，并提供作出具体行政行为时的证据、依据；被告不提供或者无正当理由逾期提供的，应当认定该具体行政行为没有证据、依据。所以如果本案从今天的角度判决，将会因被告未提交答辩状而直接判决撤销被告行政行为。从本案的整个判决过程来看，当时平政院对于行政诉讼案件的审理并没有推行被告负举证责任的制度。行政诉讼刚刚与民事诉讼相脱离，对于行政诉讼制度本身的特质尚未有一个清晰而完整的认识，所以，苛求1914 年《行政诉讼法》在证据方面能有有别于民事诉讼制度的任何规定都是不切合实际的。而 1914 年《行政诉讼法》脱胎于《民事诉讼法》的痕迹却是浓重的，1914 年 8 月 10 日颁布施行的《平政院处务规则》第 8 条规定：平政院审理行政案件之程序，除法令有规定外，得参用通常法院之诉讼程序。在行政诉讼中，被告未在有效时限内提交答辩状，当时的行政诉讼法对这一情形并未做任何规定。所以，本案依据民事诉讼法的相关规定及司法实践，根据原告的举证作出了判决：撤销内务部之处分。“查内务部咨送请假假单五纸，系自十一月四日起至十六日止，皆有长官手批阅字。其十六日续假两星期，亦据内务部咨称，土木司呈堂文件登记簿载有此项文件可资证明等语。复检阅呈案附件，又有医生王祖祥之证书。是该原告因病请假已无异议，乃免职呈文谓为，未先请假擅离职守，核与事实不符。”

（三）僧福海诉内务部维持警察厅令行各寺院公举广善寺住持案

原告：僧福海（年四十九岁京兆大兴县人，现为观音阁住持）

被告：内务部

右原告因京师警察厅令行各寺院公举广善寺住持一案，对于内务部维持原案之处分指为违法，提起行政诉讼。本庭就书状，依法审理裁决如左：

主文：

内务部之处分变更之。广善寺承继住持应依管理寺庙条例第二十六条，由京师警察厅令行该寺僧侣召集同宗寺院另行公举。

事实：

京师广善寺前住持达远，于民国元年因病退院。其法徒宝山承继为住持，不守清规被人控告。原告又冒达远名义，呈诉内务部请将宝山撤退以寺僧福海承继。经部令行京师警察厅查明未准。宝山旋自请离寺，拟将住持传之该寺监院岫明。原告又诉经警厅将岫明等传案阻止，旋经厅令普济寺住持宽祥等公举鹫峰为住持。原告复以该厅处分违法，诉愿于内务部被驳。爰声明不服，状诉到院。分由第一庭审查，当经批准受理。一面将诉状副本咨送被告官署，依法答辩并调取各项文卷以凭审核。复以原、被告陈诉答辩尚有不甚明晰之处，经先后传集案中关系各僧人来院询问。据原告状称，各寺院性质不同，住持承继各有一定惯例，非外人得而过问。今宽祥等以毫无关系之人横行干预违背丛林规例。警厅批准处分违法，诉经内务部不予纠正，请依法裁决等情。又据被告答辩书内开，十方丛林传座习惯应由退院住持选贤承继。宝山初拟传岫明，适福海又呈请警厅阻止。经厅查核宝山既因被控退院，此后该寺住持非选有妥僧承继无以弭争端而杜觊觎。惟该寺除宝山、达远及岫明外，其余均系挂单之僧。如按照管理寺庙条例，由该寺内另行公举势难照办。因传集京内外普济寺等二十五家住持，公推鹫峰为广善寺住持。复经派探秘查，鹫峰品行端正始行批准，仍将该寺庙产开单饬其保管，切结在案。查福海所诉各节并无充分理由，无非眈视庙产、觊觎住持。本部酌核案情，不能不维持原处分等语。

理由：

依据上述事实，原告以各寺院公举住持不合丛林规例，声明不服处分。被告则以该寺既无合法僧徒，不特按照丛林选贤程序无可传继，并依管理寺庙条例由寺内公举，亦难遵行，故认京师警察厅处分为并非违法。查管理寺庙条例第九条规定，住持传继从其习惯等语，系指住持正当退院，并无他故者而言。本案宝山乃因不守清规被控离寺。即与经官撤退之住持，不能自行传座者无异，自应依据该条例第二十六条之规定办理。原告犹以传继习惯为词，殊属误解。至京师警察厅酌令各寺公举，虽因事实上之关系量为变通，惟丛林性质不同、宗派各异。既依条例适用公举，而该寺询系性相二宗，京内尚多同宗之寺，则公举方法只应与广善寺本寺以外推及，与该寺同宗之寺院责令参与选举，方与法意相符。若不分同宗与否，泛及二十五家未免漫无限制。依上论断，此项处分认为应予变更，由内务部令行京师警察厅，饬传广善寺退院住持达远等，重行召集与该寺同宗之寺僧，另行公举住持，以符法例。其被选为住持之僧，除福海、岫明二僧应仍照京师警察厅原定办法不得当选，以免争执外，并不必以该寺僧人为限，至原告个人对于该寺关系，询据岫明等供称，当达远退院时，托名朝山避匿不出，本系自甘丧失应享权利，所请承继该寺住持之处核，与条例规定不符，应即毋庸置疑。爰依行政诉讼法第二十三条之规定裁决如主文。

第一庭庭长评事：邵章

第一庭评事：吴熙

第一庭评事：贺俞

第一庭评事：延鸿

第一庭评事：周贞亮

第一庭书记官：张泽春①②

清末民初，尤其是袁世凯大总统时期，废除了实行近1000年的科举制度，大力兴办新式学校，“毁庙兴学”现象时有发生，所以，平政院时期的行政诉讼案件中，与僧人、寺产、庵产等相关的案件占有一定的比例。“就上述187案观察……其中颇耐人寻味的是，与僧人或寺产、庵产相关而涉讼者，竟高达16案，此或与清末民初所谓的毁庙兴学有关……”③所以，本案是当时极具代表性的案件。

本案原告僧人福海因京师警察厅令各寺院公举光善寺住持，诉愿到内务部，内务部予以维持，原告不服，则以内务部为被告起诉到平

① 政府公报［J］. 民国七年八月，667－669.

② 引文原文无标点，由作者审校后加标点。若有不当之处，恳请读者指正。——编辑注

③ 黄源盛. 民初平政院裁决书整编初探［M］. //范忠信. 中西法律传统，北京：北京大学出版社，2008：498.

政院。关于行政诉讼的适格被告问题，1914 年《行政诉讼法》并未作详尽规定，只是在“行政诉讼当事人”一章的第 6 条规定：行政官署为当事人时，得命属官或声请主管长官、特派委员为诉讼代理人。司法实践对于行政诉讼适格被告的把握情况看，公民不服行政处分经诉愿后仍不服的，不管诉愿机关是否改变了原处分，都要以诉愿机关为被告。而从今天的法理来看，公民提起行政复议后，复议机关如果改变了原处分，由于这一法律事实的产生，提起复议的公民则与复议机关产生了新的行政法律关系，公民与原处分机关的行政法律关系归于消灭；公民提起行政复议后，复议机关如果维持了原处分，则公民与作出处分的原机关的行政法律关系依然存在。所以，大陆《行政诉讼法》第 25 条规定：经复议的案件，复议机关维持原具体行政行为的，作出原具体行政行为的行政机关是被告，复议机关改变原具体行政行为的，复议机关是被告。

本案所涉及的焦点问题是广善寺住持的承继问题，京师警察厅下令，传集京内外普济寺等二十五家住持，公举广善寺住持，僧人福海不服，诉愿到内务部，内务部予以维持。无论警察厅还是内务部的行为，都触及了其作为国家行政机关不应触及的底线——政教分开。可见，集军政大权于一身的国家政府，其行政权的膨胀程度。同时，纵观平政院对于本案的审理，可以看出平政院有非常大的自由裁量权，经过审理，裁断京师警察厅处分并非违法，而是欠缺合理性与妥当性，认为内务部的公举住持处分不分同宗与否，泛及二十五家未免漫无限制，与法意不符，应予变更。公举方法应与广善寺本寺以外推及，责令与该寺同宗之寺院参与选举。

“被告则以该寺既无合法僧徒，不特按照丛林选贤程序，无可传继。并依管理寺庙条例由寺内公举，亦难遵行，故认京师警察厅处分为并非违法……依上论断，此项处分认为应予变更，由内务部令行京师警察厅，饬传广善寺退院住持达远等，重行召集与该寺同宗之寺僧，另行公举住持，以符法例。”

可见，平政院对于内务部该项行政行为的审查，不仅仅局限于行政行为的合法性，而且审查了该项行政行为的合理性。运用自由裁量权对于行政行为的合理性进行了变更，即在肯定公举住持合法的同时，将参加公举住持的范围由寺内二十五家，限定为同宗之寺僧。当时的平政院，虽如上所述并非属于司法机关而属于行政机关，与当代不同，不可以将平政院的审查视为是司法权对于行政权的审查与监控。但是，本案的审理与判决，似乎有平政院对于行政机关过于干涉、越俎代庖之嫌，一定程度上也反映出了当时平政院审理权限与行政机关权限划分模糊的现状。

1914 年《行政诉讼法》以言词辩论主义为原则，书面审理为例外。《行政诉讼法》第 23 条规定：被告提出答辩状后，应指定日期，传原告被告及参加人出庭对审，但平政院认为便利或因原被告之请求时，得就书状裁决之。本案的审理则是言词辩论主义的一个例外，法庭责令原被告双方答辩，并根据双方的书状，作出了判决。

（四）浙江省议会因不服省公署撤销该议会合法议决案之处分提起行政诉讼案

原告：浙江省议会

参加人：浙江宁台温船商代表王熙堂等

被告：浙江省行政公署

参加人：浙江旧温属各帮船商代表杨焕如等

右原告因不服省公署撤销省议会议决“裁撤温属护商警察局”一案之处分，指为违法，提起行政诉讼，本庭就书状审理裁决如左：

主文：

浙江省公署之处分取消之。

事实：

缘浙江旧温州府属洋面，清季海盗纵横，商民贿盗购旗保护，名曰：旗费；其后，商民出资购船募勇，由温处道特设海防局管理，遂化旗费为海防捐；民国二年改称护商警察局，委地方士绅为局长，改海防捐为护捐，由商船董事会征收。官厅认此项护捐为地方税，并未列入国家预算。七年十一月，浙江省议会因该局章程未交会议决提出质询。省公署以该局是否属于官治行政咨准内务部，覆称：警察属官治行政，不在省单行条例范围之内，毋庸交会议决等。因省议会以该局不能切实保护商船，并有纵盗殃民情事，且该局性质确系省自治行政，经大会议决，将该局裁撤，咨请省公署公布施行。省公署根据部咨，以该局不属省议会议决范围，依照省议会暂行法第三十九条，咨覆裁销。原告不服处分，来院提起行政诉讼，分由第一庭审查，批准受理。当即咨行被告官署答辩，并调集卷宗，复令原告为相互之答辩。旋据该省旧温属，各帮船商代表杨焕如等，又宁台温船商代表王熙堂等，先后陈请参加诉讼，各在案。

理由：

依据前述事实，原告议决撤销之护商警察局，系由前清海防局改编，虽节经官督商办，而经费出自船商捐摊征收，任之船商所设之董事会，并由地方人民执行局长事务。可见，该局组织委因当时水上警察未备，地方人民为自行保卫航业，爰公出资，藉补官厅保卫所不及，自为一时权宜起见，本非永制。据称该处洋面，现已分区设队，增设警员多人，巡船亦复不少，是前项护商警察局，显属赘设。原告谓捐款未列入国家预算，官厅承认为地方税有案，不得为官治行政等语，认为确有理由。又查民国八年该省修正护商警察局章程第八条载：护商警察局专为保护商船而设，不得处理违警案件等语，该局职务权限，既经明文规定，其性质自不能与普通官治行政之警察并论。被告于省议会议决裁撤该局之案，不予执行，援据内务部解释，认为官治行政，不免误会，且水上警察厅官制颁布在该局成立之后数年，而该局并无援据该官制改组并适用之明文，所谓该局系以该官制为根据之词，核与事实不合，且证以该局章程附则规定，由本省行政长官核准颁行，是该局显为自治行政，其章程自属该省单行条例，按照省议会暂行法第十六条第一项之规定，议会实有议决之权，据此论断，所有被告官署撤销原告议决裁撤旧温属，护商警察局一案之处分，认为应予取消，即由被告官署将议决原案公布施行，至参加人杨焕如等陈诉意旨并无充分理由自可置之不论。其王熙堂等语所诉各节与原告议决原案大致相同，依上裁决亦可，毋庸另行置议。兹依行政诉讼法第二十三条之规定裁决如主文。

第一庭庭长评事：邵章

第一庭评事：吴煦

第一庭评事：贺俞

第一庭评事：延鸿

第一庭评事：周贞亮

第一庭书记官：张泽春①②

民国初年的行政诉讼，在1914年的《行政诉讼法》中虽未明确定义，但在其第1条中还是规定道："人民对于左列各款之事件，除法令别有规定外得提起行政诉讼于平政院：一、中央或地方最高级行政官署之违法处分，致损害人民权利者；二、中央或地方行政官署之违法处分致损害人民权利，人民诉愿至最高级行政官署，不服其决定者。所以，民初的行政诉讼是指公民、法人或其他组织以及肃政史认为行政官署或行政官吏行为违法不正，侵犯了公益或其自身权益，而依法向平政院提起诉讼，由平政院进行审理并作出裁决的制度。"而本案的原告是浙江省议会，本案的被告是浙江省行政公署，本案的焦点是浙江省议会认为，浙江省行政公署作出的，撤销省议会的裁撤温属护商警察局议决行为违法。作为国家机关的浙江省议会，以原告身份提起行政诉讼，存在原告不适格问题。纵观本案的争论焦点，属于国家机关与国家机关之间的权限争议，即，地方议会对于地方自治行政单位，有无裁撤、增设、变更之议决权问题。严格地说，本案不属于行政诉讼案件，而应属于宪法案件。但是，平政院的第一庭经审查，还是批

① 政府公报［J］. 民国十年三月，188－190.

② 引文原文无标点，由作者审校后加标点。若有不当之处，恳请读者指正。——编辑注

准受理了本案，并作出了裁断。从某一侧面也反映出行政诉讼萌芽时期司法实践层面模糊性与混杂性。

（五）勒拆不服浙江省公署决定诉请救济案

原告：僧朗诵（年四十三岁浙江绍兴县大善寺方丈）

被告：浙江省公署

右原告为寺基建屋被县勒拆一案，不服浙江省公署之决定，提起行政诉讼，经本院就书状审理裁决如左：

主文：

浙江省公署之决定维持之

事实：

浙江绍兴县城内有庙名大善寺，其山门内已废之金刚殿遗址，前清光绪年间该寺僧人式根等租与本地天主堂建造房屋。旋由邑中绅商出名禀请该管府县各署，向天主堂交涉取消租约将地基收回。经旧山阴县知县于光绪三十一年春出示谕禁略称：大善寺山门内之金刚殿，早年废毁，遗址仅存门外，系属大街是廛稠密，遇有火警各铺赖以搬放货物相傅。是地关乎阖郡风水，一动土木即遭火灾，为此出示永禁自准行等语，泐石永禁有案。民国六年，该寺僧朗诵于该地上建筑平屋九间、泥墙两道，竣工后即有商店陈泰来等六十余号在绍兴县署禀请派警督拆，以符禁案而免商场危险。七年二月，经绍兴县署派警勒令将新建之屋一律拆卸，该僧人不服，诉愿于会稽道尹公署，该公署以决定驳回。本年二月再向浙江省公署诉愿，经省公署决定维持会稽道尹公署原决定。九月一日提起行政诉讼到院，经批准受理。咨行浙江省公署限期答辩并调取关于本案卷宗以凭审核，兹将原被告书状要旨列左：

（甲）僧朗诵陈述要旨：

略称前清旧山阴县所立之碑禁，一则以风水为根据；再则以外人觊觎为理由。查风水之说与民国体抵触当然不发生何等效力，且新建之屋系僧造僧用，与租于外人有别，上级行政官署不将碑文中“不准僧人重建”之部分依法撤销，未免不当。此告诉之理由一。寺内基地糧系僧善怿僧景彪等户完纳，则为僧人自置私产，无疑乃省公署决定为此地在该寺山门之内大雄宝殿之前，确系大善寺户之公产云云，奚足以诚信谳？此告诉之理由二（三、四项理由与第二项无大区别）。碑记所载事实未经两造合意解决，自与民国四年八月十日大总统申令所载关于庙产构讼事件，在寺庙管理规则公布以前，事实业经解决权利早已移转，自当不溯既往截清旧案等语之情形不同，乃原决定不加详查，竟引用寺庙管理规则之时效，以不溯既往为词，未免错误。此告诉理由五。僧既执有印契户折及历年印串种种证据，自不难证明所有权之存在。原决定不从根本上解决，仍以碑禁为根据，未免误会。此告诉理由六。各商号不于竣工前禀请督折，而于竣工后禀请督折，核与二年十一月二十六日大理院上字第一五七号之判例不合。此告诉理由七。大善寺系宗教机关与该商号丝毫无涉，遇有火警各铺搬放货物，亦出于僧人一时慈悲，自不得援以为例。若不依法力争，深恐僧人私产一变而为商家公产，后患何堪设想？此告诉之理由八等语。

（乙）浙江省公署答辩要旨：

（一）对于原状内第一条理由之答辩，查前清官厅示谕，非经命令废除自应继续有效。该地既勒碑示禁在前，该原告何得自由建筑？（二）对于第二、三、四等条之答辩，本案先决问题在禁碑有效无效，不在寺基为公为私。禁碑无效，即寺内公产亦可建屋；禁碑有效，即僧人私产亦难自由。况查，山阴县志所载大善寺于明天启元年即有赞字号地，则志书未载之。僧善怿、僧景彪户既不能陈明立于何年，而建屋之地又不能确指属于某户某号或兼占两户号地各有若干，徒浑括其词，谓本案建屋基地系僧善怿、僧景彪户私有管业，奚足凭信？（三）对于第五条理由之答辩，本案禁碑立于前清光绪三十一年三月，僧式根既未提起上诉于前，该原告亦未禀请撤销于后，自应遵照四年八月十日大总统申令认为事实业经解决，不溯既往。该原告何得以未经两造合意解决为词希图翻异？（四）对于第六、七、八等条理由之答辩，查各商号之请求，但在拆毁屋宇并非争毁寺基之所有权，屋宇虽拆，基地仍属该寺，所有权问题本在，无庸研究之列等语。

理由：

查前清官厅示谕及一切成案，非与民国国体抵触或经政府已明令废除者，均应继续有效。本案大善寺内已废毁之金刚殿基地既于前清光绪三十一年经旧山阴县知县，勒碑示禁载明是项基地永远不准建筑屋宇，以便有火警时各铺户藉以搬放货物等语。是示禁缘由纯为保持地方公益起见，并非专以风水为根据，自属一种正当行政处分，绝不因国体变更而失其效力，况风水之说在民国法规上亦无明文禁止。该原告何得藉为口实希图翻异旧案？至寺基为公为私，原不能糧串户名为断，盖寺庙财产系由僧人管理典卖，产业本可由僧人出名，大善寺糧册虽有僧善怿、僧景彪户名要不足为私产之证明，就令让一步言，该地为僧人自置私产，然勒碑示禁业以垂为定案该寺僧亦应受其限制。浙江省公署答辩书内称禁碑无效，即寺内公产亦可建屋；禁碑有效，即僧人私产亦难自由等语，本院认为确有理由，其他答辩各条亦复允当，本此论断浙江省公署之决定并无不合，应予维持。爰依《行政诉讼法》第二十三条之规定裁决如主文。

第一庭庭长评事：曾述荣

第一庭评事：马德润

第一庭评事：邓言

第一庭评事：周绍昌

第一庭评事：程明超

第一庭书记官：张慎翼①②

依据民初1914年《行政诉讼法》第23条规定，被告提出答辩状后，应指定日期，传原告、被告及参加人出庭对审，但平政院认为便利或因原被告之请求时，得就书状裁决之。可见，平政院行政诉讼案

① 政府公报［J］．民国九年一月，485－488．

② 引文原文无标点，由作者审校后加标点。若有不当之处，恳请读者指正。——编辑注

件的审理以言词辩论主义为原则，书面审理为例外。当时的民国只设一个行政法院，交通状况又极端不便利，可以推想采用书面审理的方式虽然是“非常态”，但不会是“极端例外”。“原告为寺基建屋被县勒拆一案，不服浙江省公署之决定，提起行政诉讼，经本院就书状审理裁决如左……”所以，本案平政院采用了书面审理的方式，平政院受理本案后，依据当时的《行政诉讼法》第20条规定，将原告起诉状副本及其他副本，发交被告，并指定日期令其提出答辩书，然后答辩书副本由平政院发交原告，并根据双方的书状，作出了判决。

依据我国《行政诉讼法》第25条第2款规定的被告确定规则，经过复议的案件，复议机关决定维持原具体行政行为的，作出原具体行政行为的行政机关是被告，复议机关改变原具体行政行为的，复议机关是被告。民国初年的1914年《行政诉讼法》虽然对于被告的确定没有明文规定，但考察当年的行政诉讼案例当事人，被告都为作出二级诉愿的决定公署。本案浙江省公署对于原告的诉愿，虽然是维持了绍兴县官属的勒拆决定，但仍然以浙江省公署为被告。

本案争论的焦点是前清官厅示谕禁碑是否有效。“共和国”与“封建专制”是中华民国与前清的本质区别，我们通常的概念认为民国是对于前清革命性的“推翻与砸烂”。但从本案判决我们认识到，民国对前清官厅示谕及一切成案，非与民国国体抵触或经政府已明令废除者，均应继续有效，这里的“示谕及一切成案”包括示谕及规章制度、先例甚至民序良俗，如风水之说。本案向我们展示了民国与前清在法律规则领域“承继”的一面。

关于公益与私权发生冲突如何协调的问题，1789年《法国人权宣言》第17条规定：私人财产神圣不可侵犯，除非当合法认定的公共需要所显然必需时，且在公平而预先赔偿的条件下，任何人的财产不得受到剥夺。在协调公益与私权冲突时，虽承认除非当合法认定的公共需要所显然必需时，且在公平而预先赔偿的条件下，任何人的财产不得受到剥夺，但不可否认还是将私人权益的“神圣”放在更加凸显的位置上。1919 年《魏玛宪法》被公认为世界宪政史上的分界点，该法第 151 条规定，经济生活之组织，应与公平之原则及人类生存维持之目的相适应。在此范围内，各人之经济自由，应予保障。法律强制，仅得行使于恢复受害者之权利及维持公共幸福之紧急需要。所以，近代宪法虽然也承认私有财产的不可侵犯性，但在衡量公益与私利时会采用公平之原则，当公共幸福为必要时，才会采用法律强制。1912 年《临时约法》第 6 条第三项规定：人民有保有财产及营业之自由。1913 年《中华民国宪法案》第 12 条规定：中华民国人民之财产所有权不受侵犯，但公益上必要之处分，依法律之规定。1914 年《中华民国约法》将人民权利列为第二章，在其第 5 条第三项规定：人民于法律范围内，有保有财产及营业之自由。通过本案我们可以了解到，平政院在协调防火安全通道—以便有火警时各铺户藉以搬放货物，这一公益与私人建筑财产权中，还是作出了私权让位于公益的裁判，诠释了何为“公益上必要”，而并没有一味采纳“公民财产神圣不可侵犯”。在协调公益与私人权益的平衡中，采用利益相衡之公平原则，非公共幸福之紧急需要，不得侵犯、剥夺公民的私有财产，而不是一味地强调私有权的神圣性或公共权益或国家利益的至高无上性，值得我们深思……

第三章

国民党政府时期的立宪实践与行政法院的宪政背景

一、国民政府训政时期的立宪实践

1914 年 1 月袁世凯解散了国会，同时废止了《临时约法》，孙中山继续革命，开始了护法运动。以广州为根据地，组织政府，并决定将国民党改组。1924 年 1 月在广州召开了第一次全国代表大会，组织了第一届中央执行委员会，厉行以党治国。中华大地以党治国从此开始。1925 年 3 月 12 日，孙中山因病去世，中国国民党遂以蒋介石为总司令。同年，"中国国民党中央执行委员"会决定废弃孙中山先生时期所实行的大元帅府制，1925 年 7 月 1 日日颁布了《中华民国国民政府组织法》，规定了国民政府受中国国民党之指导及监督掌理全国政务。同年，出兵北伐。1927 年"四一二"政变后，以蒋介石为首的国民党在南京召开会议，决定定都南京，同年 4 月 18 日，南京国民政府举行成立典礼。1928 年 2 月 4 日，《中华民国国民政府组织法》公布实施，国民政府时期正式开始，由国民党一党控制之下的国民政府在形式上统一了中国。

1928 年 10 月 3 日，"第二届中央第一七二次常务会议"公布了《训政纲领》。"中国国民党实施总理三民主义，依照建国大纲，在训政时期，训练国民使用政权，至宪法实施开始弼成全民政治，制定下之纲领：一、中华民国训政时期，由中国国民党全国代表大会代表国民大会行使政权。二、中国国民党全国代表大会闭会时，以政权托付中国国民党中央执行委员会执行之。三、依照总理建国大纲所定选举、罢免、创制、复决四种政权，应训练国民逐渐推行以立宪政之基础。四、治权之行政、立法、司法、考试、监察五项付托于国民政府总揽而执行之，以立宪政时期民选政府之基础……"同日，颁布了由胡汉民、戴传贤、王宠惠等起草的《中华民国国民政府组织法》，该《政府组织法》与《训政纲领》协成一体①，奉行孙中山先生提出的五权制度，开明宗义地写道：中国国民党本革命之三民主义，五权宪法，建设中华民国，既用兵力扫除障碍，由军政时期入于训政时期，宜建立五权之规模，训练人民行使政权之能力，以期促进宪政，奉政权于民。兹谨本历史上所授予本党指导监督政府之职责，制定政府组织法……”该《政府组织法》第 33 条规定：司法院为国民政府最高司法机关，掌理司法审判、司法行政、官吏惩戒及行政审判之权……从而奠定了行政审判权隶属于国家司法权的基础。1928 年 10 月 20 日国民政府公布了《司法院组织法》，该法第 1 条规定：“司法院以下列各机关组织之：一、司法行政部；二、最高法院；三、行政法院；四、公务员惩戒委员会。”第 6 条规定：行政法院依法律掌理行政诉讼审判事宜。这是行政法院及其职能，首次出现在组织法文件上。

“训政开始之时，一切建国根本问题，应与国民公约，乃得其一全国国民之意志，集中全国国民之能力，以立民有民治民享之基，而明本党执政时期之责任。”② 国民党中央接受了四届三中全会主席团提出的国民会议案，1931 年 5 月 2 日，国民会议通过了由王宠惠、吴敬恒、于右任等 11 人起草的《中华民国训政时期约法》，同年 6 月 1 日施行。《中华民国训政时期约法》共 8 章，89 条。以宪法性文件的形式确立

---

① 孙中山先生认为实行三民主义是革命的目的，但在中国三民主义能够得以实行，必须要经过三个阶段——军政、训政、实政时期。“不经军政时代，则反革命之势力无由扫荡，而革命之主义亦无由宣传于众，以得其同情与信仰；不经训政时代，则大多数之民，久经束缚，虽骤被解放，初不了知其活动之方式，非墨守其放弃责任之故习，即为人利用，陷于反革命而不自知，前者之大病，在革命之破坏不能了澈，后者之大病，在革命之建设不能进行……”如何实施训政，国民党内部曾有过一番争论。正在欧洲考察的胡汉民、孙科于 1928 年 6 月 3 日从法国巴黎致电国民政府提出了“训政保姆论”，即“于建国治国过程中，本党始终以政权之保姆自任”，训政时期国家发展的核心原则具体包括：第一，以党统一以党训政，培植宪政深厚之基；第二，党之重心，必求完固，党应担发动宪政之全权，政府应担实施宪政之全责；第三，五权制度作训政之规模，期五权宪政之最后完成。显然，训政保姆论只不过是国民党一党专政的理论依据而已。但王宠惠也曾撰文写道：训政时期是军政时期过渡到宪政时期的桥梁，训政与开明的专制不同，开明专制虽然开明了，但结果仍是以专制为目的，而训政则以全民福利为目的。

② 林继东. 中华民国宪法释论［M］. 台北：三民书局，1983：108.

了《训政纲领》的核心价值精神，同时迎合“二战”之后世界民主人权呼声日益高涨之潮流，将人民之权利义务放在第二章，共占用了21个条款。包括法律上一律平等权，选举，罢免，创制，复决权，非依法律不得逮捕、拘禁、审问、处罚权，私人财产权，请愿权，等等。该《约法》的第22条规定：人民依法有提起诉愿及行政诉讼之权，训政时期拉开了序幕。

中国的法制发展，特别是行政法制的发展也进入到了一个新的阶段。在这一历史时期，中国国民政府在吸收北洋政府时期先进的法律制度基础上，仿照日本、德国等大陆法系国家创建了比较完备的六法体系，如《中华民国刑法》《中华民国刑事诉讼法》《中华民国民法》《中华民国民事诉讼法》《中华民国公司法》等都是在这一时期制定公布的，使中国法律的近代化事业得已基本完成。但是，在由国民党统领国民代表大会的政治体制下，对抗性的政治并没有形成，再完备的法律规则也会在“权势”之下“低头”。“自训政时期约法开始，中国宪法便形成了一个传统——以政党意识形态规定国体，变公民共和的政治共同体为党派意识形态群体，国家也就成为国民党的国家。”① 在没有分权或分权未确立的社会，便没有宪法。而一党专制的结果必然是一人专制。该时期与北洋时期相比，在宪法实施层面，可以说“只不过是用新的腐败代替旧的腐败而已”。“盖约法规定之人民权利，与三民主义不无出入；三民主义之所谓民权，乃整个民族之权，而非人民之个权。所谓自由，亦为国家之自由，而非个人之自由……故个人之自由权利，固非孙氏之所主张；然外循立宪国家之惯例，内顺各方群众之要求，其不能不将此列入者是也……所以确定党治基础谋人民与政府之合作，俾全国人民在法律上有接受三民主义之明白表示，亦

① 夏新华．近代中国宪法实施历程：史料荟萃［M］．北京：中国政法大学出版社，2004：17.

约法全篇之骨干也。”①

1931年12月26日，中央执行委员会第四届第一次全体会议，再一次修正了《中华民国国民政府组织法》，该法第8条规定：“国民政府以下列五院独立行使行政、立法、司法、考试、监察五种治权：一、行政院；二、立法院；三、司法院、四、考试院；五、监察院。”该法第36条规定：司法院设最高法院、行政法院及公务员惩戒委员会。这是继1928年《中华民国国民政府组织法》将行政审判权归入司法权之后，又一个实质性的进步，在政府组织法中明晰规定，国家将设行政法院，行政法院隶属于司法院之下，同时与最高法院、公务员惩戒委员会并列，表明南京国民政府将采用普通法院与行政法院二元制的体例，但与法国行政法院在性质上隶属于行政机关不同，与民初的平政院直接隶属于大总统截然不同的是，行政法院在性质上并不属于行政机关，而属于国家司法机关，属于司法院的一部分。另外由平政院肃政厅行使的对公务员的监督惩戒职能，由并列于行政法院的公务员惩戒委员会行使，行政案件审判职能与公务员的监督惩戒职能彻底分离。

在此基础之上，1932年11月17日《中华民国行政法院组织法》《中华民国行政诉讼法》同时公布，1933年5月6日《行政诉讼收费条例》公布，行政诉讼法律制度框架体系的构建基本完成。

“九一八”事变以后，国民党内外“结束训政、实行宪政”的呼声日益高涨，社会各界积极主张实施宪政、抵御外敌。1932年12月国民党四届三中全会召开，会上，孙科等27人提出了“集中国力挽救危亡案”，本案的内容之三便是关于宪政之准备，1933年1月成立了由孙科、张知本、吴经熊等36人组成的宪法草案起草委员会，确立了宪法草案起草原则二十五点、宪法草案的研究程序，包括国家领土问题、人民权利问题、国民大会问题、中央机关问题、地方制度问题、宪法

① 夏新华．近代中国宪法实施历程：史料荟萃［M］．北京：中国政法大学出版社，2004：836．

解释权问题，等等，学贯东西的法学家与知名学者，如吴经熊、张知本、薛毓津等都草拟了个人的宪法草案初稿，可见，“五五宪草”主要是以专家、学者为法案起草人。立法院还分函海内外名流并刊登告白，征求各界对制宪的意见。新闻界在宪法草案的制定过程中也表现出了较高的参与热情，如《独立评论》《大公报》《益世报》《晨报》等报刊都大篇幅地刊登了社会各界的意见和评论。在这一过程之中，我们似乎看到了中国传统政治文化向近现代宪政文化嬗变的端倪。历经近四年起草工作，1936 年 5 月 5 日《中华民国宪法草案》即《五五宪草》由国民政府公布，共 8 章，148 条。因为《建国大纲》规定：“全国有半数省份达致宪政开始时期，即全省之地方自治完全成立期，则开国民大会，决定宪法而颁布之。”该宪法草案并非正式宪法，程序上是因为各省国民代表选举未能如期完成，未召开国民大会，所以未形成以《五五宪草》为基础的宪法。但是，抗日战争的全面爆发，不能不说是《五五宪草》未能如期制定的重要原因。“国民参政会，虽有建议中央，明令定期召集国民大会，制定宪法，实行宪政之决议，然处满地戎衣，漫天烽火之日，前方则战报叠传，后方则敌机肆扰，奔命扶伤之不暇，又何能雍容安坐，咀嚼条文，池辩法理，故制宪之呼声，虽盛嚣尘上，事实上无法实行。”① 1940 年立法院院长孙科在国民参政会上所作的关于宪法起草经过及其内容说明谈道：训政时期，国民党一面代人民行使政权，同时亦行使政府的治权，所以在训政时期，政权治权之行使似混同，并没有划分。五院同受中央指导，行政院非经中央核定，不能自动创行政策。立法院非经中央核定立法原则，亦不能创设法律。所以在训政时期，五院的性质与宪政时期的五院不同，在宪政时期，国民大会则代表人民选举总统、副总统、立法院院长……此政府组成后，即应有绝对的行政权，政府对行政部分，对重要国策均可自动提出，决定执行；至于立法院对立法原则，亦有自动

① 林继东．中华民国宪法释论［M］．台北：三民书局，1983：117.

创制权。这样说来，政府便成为有能的政府，以为人民服务。至于它如果有能，而不为人民服务时，人民怎样控制它呢？就要国民大会来行使罢免权、创制权与复决权……总之，政权与治权，原有它明确的界限。台湾著名宪法行政法学家林继东对《五五宪草》是这样评价的："除现行宪法外，五五宪草，为我国历次根本大法或根本法草案中，最值注意之一种，与现行宪法，亦有最密切之关系……现行宪法各条之内容及文字，甚多蹈袭五五宪草者……在现行宪法之解释上，欲寻本溯源，得其真意；在现行宪法之运用上，预期权衡至当，俾能外和时势，内符国情，五五宪草，均有研究之必要。"① 自《临时约法》以后，《五五宪草》第 26 条又重新规定了公民请求国家赔偿的权利，"凡公务员违法侵害人民之自由或权利者，除以法律惩戒外，应负刑事及民事责任；被害人民就其所受损害，并得依法律向国家请求赔偿。"

二、国民政府二十世纪四十年代的立宪实践

"七七事变"后，抗日战争全面爆发，1938 年国民党在武昌召开的全国代表大会上，通过了《抗日救国纲领》，并成立了由各政党领袖及专家名流，包括周恩来、董必武、钱瑞升、黄炎培等组成的国民参政机关。1939 年 9 月 9 日国民参政会通过《请政府明令定期召集国民大会，制定宪法，实施宪政案》，并由议长指定参议员若干人，组织国民参政会宪法实施期成会，协助政府促成宪法实施案。"宪政期成会由蒋介石为议长，参议员包括章士钊、钱瑞升、黄炎培、左舜生、傅斯年等十九人。1940 年 3 月宪政期成会通过《草拟中华民国宪法草案修正案》，即《期成宪草》。《期成宪草》增设国民大会议政会，与《五五宪草》相比，对总统的权力作出了一定的限制，将《五五宪草》第 24 条（关于公民权利行使之界限的规定）："凡人民之其他自由及权利不妨害社会秩序公共利益者，均受宪法之保障，非依法律，不得限制

---

① 林继东．中华民国宪法释论［M］．台北：三民书局，1983：112.

之。”修改为“凡人民之其他自由及权利，均受宪法之保障，非依法律，不得限制之。”一改自《训政纲领》《训政时期约法》《五五宪草》以来一直秉承的国家利益至上、公共利益至上的理念。同时规定人民对于政府也可以进行有效地监督，这是宪法实施的一个重要表现。另外，在中央与地方关系上，《期成宪草》也有重大突破。《五五宪草》修正草案之说明中谈道：更有《五五宪草》所无，而今特别列入者，为中央与地方权限一章。此章内容，骤视之，类似联邦国家与联邦制之权限划分；然细考之，则知其所以保持中央政府立法、行政之大权，而不许省政府省议会之干涉；同时亦许地方对于未列举之事项，得制定单行规章，所以求应统一之事项与应因地制宜之事项，各得其平而已。曾为“五四运动”中上海学生代表的潘公展评价道：“徒法不能以自行，所谓宪政实施，必须具备的政治、社会的基础是什么？在我国就无过于地方自治的完成……地方自治如果没有切实办好，收到成效，纵然请了法律专家，闭门造车制定了宪法，实际上丝毫无补于宪政。尤其要知道，这些空中楼阁毫无民治基础的宪法，在中华民国的历史上已经不只有了一回，真正的老百姓理过它没有？享受到福利没有？”①《期成宪草》虽描画了一个宪法实施宏图，但在“一党专政，必是一人专政”的社会背景下，很难得逃脱“空中楼阁”的厄运。

抗战结束后，为避免内战发生，达到和平、民主、团结之目的，1946 年 1 月 10 日在重庆召开了由国民党、民主同盟、中国共产党等党派和社会贤达参加的政治协商会议，与会人员共 38 人，其中，国民党占 8 席、共产党占 7 席、民主同盟占 9 席、社会贤达占 9 席、青年党占 5 席。1945 年 12 月 16 日，以周恩来为首的出席政协会议的中共代表团飞抵重庆，代表团成员有：董必武、王若飞、吴玉章、叶剑英（后由秦邦宪接替）、陆定一、邓颖超，对抗性的政治局面基本

① 夏新华. 近代中国宪法实施历程：史料荟萃［M］. 北京：中国政法大学出版社，2004：1069.

形成。这是在国民党一党党治近二十年以来，中国共产党以同国民党势均力敌的身份，首次参加的“制宪”盛会，也是中华大地实施宪政实施的一次珍贵的机会。会议产生了由以上五方面各推五人组成的审议委员会，审议委员会以《五五宪草》《期成宪草》框架为基础，在各方力量妥协的状态下，1946 年 11 月初形成了《五五宪草修正案》，后称《中华民国宪法草案修正案》。《五五宪草修正案》共 14 章，151 条。对于公民权利采用了积极的保护方式，取消了“非依法律不受限制”，并且严格限定了中央限制该项自由的立法范围。《五五宪草修正案》第 22 条规定：关于以上所列举之自由权利，除为防止妨害他人自由，避免紧急危难，维持社会秩序或增进公共利益所必要者外，不得以法律限定之。明确了宪法以保障公民自由权利为最高宗旨。

受当时宪政与民主的社会需求大环境的影响，1943 年 5 月 14 日《行政法院组织法修正案》公布，修正了训政时期行政法院评事的资质要求。1932 年《行政法院组织法》第 6 条规定：“行政法院评事非具备左列各款资格者不得充任：一、对于党义有深切之研究者；二、曾任国民政府统治下简任职公务员二年以上者；三、年满三十岁者。”1943 年《行政法院组织法》将行政法院评事的资质要求修正为：“一、对于三民主义有深切之研究者；二、在教育部认可之国内外大学或专门学校修习法律或政治经济学科三年以上毕业者；三、曾任国民政府统治下简任职公务员二年以上或荐任职公务员七年以上者；四、年满三十岁者。”行政法院的评事素质要求之变化，似乎可以看到司法在朝着与政治的脱离及司法的专业化方向努力。

1946 年《中华民国宪法草案》第 83 条规定：司法院为国家最高审判机关，掌理民事、刑事、行政诉讼之审判，及宪法之解释。第 85 条规定：大法官须超出于党派以外，依据法律审判。这是继 1943 年《行政法院组织法》将行政法院评事的资质要求，修正为三民主义有深切之研究者之后的又一实质性进步，更是对 15 年前的 1932 年《行政法院组织法》规定的只有对于党义有深切之研究者才能充任行政法院评事根本否定，至少从宪法性法律文件的书面层面上宣告了司法与政治的脱离、法官只服从法律，司法独立的理念与制度已经形成于宪法性文件中。

1946 年 11 月 15 日，制宪国民大会在南京举行，由于 1946 年 6 月国民党大举进攻中原地区，内战全面爆发，中国共产党、民主同盟人士拒绝参加此次会议。会上，将政协会议拟定的《中华民国宪法草案修正案》交由大会讨论，《中华民国宪法草案修正案》除了条文次序的变更或表面文字修饰方面稍有变化外，1946 年 12 月 25 日《中华民国宪法》经全体代表 1458 人起立表决通过。《中华民国宪法》序言中写道："中华民国国民大会受全体国民之付托，依据孙中山创立中华民国之遗教，为巩固国权，保障民权，奠定社会安宁，增进人民福利制定本宪法，颁行全国，永矢咸遵。"该序言虽颇具《美国联邦宪法》序言之味道，《中华民国宪法》的内容，在内战的社会背景下也不可能得到贯彻施行，但宪法文件上，国民大会代替了国民党党政已是不争事实。同日，国民政府依据制宪国民大会《定民国三十六年十二于二十五日为宪法施行日期》的决议，公布了《训政结束程序法》，其中规定，国民政府主席，国民政府委员会及其五院之外直辖机关行使原有之法定职权，应于以宪法产生之总统就职之日即行停止。国民党训政时期正式宣告结束。在这之后，1947 年 3 月 31 日《国民大会组织法》《国民大会代表选举罢免法》《总统副总统选举罢免法》《行政院组织法》《立法院组织法》《司法院组织法》《考试院组织法》《监察院组织法》等同时公布。这些法律虽未有效实施，但毕竟构建了宪政时期的基本法律框架，某种程度上也奠定了台湾实施政的基础和发展方向。其中《司法院组织法》第 2 条规定：司法院行使宪法所赋予之职权。第 3 条规定：司法院设大法官会议，以大法官十七人组织之，行使解释宪法并统一解释法律命令之之权。第 4 条规定："大法官应具有下列资格者之一：一、曾任最高法院推事十年以上者；二、曾任立法委员九年以上者；三、曾任大学法律学主要科目教授十年以上者；四、曾任国际法庭法官、或公法学或比较法学之权威著作者；五、研究法学，富有政治经验、声誉著者。”第5条规定：司法院设最高法院、行政法院及公务员惩戒委员会。

第四章

国民政府时期的行政法院

一、国民政府行政法院的法律性质与地位

1776年美国建国之初，围绕政权如何建立问题，曾发生过一场论战。《联邦党人文集》这样记述道：任何派别或政党都是一定的集团或阶层的代表，每一个阶层或集团的利益表达都是正当的，任何一个阶层或集团都没有消灭另外一个阶层或集团的权利。所以，任何一个派别或政党都无权消灭另一个派别或政党，民主本身就是无绝对的权威存在，没有派别或政党的对立与妥协，就没有民主的存在。国家存在的意义就在于要使各派别的冲突保持在可操控的范围内。

上述理论，对于1887年10月出生于浙江奉化，在中国近代史上曾有主宰性影响的蒋介石先生，显然并没有上升为观念指导层次。"蒋是一种最稀有的政治动物，这位'保守性革命者'尽管采用了立宪政体，但它并不是民主主义者，在他看来，中国问题不是自由太少，而是自由太多了，中国需要纪律，因为正如孙中山所说：'我们成了一盘散沙'……"[①] 两次国共合作以失败告终，也实属必然。因为在他的字典里没有"妥协"只有"相撞"，"既生瑜，何生亮?""一山容不得二虎"。查阅1949年因失去中国大陆，而不得不溃退台湾的蒋介石的日记，其中大量的内容，不是对共产党的大骂，更多的是感慨其官员的腐败。由于蒋介石早年留学日本，国民政府时期六法全书及行政诉讼制度更多的是移植借鉴日本也就不难理解。

为澄清吏治、惩处污吏，1926年的广州国民政府时期，便颁布了《国民政府惩吏院组织法》，并于1926年1月，成立了惩吏院。同年5月4日惩吏院裁撤，而另设审政院掌理吏治及平政事项。同年10月2日，审政院又被裁撤，其业务改由监察院兼办。所以，武汉国民政府

① ［美］理查德. 尼克松. 毛泽东是大智慧　蒋介石是小聪明［J］. 报刊荟萃，2008（3）：39.

时期，行政诉讼与官吏的惩处职能又合二为一，皆由监察院实施。

南京国民政府成立伊始，仍然沿用了广州国民政府设司法部管理全国司法行政并指挥监督司法行政之制度。1927 年 6 月 24 日，南京国民政府特任王宠惠为司法部部长；1927 年 12 月 23 日，司法部部长由魏道明代理；1928 年 3 月 9 日，魏道明辞职后，特任蔡元培兼代。

1928 年 10 月 3 日《训政纲领》公布，"中国国民党实施总理三民主义……治权之行政、立法、司法、考试、监察五项付托于国民政府总揽而执行之①，以立宪政时期民选政府之基础……"同日，《中华民国国民政府组织法》公布奉行孙中山先生提出的五权制度，该法第 33 条规定：司法院为国民政府最高司法机关，掌理司法审判、司法行政、官吏惩戒及行政审判之权。

国父孙中山先生的"三民主义"精神，将国家权力分为五权，与孟德斯鸠的三权分立思想还是有一定差异的。"余意五权宪法与三权宪法所凭据之精神，固大有差异。三权宪法之精神，在使权力分立，以收制衡之效，五权宪法之精神，在谋各种治权之协力，以造成万能政府，惟五权宪法，系孙中山先生，就外国立法行政司法三权，及我国固有之考试监察两权，融会而来，是五权宪法之理论，固亦含有三权宪

① 著名法学家、外交家王宠惠先生在《五权宪法》一文中曾谈到政权与治权的关系问题：人民与政府之关系有如工厂内之工程师与机器的关系。工程师应有"权"以管理机器，而机器应有"能"为其所为之工作；犹之人民应有权力节制政府，而政府应有能力治理国事也。人民之权力，名之曰"政权"；政府之能力，名之曰"治权"。"政"是众人之事，集合管理众人之事的大力量，便叫做"治权"。治权可以说是"政府权"。换言之，政权为人民节制政府之权，治权为政府治事之权。"权"在人民，"能"在政府。详见王宠惠法学文集[M]. 北京：法律出版社，2008：89. 关于政权与治权之说，在 20 世纪 60 年代后的台湾受到了挑战，陈新民先生在其《宪法导论》中这样写道：依照孙中山先生的民权主义，"政权"为"管理政府的力量"，即是选举、罢免、创设及复决四权。然而以现代国家，即使是实行主权在民的民主国家而言，人民管理政府，甚至更换政府之方式，最常见的是选举于罢免权，但不免仍是行使权利（参政权）之方式。人民加诸"实力"于政府之上，恐只有"抵抗权"及更进一步的"革命权"……抵抗权是国家的民主与宪政体制已遭到非法与违宪的侵犯时，人民在别无其他救济方法时，即可拥有以实力抗拒之权利……所谓不予民权于反对民国之人的见解，可知道孙中山先生并不承认人民拥有抵抗民国或推翻民国之权利。详见陈新民. 宪法学导论[M]. 台北：新学林出版股份有限公司，2008：176－177.

法之成分，未可尽弃。”[①] 所以说，五权分工，是从人性善的角度出发，更注重的是国家权力分工及分工之后的“合力协作”，形成万能之政府，从而达到巩固国权，保障民权，奠定社会安宁，增进人民福利之目的；三权分立，是从人性的悲观角度出发，更注重的是国家权力之间的“相互制约与相互监督”，从而使国家权力保持在法律所规定的范围内运转，从而达到宪法实施、民主、人权之目的。二者的出发点不同，方式侧重层面亦不相同。

西方行政诉讼法律制度中，国家行政权的界定，是建筑在将国家权力分为立法权、司法权、行政权的基础之上的，美国学者古德诺认为，三权中“政治是国家意志的表达，行政是国家意志的执行”，立法权为表达国家意志之权，行政权为执行国家意志之权。由于国民政府将国家权力分为立法权、司法权、行政权、考试权、监察权，那么，国民政府时期，行政诉讼法律制度中的行政权是如何界定的呢？“行政者立于法律之下，除民事刑事及监察外，为国家一切目的，而为之作用也。”[②] “以弹劾纠举官吏之违法失职行为，及审计政府收支是否合法为职责之监察权作用……监察权不属于行政之范围……之所以未就考试权与行政权为划分者，则以由我国政法制度言之，考试权固于一般行政系统之外，另设机关行使，然由法学上观察，考试与行政，既均‘为立于法规下之作用’，又同属‘民事刑事及监察外之国家作用’，且考试院及其所属机关所掌理者，又属人事行政考试作用准据之法规，又均为学理上所称之行政法，故五权宪法下之考试权，实与学说上之行政权相当，在行政法研究上，以并入行政概念为宜也。”[③] 所以，自南京国民政府训政时期开始，纠弹官吏之职能归入国家监察权，而与行政权在理论上彻底分离，在司法院将行政法院与公务员惩戒委员会并列设置也就成为必然。1928 年 10 月 20 日公布的《司法院组织

① 林继东．行政法新论［M］．台北：三民书局，1956：9.

② 林继东．行政法新论［M］．台北：三民书局，1956：6.

③ 林继东．行政法新论［M］．台北：三民书局，1956：9－10.

法》第6条规定："行政法院掌理行政诉讼审判事宜。"第7条规定："公务员惩戒委员会，依法掌理文官、法官惩戒事宜。"

1928年8月14日，国民党"二届五中全会"作出了"关于逐次设立五院暨确定行政院下设机构等决议"，决议第一条声明："依照国民政府建国大纲，应成立司法、立法、行政、考试、监察五院，逐渐实施"。同年10月8日，南京国民政府根据《中华民国国民政府组织法》第33条（关于司法院为国民政府最高司法机关，掌理司法审判、司法行政、官吏惩戒及行政审判之职权）之规定，国民党中央执行委员会常务委员会第173次会议选任王宠惠、张继为司法院正、副院长。

王宠惠先生，1881年出生于香港，1958年在台湾去世。字亮畴，祖籍广东东莞人。1895年考入当时的天津北洋西学堂（天津大学前身）。1901年赴日本留学，攻读法政专业。1902年赴美国入耶鲁大学，获法学博士学位，并考取英国律师资格，是当时柏林比较法学会的会员。著名法学家，著有《宪法评议》《宪法危言》《比较宪法》等。他是一名民国时期，在政、学两界无人不晓的人物：曾任袁世凯政府第一届内阁司法总长，后又在北洋政府担任要职，1913年担任复旦大学副校长。其一生的传奇经历中，创造了数个第一：他是中国第一张大学文凭的获得者；是第一个将《德国民法典》翻译成英文的人，其译本一直到20世纪70年代都被公认为最好的英译本，在很多美国大学被当作教科书并赢得了美国法学界人士的极大尊重，美国总统尼克松访台时，提出要拜谒的第一个人就是王宠惠博士，2009年奥巴马总统访问中国大陆时，也同样表示出了对王宠惠先生的敬意；王宠惠先生又是联合国宪章的创立者之一，1923年、1929年两度被国

王宠惠（1881—1958）

际联盟选任为海牙国际法庭的副裁判官，所以王宠惠先生又创造了国际海牙法庭的第一任中国籍的法官的先例。王宠惠先生在其《中华民国宪法刍议》一文中谈道：宪法者，不祥之物也。牺牲无数之生命，抛弃无量之财产。有鏖战数载而仅乃得之者，有屡战屡败得而复失之者，有屡争屡败迄今仍为得之者。史乘所载，不罕其事。然则此寥寥数十条之法，其得之者也，必先以杀人流血于前；其失之也，亦必继以杀人流血于后……泯一己之私见，制定一巩固宪法，组织一良好政府，俾各安其居而乐其业，无相僭忒，国以保焉，民以宁焉。他日转贫为富，转弱为强，端赖乎此，然则所谓不祥之物，安之其不变而为最祥之物也哉。[①]

1932 年 11 月 17 日《中华民国行政法院组织法》《中华民国行政诉讼法》同时公布，1933 年 6 月 23 日施行。1937 年 1 月 8 日国民政府令再一次修正了《中华民国行政诉讼法》,[②] 1933 年 5 月 6 日《行政诉讼收费条例》公布，1933 年 6 月《行政法院处务规程》公布。

司法院以院令的形式，任命时任国民党中央公务员惩戒委员会委员的茅祖权，负责行政法院的筹划事宜，行政法院设于江苏省南京市中山北路 101 号的最高法院新署。南京国民政府编制了行政法院开办费、经常费概算书，拨付开办费 1 万元，经常费 1.4 万元。[③] 1933 年 6 月 2 日国民政府以国民政府令的形式，任命茅祖权为行政法院院长，在《中华民国行政诉讼法》正式施行的 1933 年 6 月 23 日，行政法院首任院长茅祖权就任，启用印章。1933 年 9 月 1 日，国民政府行政法

---

① 王宠惠.（东吴法学先贤文丛）王宠惠法学文集［M］. 北京：法律出版社，2008：3.

② 张知本先生在为《行政法院判决汇编》作序中谈到，1932 年 11 月 17 日公布的《中华民国行政诉讼法》，在国民政府时期共历经两次修改，一次是 1937 年 1 月 8 日修正的《行政诉讼法》；一次是 1942 年 7 月 27 日修正的《行政诉讼法》。遗憾的是，笔者虽经多方资料查找，没能查到 1942 年 7 月 27 日修正的《行政诉讼法》的原始资料，所以，在本书中，对于 1942 年 7 月 27 日修正的《行政诉讼法》的相关内容没有涉及。

③ 转引刘铮. 南京国民政府行政法院创建问题考［J］. 河南师范大学学报，2011（7）：116.

院正式运行，受理行政案件。[①] 行政法院之门——继民国初年平政院之后，再一次向中华大地敞开。

1932 年《中华民国行政诉讼法》第 1 条规定：人民因中央或地方官署之违法处分，致损害其权利经依诉愿法提起再诉愿而不服其决定，或提起再诉愿三十日内不为决定者，得向行政法院提起行政诉讼。第 2 条规定：提起行政诉讼，得附带请求行政赔偿。第 4 条规定：行政法院之判决就其事件有拘束各关系官署之效力。第 25 条规定：行政诉讼判决之执行由行政法院呈由司法院转呈国民政府训令行之。

1928 年 10 月 3 日国民党中央执行委员会四次全体会议闭幕，由蒋介石任国民政府主席，同时，通过《中华民国国民政府组织法》，该法第 33 条规定："司法院为国民政府最高司法机关，掌理司法审判、司法行政、官吏惩戒及行政审判职权……"。

1931 年 6 月 15 日公布的《中华民国国民政府组织法》第 37 条也同样规定："司法院为国民政府的最高司法机关，掌理司法审判之权。"

1931 年 12 月 26 日修订的《中华民国国民政府组织法》第 35 条则规定："司法院为国民政府最高审判机关……" 第 36 规定："司法院设最高法院、行政法院及公务员惩戒委员会。" 第 37 条规定："司法院院长兼任最高法院院长，司法院副院长兼任公务员惩戒委员会委员长。" 第 38 条规定："司法院院长对于行政法院及公务员惩戒委员会之审判，认为有必要得出庭审理之。"

1932 年 3 月 15 日公布的《中华民国国民政府组织法》第 35 条至第 40 条也作出了同样的规定。

---

① 另一种说法是：行政法院正式运行的时间是 1933 年 8 月。其证据是，1933 年 8 月 22 日行政法院受理了第一起行政诉讼案——原告田成明等人因提充净土寺庙产，不服江苏省政府决定而向行政法院提起行政诉讼。本案于 1933 年 12 月 8 日作出判决。详见刘铮. 南京国民政府行政法院创建问题考［J］. 河南师范大学学报，2011（7）.

还有一种说法是：国民政府行政法院的成立时间不应以其正式运作、受理案件时间为标志，而应以国民政府行政法院院长就职之日为准，所以行政法院成立的时间应为 1933 年 6 月 23 日。详见蔡志芳. 行政救济与行政法学［M］. 台北：三民主局出版，1993：306.

1943 年 5 月 29 日修订公布的《中华民国国民政府组织法》虽在第 35 条又重新将司法院规定为“国民政府最高司法机关”，但其第 36 条、第 37 条、第 38 条的规定与上述 1931 年 12 月 26 日修订的《中华民国国民政府组织法》相关规定完全一致。

1947 年 4 月 17 日南京国民政府在大陆的最后一个《中华民国国民政府组织法》修订公布，其第 37 条至第 40 条的规定，也完全未变。

可见，与民国初期的行政诉讼制度不同，国民政府时期行政诉讼制度与纠弹制度彻底分离。“行政诉讼为人民对于中央或地方官署损害其权利之违法处分请求行政救济，并附带请求损害赔偿之诉讼。”① 依据 1928 年 2 月 4 日公布实施的《中华民国政府组织法》和 1928 年 10 月 20 日公布的《司法院组织法》的规定，行政法院掌理行政诉讼审判事宜，监察院为国民政府最高监察机关，依法律行使弹劾审计之权，公务员惩戒委员会依法掌理文官、法官惩戒事宜。

单单从法律规定的隶属机关层面上看，国民政府时期的行政法院与民国初期的平政院不同，平政院主要是借鉴法国模式，在性质上属于行政机关；行政诉讼行为，在本质上属于行政行为，是行政权内部的一种自我监督方式。平政院的行政诉讼行为与行政官署的其他行政行为的差异，在于行政诉讼行为适用的是行政诉讼程序，其目的在于确保行政权的有效行使，维护公民的合法权益只是客观上的一种附带结果。国民政府时期的行政法院主要是借鉴德国南部的模式②，行政法院在性质上已不再属于行政机关，而是从属于司法机关——司法院，与最高法院、公务员惩戒委员会并列，所以行政法院的行政诉讼行为，

---

① 朱采真．行政诉讼及诉愿［M］．北京：商务印书馆，1937：1.

② 德国的第一个行政法院是 1863 年建立的巴登邦行政法院。1863 年以后德国的行政法院分为普鲁士型与南德型两种。普鲁士型行政法院在性质上属于行政机关，行政诉讼的目的在于确保国家公共秩序，行政法院亦有权审查行政官署的自由裁量行政行为，行政法院分为三个审级；南德型行政法院在性质上属于司法机关，行政诉讼的目的在于保护人民的权利，行政法院无权审查行政官署的自由裁量行政行为，而仅止于行政行为违法与否，各邦只设一所高等行政法院。详见翁岳生．行政法与现代法治国家［M］．台湾：祥新印刷有限公司，1976：407－408.

属于司法行为，是司法权对于行政权的监控，颇具权力制衡之味道。行政法院行政诉讼的目的较平政院时期行政诉讼目的也发生了里程碑式的质的变化，“国父之民权思想，行政法院首重人民权益之保护，不再以维护公益为行政诉讼之主要目的。”① “然则行政诉讼，究以权力之保护，为最后目的，抑始终以维持法规，为其目的，就此问题，学者议论分歧，莫衷一是……如日本法制，采折中说，普鲁士采法规说，法奥及南德意志诸邦，采权利说。我国现制，观于行政诉讼法第一条，谓‘人民因……官署之违法处分，致损害权利……者，得向行政法院，提起行政诉讼，’盖亦从权利说也。……要之，我国现行行政诉讼制度，实与保护个人权利，为主要目的，而非重在维持法规。”② 可见，当时的学者并没有为平政院这一段历史所禁锢，同时也没有一味地完全照搬日本的相关理论，而是纵览了世界各国的行政诉讼制度，殚精竭虑地将行政法院的行政诉讼制度设置为公民提供行政救济之途径，至少在理论层面使中国行政诉讼之目的处于了世界的最前沿。国民政府的行政法院在历史的负重下艰难前行。

从当时学者的认识层面考量，行政法院属于司法机关而不再属于行政机关，行政诉讼的本质是司法权对于行政权的制衡与监控，似乎需要有一个认识的转变过程。该时期对于行政诉讼的普遍认识，也并未像今天之如此清晰。相反，立法、司法、行政三权互不干涉的理论，根深蒂固，而将司法权对于行政权的监控，视为是司法权对于行政权的干涉。所以，将行政诉讼本身仍宁愿视作一种行政权对于行政权的监督。民国初期著名的行政法学者朱采真就这样论述道：“今我国的行政法院既隶属于司法院，于是，行政诉讼之性质可从两方面观之，从其系统上观察，具有司法性；从其诉讼事件上观察，则固完全属诸行政性质。然此种论究，纯为形式上事项，至若实质上则行政诉讼与行政裁判自与司法机关之性质与职权截然不同。此为研究中国政制者所

---

① 翁岳生．行政法与现代法治国家［M］．台北：祥新印刷有限公司，1987：389.

② 何勤华．殷啸虎行政法总论［M］．北京：中国方正出版社，2005：214.

应注意之点也。”① “司法院是国民政府最高司法机关，处理一切审判事件，那即使行使行政裁判的职权，绝非干涉行政机关的事务，也不违反裁判的实质意义，而只是事务上有牵连的关系，权力依旧是分立的。”②

与平政院直接隶属于大总统，接受大总统管辖，平政院行政诉讼案件的判决也要通过大总统令的形式执行不同的是，国民政府时期的行政法院首次规定了行政法院之判决对于相关的官署就其事件有拘束之效力。但还是保留了行政诉讼判决的执行由行政法院呈由司法院转呈国民政府通过训令予以执行的程序，即法国的“委任之司法”制度，行政法院行政诉讼判决已经作出，实质上立即产生对相关行政官署的法律约束力，但程序上须以政府训令的方式执行。“三权分离而绝互不干涉”的理念再一次得到了印证。

行政法院虽然在性质上归属于司法机关，但行政法院的法官从名称上仍然沿用民国初期平政院所使用的“评事”之称，而并未采用普通法院所使用的“推事”之称。“评事”与“推事”名称差异不只是词汇表面，而其反映的是对于行政法院“司法性”本质还是“行政性”本质的认识问题。“推事”一词，即为“推断事理”。“推事”最早渊源于唐宋，大理寺负责“推鞫诉讼职责”的官员即为“推事”。清末、民国初期以来，特别是司法机关独立于行政机关后，习惯于将法院的“讼官”称为“推事”，民国以来的法院组织法也将“法官”称为“推事”③。“评事”最早源于隋朝，是大理寺一官职名称，隋时为正九品，唐宋时期改为正八品，主掌推按、参决疑狱，明、清时期官级改为正七品，主掌章奏。清末改大理寺为大理院时，取消了“评

---

① 朱采真．行政诉讼及诉愿［M］．北京：商务印书馆，1937：2-3.

② 转引朱采真．行政法新论（上编）［M］．上海：世界书局，1931：215.

③ 将“讼官”称为“推事”，一直沿用至1989年“国民党政府法院组织法第八次修正案”，才将“推事”称呼改为“法官”。此后的台湾地区“司法人员人事条例”、法院刑事裁判书及相关的法律文书也一律将“推事”改称为“法官”，“行政法院”的“评事”与普通法院的“推事”结束了长达近七十年的“异称”，统称为“法官”。

事”的官职设置，大理院是主掌刑事的最高法院，大理院的设置是中国首次司法与行政的职权分离，如果说“评事”一职在隋唐时期“参决疑狱”与“讼”相关，演变到清末已成为“主掌章奏”、与“讼”无关的行政官员。所以，将国民政府时期行政法院的法官称为“评事”而未采用普通法院法官“推事”称谓，隐含了对于行政法院“司法性”理念认识程度问题。另外，关于行政法院评事的素质要求，充分地反映出训政时期特点——对于党义有深切之研究者。行政法院评事的任职，虽未像平政院时期由大总统一人“独裁”。但以党治国、一党专政之结果，难逃一人专政之结局，以党干涉司法的现象在所难免。行政法院“评事”的素质要求，依据1932年《中华民国行政法院组织法》的规定，并未提及对于法律素质方面的要求，只需具有简任职公务员二年以上经历即可。而平政院的评事的素质要求尚且有“任司法职二年以上，著有成绩者”之规定。行政法院的每庭五名评事中，熟悉法律专业的人只要求有二人，占评事总数的40%左右，可谓“法律专业化”不足，“行政”化有余，仍然带有浓重的平政院评事的痕迹。关于行政法院评事独立行使其职务的保障性方面，也只是简单的规定，评事之保障准用关于推事之规定。与平政院时期相比这不能不说是一个退步，日后还引发了“评事”是否是“法官”的争议。“对于评事法律上之保障仅‘准用’推事之规定，而未规定‘适用’推事之规定，并为日后有关评事是否宪法上法官之争议。凡此一切，似又有逊于平政院之时期。”①

10年之后，即1943年《中华民国行政法院组织法》修正案，将行政法院“评事”的素质要求修正为：①对于三民主义有深切之研究者；②在教育部认可之国内外大学或专门学校修习法律或政治经济学科三年以上毕业者；③曾任国民政府统治下简任职公务员二年以上或荐任职公务员七年以上者；④年满三十岁者。增加法律专业素质要求——

① 翁岳生．行政法与现代法治国家［M］．台北：祥新印刷有限公司，1987：390.

在教育部认可之国内外大学或专门学校修习法律或政治经济学科三年以上毕业者，可谓行政法院评事司法化的一大进步。再者，1943 年《中华民国行政法院组织法》，为配合宪政时期的到来，虽将行政法院评事的资质要求，由“对于党义有深切之研究者”修正为“对三民主义有深切之研究者”，但与司法独立还相距甚远。

1948 年 3 月 24 日《中华民国行政法院组织法》修正案，将行政法院“评事”的素质要求再一次修正为：年满三十岁者；在教育部认可之国内外专科以上学校修习政治法律学科三年以上毕业，并曾任简任公务员二年以上，确有成绩者。首次在文字上取消了思想政治方面的要求。

1932 年公布的《中华民国行政诉讼法》第 1 条规定：人民应中央或地方官署之违法处分，致损害其权利，经依诉愿法提起再诉愿而不服其决定，或提起再诉愿 30 日内不为决定者，得向行政法院提起行政诉讼。第 3 条规定：对于平政法院之判决不得上诉或抗告。

1937 年修订的《中华民国行政诉讼法》第 1 条规定：人民应中央或地方官署之违法处分，致损害其权利，经依诉愿法提起再诉愿而不服其决定，或提起再诉愿逾二个月不为决定者，得向行政法院提起行政诉讼。已向五院或直隶国民政府各官署提起之诉愿，以再诉愿论。第 3 条规定：对于平政法院之判决不得上诉或抗告。第 24 条规定：有民事诉讼法第 492 条所列各款情形之一者，当事人对于行政法院之判决，得向该法院提起再审之诉。

1935 年施行的《中华民国民事诉讼法》第 492 条规定：“对于确定终局判决声明不服者，于左列各款情形之一，得向法院提起再审。（一）判决法院之组织不合法者；（二）依法律或裁判应回避之推事参与裁判者；（三）当事人与诉讼未经合法代理者；（四）当事人知他造之住居所，指为所在地不明而与涉讼者，但他造已承认其诉讼者不在此限；（五）参与裁判之推事，关于该诉讼违背职务，犯刑事上之罪者；（六）当事人之代理人，或他造或其代理人关于该诉讼有刑事上应罚之行为影响于判决者；（七）为判决基础之证物系伪造或变造者；（八）证人、鉴定人或通译，就为判决基础之证言、鉴定或通译被处伪证之刑者；（九）为判决基础之民事或刑事及其他裁判或行政处分，依其后之确定裁判或行政处分已变更者；（十）当事人发现就同一诉讼标的，在前已有确定判决或和解调解或得使用该判决或和解调解者；（十一）当事人发见未曾斟酌之证物或得使用该证物者，但以如经斟酌可受较有利益之裁判者为限。”

国民政府时期的行政法院依然沿袭了民国初期平政院的做法，在全国设一个行政法院，为掌理行政诉讼审判事宜的唯一机关，采用一审终审制。无论是1932年《中华民国行政诉讼法》，还是1937年的《中华民国行政诉讼法》，都同样规定：对于行政法院之判决不得上诉或抗告。并未采用民国初期平政院因审理之便或必要时，得由平政院长嘱托被告官署所在地之最高级司法官，并派遣平政院评事，组织五人之合议庭审理，即为解决诉讼之不便而临时设立地方分庭的方式。其重要原因在于，国民政府时期的行政法院创建了诉愿与诉讼相结合的救济方式。《训政时期约法》第22条规定，人民依法有提起诉愿及行政诉讼之权。国民政府于1930年3月借鉴日本相关的制度颁布了《中华民国诉愿法》。诉愿与行政诉讼有本质上的不同，诉愿的目的在于为行政机关提供一种行政权的自我审查模式，运用上级行政权对下级行政权的审查与监督作用，达到变更或撤销官署的违法处分及纠正官署不当处分之目的。由于其程序简便快捷，所以能够降低司法成本，减轻行政法院之负担，因此国民政府时期行政诉讼制度的设计，通常以再诉愿为起诉的前提条件，只有第一次诉愿程序是向国家最高行政官署，如五院或直隶国民政府各官署等提出的，方可不必经过二诉愿而进入行政诉讼程序。一种说法认为，国民政府时期的行政法院，虽然也是全国只设一所行政法院，并且不设地方分庭，但与民国初期的平政院不同：表面形式上国民政府时期的行政法院采用的是一审终审，实质上国民政府时期的行政法院的行政诉讼程序，对于该行政诉讼案件已是三审，因为本案在行政诉讼审理之前，已经过两级诉愿。特别是1937年《中华民国行政诉讼法》，突破了1932年《中华民国行政诉讼法》关于行政法院之判决不得上诉或抗告的原则，规定如出现民事诉讼法所规定的再审原因时即可提起再审，采用和民事诉讼法相同的再审规定作为补充，所以行政案件最多可达到“一案四审”。诉愿程序与诉讼程序相结合，无论是从公民角度，从行政机关角度还是行政法院的司法角度都是有利的。“行政诉讼制度以诉愿为其先行程序，即所谓‘诉愿前置主义’之理由不外乎（1）历史因素，（2）对行政权之尊重与确保行政的统一，（3）减轻法院之负担，（4）协助人民澄清疑点，（5）加速救济程序，（6）扩大救济机会与层面。”[①]“提起行政诉讼前，须经诉愿程序其理由约有三端：（1）姑先以简易程序，试其是否即能了结，如能了结，于当事人，甚为便利。（2）移归行政审判以前，使行政官署，尽情审查，俾有更正机会。（3）缩小行政诉讼之范围，以减轻行政法院之负担。”[②] 所以，以诉愿为前置的行政诉讼原则，一直持续到台湾地区长达半个世纪。但对于诉愿制度，反对的意见也一直未停止过。“诉愿与行政诉讼有着本质上的不同……不能把它视为行政诉讼的预审或其审级的一部分……规定行政诉讼的提起必须经过再诉愿程序，这比原来的程序更加繁琐……”[③] 张知本先生任行政法院院长时期，就曾对司法实践中出现的诉讼门槛过高，非经两次诉愿不能诉讼，案件拖沓时间过久等现象，试图进行改革。

二、国民政府行政法院的内部组织机构与人员设置

国民政府时期的行政法院，在组织机构的性质上、所承担的职能上已与民初的平政院有很大的差异，国民政府时期的行政法院是司法

① 翁岳生．行政法（下）［M］．北京：中国法制出版社，2002：1237－1238.
② 何勤华，殷啸虎．行政法总论［M］．北京：中国方正出版社，2005：216.
③ 何勤华，李秀清．外国法与中国法［M］．北京：中国政法大学出版社，2003：135.

院的组织机关之一，[①] 专门行使行政诉讼案件的审判职能，公务员的监督惩戒职能由并列于行政法院的公务员惩戒委员会实施。所以，国民政府时期的行政法院与民初的平政院相比，在内部的组织机构与人员设置上也就自然有所不同，具体如下：

1931 年 12 月 26 日修正的《中华民国国民政府组织法》第 35 条规定：司法院为国民政府最高审判机关。第 36 条规定：司法院设最高法院、行政法院及公务员惩戒委员会。

1928 年 10 月 20 日公布的《司法院组织法》第 1 条规定："司法院以下列各机关组织之：一、司法行政部；二、最高法院；三、行政法院；四、公务员惩戒委员会。"第 6 条规定：行政法院依法律掌理行政诉讼审判事宜。

1936 年 10 月 30 日修订的《司法院组织法》与 1928 年 10 月 20 日公布的《司法院组织法》的规定完全相同。

1947 年 3 月 31 日公布的《司法院组织法》第 5 条规定：司法院设最高法院、行政法院及公务员惩戒委员会。

1932 年 11 月 17 日公布的《中华民国行政法院组织法》第 1 条规定：行政法院掌理行政诉讼审判事物。第 2 条规定：行政法院设置院长一人，综理全院行政事务兼任评事并充庭长。第 3 条规定：行政法院分设二庭或三庭，每庭置庭长一人，除由院长兼任者外，就其余评事中遴充之，监督各该庭事务并定期分配。第 4 条规定：行政法院每庭置评事五人，掌理审判事务。每庭评事应有曾充法官者二人。第 7 条规定：行政法院置书记官长一人，书记官十人至十八人，分别掌理

① 民国前司法与行政不分，民国前掌管司法事务的官署夏朝称大理；殷周称司寇；秦汉由廷尉掌管刑狱；隋唐大理寺主审判，御史主纠察，刑部主法务；至元朝废大理寺由刑部执掌；明清则以刑部掌刑名、都察院司纠察、大理寺司驳正。戊戌变法后光绪三十二年进行了司法体制改革，改刑部为法部，专人司法；该大理寺为大理院，专掌审判；民国元年改法部为司法部执掌全国司法行政，至此，司法与行政脱离，司法权独立；1928 年 10 月 8 日《中华民国政府组织法》公布，该法第 33 条规定：司法院为国民政府最高司法机关，掌理司法审判、司法行政、官吏惩戒及行政审判之职权……司法院与立法院、行政院、考试院、监察院并立而成为我国政治体制中的一个独立机关。

记录、编案、撰拟、统计会计收发及典守印信等事物。

1937 年 11 月 6 日修订的《中华民国行政法院组织法》第 7 条规定："行政法院置书记官长一人，书记官十人至十八人，分别掌理记录、编案、撰拟、收发及典守印信等事务。行政法院设会计员一人，统计员一人，办理岁计、会计、统计事项。受行政法院院长之指挥监督，并依国民政府主计处组织法之规定直接对主计处负责。会计室、统计室需用佐理人员名额，由行政法院及主计处就本法所定委任人员及雇员名额中会同决定之。"

1933 年 6 月 24 日公布的《行政法院处务规程》第 27 条规定：书记厅由书记官长承院长命令指挥监督书记官分掌事物。配置各庭之书记官，应受庭长、评事之指挥监督。每庭得以一人为主任。

《行政法院书记厅办事细则》第 3 条至第 6 条规定：书记厅下辖会计股、文书股、总务股。各股设书记官分任事务。

国民政府行政法院创建初期，行政法院内置两个审判庭，庭长之一，由行政法院院长茅祖权兼任，抗战后国民政府迁至重庆，由张知本任重庆行政法院院长。1948 年年末，张知本改任司法行政部长后，1949 年国民政府令毕业于上海复旦大学政治系、东吴大学法科，曾留学美国密歇根大学的法学博士端木恺，任行政法院院长，端氏辞职未就，后行政法院院长由王龄希继任。1933 年 9 月 2 日国民政府令任命另一审判庭庭长为于恩波。每庭由五位评事组成，每庭评事中曾充法官者二人。

1933 年 7 月 27 日经行政法院院长茅祖权荐任，由朱锡百任书记官长，执掌分配院内文书类事物，行政法院除设行政审判庭外，还设置了书记厅，书记厅下设会计股、文书股、总务股。行政法院有书记官 10 ~ 20 人，分别掌理记录、编案、撰拟、收发及典守印信等事务。此外，还有部分雇员和庭丁，1945 年将雇员的人数定位 15 ~ 20 人，庭丁定为 4 ~ 6 人。抗日战争之前，行政法院的规模在 24 ~ 33 人，伴随着行政案件数量的增加，审判庭扩大为三个，人数也逐渐增多，到 1948 年

6月底，行政法院人数达到46人左右。

行政法院首任院长茅祖权先生，1883年生于江苏海门，字泳薰。早年留学日本，后加入同盟会，1912年后任国会议员。当国民党“一大”在广州召开的时候，他是江苏籍国民党员中由孙中山亲自圈定参会的三个代表中的一个。孙中山还提名他担任中国国民党第一届中央执行委员会候补执行委员，后又任命其为国民党上海执行部调查部部长。他也是较早在国民党内对三大政策提出质疑的右派人物，后来成为“西山会议派”的重要成员。1924年任国民党中央候补执行委员，后任江苏省民政长、中央公务员惩戒委员会主任委员。1933年在居正的推荐之下任行政法院院长，后又任司法院秘书长、总统府国策顾问等职。1950年在上海被人民政府逮捕，1952年病死狱中。

行政法院的第二任院长是张知本先生，号怀九，湖北省江陵县人。生于1881年，1976年8月15日病逝于台北。十五岁进武昌两湖书院读书，1904年毕业后赴日本留学，初入宏文书院，后转入法政大学攻法律。1905年，加入同盟会，1907年学成回国。是中国近代知名法学家，一生著有《宪法论》《宪政要论》《法学通论》《社会法律学》等多本颇具影响力的专著，并译有《民事证据论》《土地公有论》等书籍。张知本先生可谓著名的教育家，曾执教于上海法政大学，并筹建了武汉大学。国民政府成立后，1933年张知本先生任立法委员，直接参与、主持了《中华民国宪法草案》和《五五宪草》起草工作。张知本先生一生刚直不阿，对于蒋介石的独裁也经常提出批评，“不是为人民开生路，而是为人民塞生路……蒋介石治理国家，是外行。如果是内行，一把钥匙，很容易就把门打开了。因为是外行，左一斧头，右一斧头，费了很大的气力，而门仍未打开!”抗战后张知本先生到了重庆，任重庆行政法院院长。在其任行政法院院长期间，针对当时行政诉讼制度的缺欠，曾进行过锐意改革，如提出在全国各地设行政法院分院，或在原有省法院中开设行政诉讼分庭，以便人民提起行政诉讼等。此外，他在因书面审判、诉愿两次程序后才能进行行政诉讼等行政诉讼制度设计，导致司法实践中一个案子时间拖得过久，以至于到确定判决时，事过境迁，徒具形式，毫无实效等方面也进行过相应的改革。

行政法院的第三任院长是王黻炜先生（1887—1952），字龄希，湖北黄冈人，日本早稻田大学、日本法政大学毕业。曾任南京临时政府司法部秘书长、参事，北京政府中央司法会议议长，北平大学法学院教授，国民政府司法院参事。1949 年在端木恺先生辞职未就的情况下，继任行政法院院长。著有《比较宪法学》《中国财政论》《社会政策》《中国货币论》等。

“根据 1949 年 6 月行政法院公务员薪俸表。院长与一般公务员之间，薪俸差额较大。如院长王龄希月俸 800 元，评事苏秋实 740 元，评事李翊民 680 元，评事周宏基 520 元，书记官长李延樨 560 元，人事室主任桂功震 380 元，会计主任周树型 360 元，书记官长祝惠芳 430 元，科主任李丹亭 460 元，书记官谢城恩 140 元，书记官戴子仁 200 元，书记官吴文昭 120 元，书记官陆承基 160 元，书记官张问教 140 元，书记官翟亚丹 180 元，书记官张大惠 90 元，书记官熊歆策 220 元，学习书记官骆宗淑 95 元，学习书记官王风竹 80 元，录事高乐山 105 元，录事王定环 100 元，录事郝廷丰 115 元，技工郝廷勋 60 元，工役陈云芳 40 元。1949 年国民政府先迁广州，再迁成都，最后于 1949 年 12 月逃往台湾，行政法院对 9 名留大陆的公务人员进行资遣，发给资遣费（实际为三个月月俸及公费）及交通膳宿费补助，如评事李翊民资遣费 457. 20 元，交通膳宿费 360 元；书记官长祝惠芳资遣费 412 元，交通膳宿费 360 元；科主任李丹亭资遣费 381. 06 元，交通膳宿费 360 元；书记官熊歆策资遣费 210. 6 元，这九名工作人员的交通膳宿费均为 360 元。同时行政法院对工役进行资遣，如，技工郝廷勋发给资遣费 72 元，交通膳食费 240 元。随着行政法院的撤离，以及对滞留人员的资遣，行政法院在中国大陆的工作基本宣告结束。”① 笔者所能查找到的有原始判决记载的国民政府行政法院在中国大陆的最后一个案例，是1947年6月30日，民国三年十六年度判字第二十二号，原告牟万昌号因溢酿土酒被罚不服，诉浙江税务管理局临海分局案。（详见本书案例部分）据记载1947年行政法院共受理案件57件。

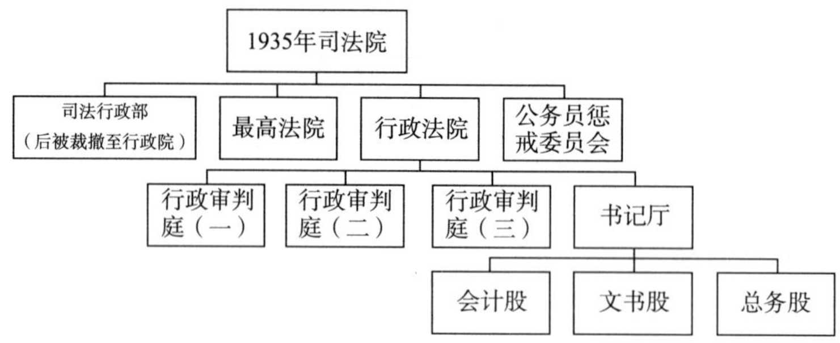

图4－1 1935年司法院结构

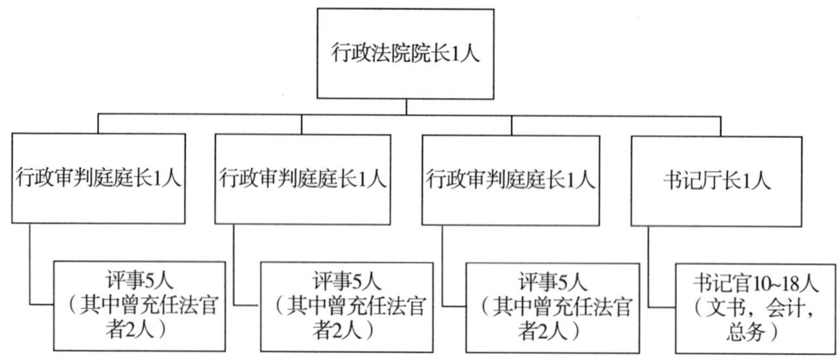

图4－2 南京国民政府行政法院组织机构

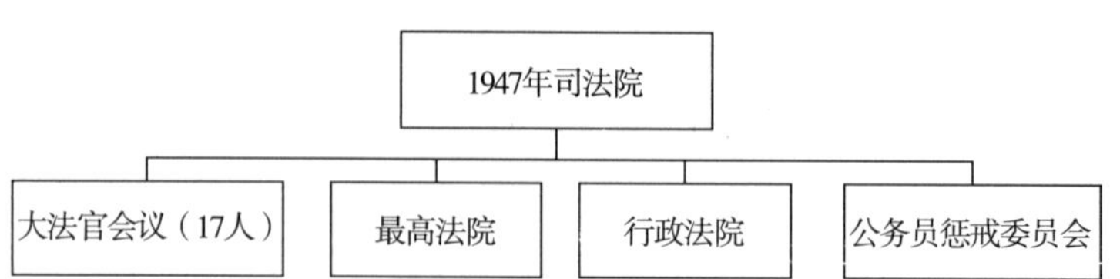

图4－3 南京国民政府1947年司法院组织机构

① 周海燕．南京国民政府行政法院论述［J］．长春师范学院学报，2009（7）：61．

表4－1　国民政府时期行政法院历任院长

任次	姓名	照片	就任时间
1	茅祖权		1933年6月23日
2	张知本		重庆政府时期
3	王龄希		1949年

三、国民政府行政法院的行政诉讼审判职能与案例

与民初的平政院不同，国民政府时期的行政法院是一个纯粹的行政诉讼审判机关，单独承担着行政诉讼案件的审判职能。行政诉讼的目的由维持法规、保障行政权转向为强调民权之保障。行政法院属于司法机关的制度设置，促使行政法院与行政机关的分离。该时期的行政诉讼制度在法律规定上，得到了飞跃性的完善与发展。如在行政诉讼的受案范围、司法审查范围、被告的资质、判决的方式等方面，都在进一步细化与明晰。但正如蔡志芳先生所言："国民政府时代的行政法院，为一纯粹之行政诉讼审判机关，其所能发挥之功能，亦只在于

审判行政诉讼案件，藉以维护法律秩序及保障人民之权益。其成效与否，非法律之规定而已，更重要者，乃实际运作之成果。”① 翁岳生先生对这一时期的行政诉讼也这样评价道：“国民政府成立后，强调民权之保障，确有健全行政诉讼制度，曾派法学名家张知本等主持其事。惟嗣后战乱继起，法治不彰，行政法院每年受理之案件，不过百余件，偶亦不及百件，行政诉讼一如往昔，不见发展。”② “茅祖权长期挣扎于政治漩涡之中，后意志逐渐消沉，吸食鸦片成瘾。在行政法院院长任职期间，常抱息事宁人的态度来对待行政诉讼事务，力求大事化小小事化了。在行政法院成立到1935年9月两年中所收到的404件起诉中，被驳回的就达179件，占总数的44%；正式受理的255件中，百姓胜诉的只有43件，占受理总数的19%，只占提出起诉数的1%，当时行政诉讼的实质可见一斑。”③

但换个角度，我们又看到了不同的行政法院与行政诉讼制度。翻阅该时期国民政府行政法院的资料，我看到了一本本的《行政法院判决汇编》《行政法院判例要旨》，整理精细。细读下来，我深为行政法院的评事工作之严谨与敬业精神所感动。该时期的行政法院，采用英国的先例原则，注重总结案件审理的基本精神，注重判例的引导作用已经形成一种制度。依据《行政法院处务规程》的规定，各庭审理案件，有可著为判例者应由庭长命书记官，摘录要旨，连用判决书印本，分送各庭庭长评事。又各庭审理案件，关于法律上之见解，予以前判例有异时，应由院长呈由司法院院长，召集判例变更会决定之。《行政法院判决汇编》与《行政法院判例要旨》填补了任何一部成文法，包括《中华民国行政诉讼法》不可回避的不足。正是司法实践中产生的《行政法院判决汇编》与《行政法院判例要旨》，进一步促使我国行政

① 蔡志芳．行政救济与行政法学［M］．台北：三民书局，1993：309.

② 翁岳生．行政法与现代法治国家［M］．台北：祥新印刷有限公司，1987：391.

③ 南京国民政府司法派系斗争内幕揭秘［J］．党史文苑，2007（9）．［EB/OL］．http：//www.laomu.cn/wxzp/ydzx/wenxueqikan/Dswy/dswy2007/dswy20070913－1.html.

法学理论界的深层次发展。如该时期著名的宪法行政法学者朱采真，其行政诉讼与司法诉讼之分野理论、行政诉讼与诉愿的衔接、何为“违法行政处分”等许多理论，都是以《行政法院判决汇编》与《行政法院判例要旨》为支撑的。该时期行政法院的判决，采用“遵从先例”的原则，打破“先例”，须由行政法院院长呈请司法院院长召集判例变更会议方可，很大程度上使行政诉讼案件的审理与判决，摆脱了人为控制因素，而只遵从于法律与先例。这不正是中华民族长期渴望的“司法独立”“司法公正”理念吗?

二十世纪三十年代王宠惠担任司法院院长时期，效仿英美法系国家“先例”原则，开创的行政法院审判活动适用判例制度一直为当今台湾地区“行政法院”所承袭。① 我国大陆地区也于 2011 年 12 月 20 日起最高人民法院颁布第一批指导性案例，截至 2013 年 12 月 12 日，最高人民法院共颁布五批指导性案例，总计 22 个，其中涉及行政诉讼

① 二十世纪八十年代后的台湾法学界认为，判例系指“最高法院”对于某一特定案件所作成之裁判，基于相同事物应作相同处理，不同事物应作不同处理之原则，得成为同一法院体系未来审理案情相同或类似案件之法理依据，经“最高法院”依法定程序选编为判例。判例实为法官造法，判例具有弥补法律规定漏洞，保障法院对同一事物作出相同的裁决与诠释确保公正的“同一性”，同时也为社会评价法院裁判是否公正提供“参照性”标准。关于判例的确定程序在二十世纪的台湾又进一步得到完善，依据 2001 年 5 月 23 日台湾公布的“行政法院组织法”第 16 条规定，行政诉讼判例的编撰权力授权给了“最高行政法院”，社会是不断向前发展的，判例也并不是固守不变的，“最高法院”在众多的案件判决中，由“最高行政法院院长”“庭长”“法官”组成联席会议决议，确立或变更判例，报请“司法院”备查。“最高行政法院”每个月都要举行“院长、庭长、法官联席会议”，就相关法律问题进行沟通、研讨，形成一致意见后，将确立或变更的判例，报请“司法院”备查。每一年度“最高行政法院”还要举办由各“高级行政法院院长”“庭长”及“法官”参加的座谈会进行学理实务研讨。“最高行政法院”关于判例的确立与变更工作相当谨慎，判例的确立与编撰有着严格的法律程序。如前所述，裁判具有参考价值者得由“审判长”或“法官”摘录要旨，连同裁判书正本提出于“庭长”，经其他全体“庭长”同意，或经联席会议通过后，送登“司法院”公报。判例之审查，得分初审及复审。初审由“院长”选定“庭长”“法官”若干人组成判例编辑委员会审查决定取舍。如选为判例初稿者，得就文字修正，并应提出审查报告，送请“院长”核阅后，召开“庭长 、法官联席会议”复审之。判例初稿资料不多，内容不甚繁杂者，“院长”得径行“庭长 、法官联席会议”复审。复审会议须由现职办案“庭长”“法官”总额三分之二以上同意之。各庭审理案件时，对于现行判例，如人有变更或废止之必要者，得由该庭叙明与判例不同之法律见解，拟具变更或废止判例提案，报请“院长”核阅后，适用编订判例之审查程序，报请“司法院”备查。

领域的共有 5 个案例。判例在我国大陆具有参照作用。“参照”主要指参照指导性案例明确的裁判规则、阐释的法理、说明的事理，不是比葫芦画瓢参照具体的裁判结果；参照也不同于适用法律、司法解释必须作为根据、依照，只要类似案件的裁判符合指导性案例的裁判要点，可以引用为说理的依据，也可以不在裁判文书中具体引用。如果当事人在诉讼中明确要求法院参照某个指导性案例，法官可以在裁判过程中或者在裁判文书的说理中作出回应并说明理由。但在指导性案例的确定程序方面，尚待进一步完善。

经多方查找，笔者终获得自 1933 年（民国二十二年）至 1935 年（民国二十四年），民国政府时期的早期行政法院判决要旨，包括实体和程序两个部分，透过这些判例要旨，可以让我们对抗日战争之前的早期国民政府时期行政诉讼有更详细深入的了解。如在工商行政领域仅 1933 年至 1935 年短短两年时间，关于商标方面的行政诉讼判例就多达 19 个，这反映出该时期国外先进的专利商标观念的涌入。其中二十四年度判字第十二号、二十四年度判字第十四号要旨对商标是否近似作出了界定：“商标自注册之日起，就指定之商品由注册人取得专用权后，他人不得于同一商品以相同或近似之标章作为商标，呈请注册。所谓近似之者系综括其全部分以隔离的观察而判定其是否有混同或误认之虞而言。”“当事人使用之商标，其文字上所表现之形体既非一致，而当事人一方所使用者又必须与其他物形商标联合一起，并不能独立使用，究难为有恶意之存在。”二十四年度判字第二十五号要旨阐释了行政管理实践中的深层次注册规则：“（一）二人以上于同一商品以相同或近似之商标各别呈请注册时，依商标法之规定应准实际使用最先者注册。其呈请前均未使用或孰先使用无从确实证明时，得准最先澄清者注册。”这些规则对于当今的中国不能不说仍有一定的借鉴意义。关于更详尽的判例要旨，请详见本书附录部分。

1947 年 10 月，张知本先生在《行政法院判决汇编》的序言中这样写道：民国的老百姓，是主人，中央和地方官署是替老百姓办事情的机关，但政府机关如果损害了人民的权利，怎么办呢？民国的法律，是管老百姓的，同时也是管政府机关的。但是老百姓违法，政府的制裁即随之，各级官署如果行法而违法，那又怎么办呢？因为适应上述的要求，所以产生了一种行政救济，诉愿和行政法……就是说政府机关，如果执行法律的时候，有所违误，人民就可以提起诉愿和行政诉讼以纠之……诉愿和行政诉讼即以保障人民的权利，有以维持法规的尊严，两者是一件事的两面，前者是目的，后者是方法，我们要以维持法规尊严的方法，去达到保障人民权利的目的。可见，1946 年左右的国民政府时期，在理论界，公民与政府在法律面前是平等的，行政诉讼的目的就是为公民提供救济途径，保障人民的权利，通过诉愿与行政诉讼纠正行政违法，从而达到监控行政行为，使其永远保持在法律、法规所规定的范围内运转等法治理论，已相当的成熟，对于诉愿与行政诉讼已经有了深入的本质性认识。

德国联邦行政法院院长 Fritz Werner，曾说过一句至理名言：行政法作为具体化的宪法，行政法的发展依托于宪政环境，宪法与行政法具有着密不可分的关系。不管是国民政府的训政时期还是宪政时期，宪法的理论不断地在探索前行，至少在“宪政时期”（1946 年）公布的《中华民国宪法》的宪法文本中，我们看到的是：“中华民国国民大会受全体国民之付托，依据孙中山创立中华民国之遗教，为巩固国权，保障民权，奠定社会安宁，增进人民福利制定本宪法，颁行全国，永矢咸遵。”这种宣言性的语句，以及中华民国基于三民主义，为民有、民治、民享之民主共和国，公民有请愿、诉愿及诉讼之权等规定。但宪政社会环境与民国初期相比并没有质的改变，对抗性的政治并没有形成，不管借助于何种理论，国民党一党专政的事实终究不可否认，与民初相比，只不过是在腐败的更迭中前行。如果说，宪法系长成而非造成，笔者认为行政法也同样如此，系长成而非造成。行政法院，这棵幼苗在历史的风雨中摇曳，顽强求生，无数革命先进的人文志士，以其毕生对于法治的热爱，前赴后继去呵护之。

（一）行政诉讼案件的受理

1932 年《中华民国行政诉讼法》第 1 条规定：人民因中央或地方官署之违法处分，致损害其权利，经依诉愿法提起再诉愿而不服其决定，或提起再诉愿 30 日内不为决定者，得向行政法院提起行政诉讼。第 5 条规定：行政法院关于受理之权限，以职权裁定之。第 8 条规定：行政诉讼因不服再诉愿之决定而提起诉讼者，自再诉愿决定书送达之次日起 60 日内为之；因再诉愿不为决定而提起者，自满 30 日之次日起 60 日内为之。

1937 年《中华民国行政诉讼法》第 1 条规定：人民因中央或地方官署之违法处分，致损害其权利，经依诉愿法提起再诉愿而不服其决定，或提起再诉愿逾两个月不为决定者，得向行政法院提起行政诉讼。已向五院或直隶国民政府各官署提起之诉愿，以再诉愿论。第 5 条规定：行政法院关于受理之权限，以职权裁定之。第 10 条规定：行政诉讼之提起，于再诉愿决定到达之次日起二个月内为之。

1932 年《中华民国行政诉讼法》第 10 条规定："提起行政诉讼，应以书状为之。书状应记载左列各款，由原告或代理人签名盖章或按指印。其不能签名者，盖章按指印得使他人代书姓名，并由代书人记明其事由并签名。一、原告之姓名、年龄、性别、籍贯、职业、住所或居所，如系法人，其名称事务所及代表人之姓名、年龄、性别；二、由代理人提起行政诉讼者，代理人之姓名、年龄、职业、住所或居所；三、被告之官署；四、再诉愿之决定及起诉之陈诉；五、起诉理由及证据；六、年月日。"第 11 条规定：行政法院审查诉状认为不应提起行政诉讼或违背法定程序者，应附理由以裁定驳回之，但仅系诉状不合法定程式者，应限定期间命其补正。

1937 年《中华民国行政诉讼法》第 12 条、第 13 条作出了相同的规定。

国民政府时期的行政诉讼，即为人民对于中央或地方官署损害其权利之违法处分请求行政救济，并得附带请求损害赔偿之诉讼。

对于行政诉讼的受案范围，于民国初期的《行政诉讼法》相同，采用了概括主义规定方式。只要达到以下条件，公民即可以提起行政诉讼：

(1) 可以提起行政诉讼的行政处分，必须是中央或地方行政官署作出的违法处分。何为行政处分？“行政处分本系基于行政权而发生之行为，对于具体事件设定人格相互间积极的或消极的法律关系，在形式上并不具备法律或命令的方式。”[①] “处分一语，系指能发生法律效果之一切单方的行政行为而言，所谓单纯的事实动作不包括在内。”[②] 平政院在其判例二十三年四月十六日判字第九号对于行政处分这样解释道：人民以中央或地方官署之处分违法损害其权利为理由，得依行政诉讼请求救济者，必其处分之效果现仍在继续之中，若其处分之效果已不存在，即不具备提起行政诉讼之要件……在二十三年度判字第十八号，二十四年度判字第一号、判字第四十九号、判字第六十号及判字第六十一号强调：人民提起行政诉讼须以官署之违反处分致损害其权利为先决条件。可见，何为属于行政诉讼标的的“行政处分”，国民政府时期采用了大陆法系普遍适用的、十九世纪德国学者奥托·迈尔的学说，行政行为是指“行政机关对于相对人在具体事件中作出的决定其权利的优越性的宣誓。”[③] 国民政府时期对行政诉讼标的行政处分内涵与外延的界定，在中国持续了近四十年，台湾地区在二十世纪七十年代“行政诉讼法”修订，尤其是2000年台湾新“行政诉讼法”公布实施后，才发生了

① 朱采真．行政诉讼及诉愿［M］．北京：商务印书馆，1937：11.

② 何勤华，殷啸虎．行政法总论［M］．北京：中国方正出版社，2005：216.

③ ［德］哈特穆特．行政法学总论［M］．毛雷尔，高家伟，译．北京：法律出版社，2000：181.

改变。①

首先，可以提起行政诉讼的行政处分，只能是中央或地方行政官署作出的，系以人民或公共团体为其相对人。对于行政权实施的其他

① 台湾地区1975年实施的“行政诉讼法”第1条第1款规定：人民因“中央”或“地方机关”之“违法”行政处分，认为损害其权利，经依“诉愿法”提起“再诉愿”而不服其决定，或提起再诉愿逾三个月不为决定，或延长再诉愿决定期间逾二个月不为决定者，得向“行政法院”提起行政诉讼。第1条第2款：逾越权限或滥用权力之行政处分，以“违法”论。1979年台湾地区公布的“司法院大法官会议释字第一五六号”：主管机关变更都市计划，系“公法”上之单方行政行为，如直接限制一定区域内人民之权利、利益，或增加其负担，即具有行政处分之性质，其因而致特定人、或可得确定之多数人，遭受不当或“违法”之损害者，自应许其提起诉愿或行政诉讼以资救济。这就使得公民因拆迁行为不服，提起行政诉讼成为可能。

台湾地区2000年7月1日施行的“行政诉讼法”共用了11个条款进行了规定。第2条规定：“公法”上之争议，除“法律”别有规定外，得依“本法”提起行政诉讼。第3条规定：前条所称之行政诉讼，指撤销诉讼、确认诉讼及给付诉讼。第4条规定：人民因“中央”或“地方机关”之“违法”行政处分，认为损害其权利或“法律”上之利益，经依“诉愿法”提起“诉愿”而不服其决定，或提起“诉愿”逾三个月不为决定，或延长“诉愿”决定期间逾二个月不为决定者，得向“高等行政法院”提起撤销诉讼。逾越权限或滥用权力之行政处分，以“违法”论。诉愿人以外之利害关系人，认为第一项诉愿决定，损害其权利或“法律”上之利益者，得向“高等行政法院”提起撤销诉讼。第5条规定：人民因“中央”或“地方机关”对其“依法”申请之案件，于法令所定期间内应作为而不作为，认为其权利或“法律”上利益受损害者，经依诉愿程序后，得向“高等行政法院”提起请求该机关应为行政处分或应为特定内容之行政处分之诉讼。人民因“中央”或“地方机关”对其“依法”申请之案件，予以驳回，认为其权利或“法律”上利益受“违法”损害者，经依诉愿程序后，得向“高等行政法院”提起请求该机关应为行政处分或应为特定内容之行政处分之诉讼。第6条规定：确认行政处分无效及确认“公法”上“法律”关系成立或不成立之诉讼，非原告有即受确认判决之“法律”上利益者，不得提起之。其确认已执行完毕或因其他事由而消灭之行政处分为“违法”之诉讼，亦同。确认行政处分无效之诉讼，须已向原处分机关请求确认其无效未被允许，或经请求后于三十日内不为确答者，始得提起之。确认“公法”上“法律”关系成立或不成立之诉讼，于原告得提起撤销诉讼者，不得提起之。确认诉讼以“高等行政法院”为第一审管辖法院。应提起撤销诉讼，误为提起确认行政处分无效之诉讼，其未经诉愿程序者，“高等行政法院”应以裁定将该事件移送于诉愿管辖机关，并以“行政法院”收受诉状之时，视为提起诉愿。第7条规定：提起行政诉讼，得于同一程序中，合并请求损害赔偿或其他财产上给付。第8条规定：人民与“中央”或“地方机关”间，因“公法”上原因发生财产上之给付或请求作成行政处分以外之其他非财产上之给付，得提起给付诉讼。因“公法”上契约发生之给付，亦同。前项给付诉讼之裁判，以行政处分应否撤销为据者，应于依第四条第一项或第三项提起撤销诉讼时，并为请求。原告未为请求者，“审判长”应告以得为请求。除别有规定外，给付诉讼以“高等行政法院”为第一审管辖法院。第9条规定：人民为维护公益，就无关自己权利及“法律”上利益之事项，对于“行政机关”之“违法”行为，得提起行政诉讼。但以“法律”有特别规定者为限。第10条规定：选举罢免事件之争议，除“法律”别有规定外，得依“本法”提起行政诉讼。第11条规定：前二条诉讼依其性质，准用撤销、确认或给付诉讼有关之规定。

载体——非行政官署的处分，如，地方的自治公署的行为，不属于行政诉讼的受案范围。行政官署的内部行政权限争议，应两官署协商或由上级行政官署解决，不在行政处分之列。“行政诉讼与权限争议之裁判，虽同为适用公法，然争执之主体则异于权限争议，属国家机关与机关间因消极的或积极的权限问题而发生争执。所谓积极的权限争议，系就同一事件两关署一律主张属于自己权限范围以内；消极的权限争议则反是而为，两官署同时主张并非自己权限。所及权限争议以外，尚有所谓主管争议，前者系指系统不同之两官署间之权限争执，后者则指同一系统下两官署间之权限争执。然此种名词上之区别时务必要，惟权限争议既系两官署间之事件，较之行政诉讼系人民与行政官署之争执，其主体显有差别，而系争事件之性质亦大相悬殊。”①

其次，属于国民政府时期的行政法院受案范围的行政处分，是指行政官署作出的基于特定的人或事件所作出的能够产生直接法律效力的一次性处理行为，即具体行政行为。行政官署作出的基于不特定的人或事件多次反复适用的行为，即抽象行政行为，如行政官署的法规、命令等，不属于行政诉讼法中的“行政处分”，当然也就不在行政诉讼的受案范围之列。可以提起行政诉讼的行政行为界定是在平政院时期一直处于模糊状态而未能解决的问题。所谓“直接法律效力”，是指行政官署之行政处分对人民的“权利”直接产生影响。行政官署对于人民“利益”产生之直接影响的行政处分，则只能提起诉愿，而不在行政诉讼的标的“行政处分”范畴之列。根据 1935 年行政法院判字第六十号的判词，② 朱采真先生总结道：凡违法处分或不当处分，侵害人民利益者，为诉愿事件而非行政诉讼事件。利益固有异于权利，然骤观之，利益与权利，初无何等之差别，实则在法律上，二者固有显然之

① 朱采真．行政诉讼及诉愿［M］．北京：商务印书馆，1937：7.

② 本案的起因是行政官署截留了学校办学补助的款项，致使学校停办，学生不得不去较远的学校求学，学生以行政官署截留办学款项处分行为违法起诉，行政法院作出判决：至原告所称截留此项中用系补助本镇学款，俾子弟有就近求学之机会等语，乃系利益问题原处分即有不当，依法应以再诉愿决定为最终之决定，仍不得提起行政诉讼。

界限。历来关于权利之意义之说明学说分歧。兹则仅以行政诉讼与诉愿为出发点，阐明何者为权利、何者为利益……盖权利为法律所保护之利益，权利中含有利益之成分，而利益则不若权利之充满法律性，虽利益有时亦受法律之保护，固不似权利所受保护之确定与坚强。例如，吾人家屋中自置沙发，因有所有权关系，自得享有使用之权利，果使行政官署无法规根据而征用之，则为侵害人民权利之违法处分。至若公园中有背长椅，游人并无所有权而使用之者，系属一种利益之享受，果使市政府以行政处分禁止某甲使用，则为侵害人民利益之不当处分。又如，某甲家屋与公园邻接，开窗面园享受园林之利益。然使市政府于其窗下建一厕所，使受极不愉快之观感，虽非侵害权利，亦属侵害利益。果某甲请求异地建造而不获邀准者，则提起诉愿，但固不得提起行政诉讼。[①] 所以与十九世纪德国学者奥托·迈尔关于行政行为的学说一致，行政行为，不包括行政机关目的在于改变客观世界的、公有公用设施设计与管理的事实行为。国民政府时期的学者从权利与利益之区别的角度出发，阐述了作为行政诉讼标的的“行政处分”，不包括行政官署公有公用设施设计、管理瑕疵行为。公民的相邻权受到官署行政处分之侵犯，也同样以诉愿救济途径为终局。因为二者只是侵犯了公民的利益而非权利。

对于“行政处分”内涵与外延的界定与探讨，必然会引发行政诉讼与民事诉讼、刑事诉讼的分野，三大诉讼之间的界限也愈见清晰。民国二十三年度判字第五号中第三项是这样阐释的：提起行政诉讼须因中央或地方官署之违法处分，致损害人民权利为先决问题，如非因官署之违法处分致损害权利，自不在行政诉讼范围内。这是国民政府时期的行政诉讼制度的巨大发展。民国初年的平政院时期，由于对行政诉讼的研究尚浅，三大诉讼特别是行政诉讼与民事诉讼之间的关系，尚未厘清。司法实践中不乏只要是行政官署作出的行政处分，即可提

① 朱采真．行政诉讼及诉愿［M］．北京：商务印书馆，1937：19－20.

起行政诉讼的现象存在。国民政府时期，对于公私法的认识进入到了较深的层次，更为注重法律关系的性质。民事诉讼在于处理平等主体之间人身或财产纠纷，属于私法领域。行政诉讼在于处理行政官署与人民之间的行政纠纷，属于公法领域。介于公法与私法之间的“灰色地带”——行政裁决行为，即行政机关依法对于特定的民事纠纷所作的裁决行为，在国民政府时期是否能够成为行政诉讼的标的呢？“司法诉讼，有民事诉讼与刑事诉讼之分……至若民事诉讼与行政诉讼之分野，则全在观察其是否私法关系以为断。凡属私经济权义关系事件，应适用私法者，其争执之两方，纵使一方为国家，亦应诉诸司法机关以求诉讼程序上之裁判。要知国家在公法上对于人民为权力服从关系，然在私法上则国家与人民处于对等地位。是故，国家与人民间发生私权争执时，须以司法诉讼解决之。例如，甲乙两造争买官产，相互主张有优先承买之权，虽给领官地之处分属于行政官署之职权，然甲乙两造果因对于是项官产，究应谁先有权承领一问题发生争执，即属司法事件，不能经由诉愿程序而由行政诉讼解决之。总之，行政诉讼系解决公法上法律关系。而民事诉讼系为保护私权而设，二者性质迥然不同。是故，人民若因私权被不法侵害，请求救济者，无论其相对人为私人或官署，此种请求既系解决私法上法律关系，自属司法诉讼。又如，关于土地问题，除国家基于公共事业之必要，适用土地法或土地征收法而收用民地外，则凡涉及土地所有权之争执，国家与人民相对立时，固不能由行政官署以人民侵占官地为理由，自行处分，不向司法机关起诉。在人民方面，对于此种处分，应谋求司法诉讼之解决，不宜仅仅依赖行政诉讼之方式以图撤销是项违法之处分，固应经由诉愿程序或行政诉讼程序，以求撤销同时应进行司法诉讼，以谋根本救济。”① 所以，该时期的行政裁决行为、国家官署以私人身份出现的民事行为，都属于行政诉讼的标的——行政处分的范畴。

① 朱采真．行政诉讼及诉愿［M］．北京：商务印书馆，1937：4－5.

国民政府时期，对于同属于公法领域的行政诉讼与刑事诉讼的界限划分，已经有了清晰的认识，针对公民行为的性质是属于行政处罚范畴还是属于刑罚范畴，作为两大诉讼的分野。“船舶法所规定之罚则，其性质有属于刑事罚者；有属于行政罚者。其分别之标准即科徒行或易科罚金，为刑事罚；专科罚金或并得科没收者为行政罚。属于刑事罚者，由法院受理；属于行政罚者，由主管航政官署受理。”① 朱采真先生在参看了民国二十三年度判字第五号判决要旨后，总结道：凡应属司法机关管辖之事件，由县政府误用行政处分形式者，非本实际上之行政处分，无论当事人之权利是否受有损害，不得提起行政诉讼。

（2）可以提起行政诉讼的行政处分，必须是中央或地方行政官署作出的行政处分违法。

依据1932年《中华民国行政诉讼法》第1条规定，人民因中央或地方官署之违法处分，致损害其权利，经依诉愿法提起再诉愿而不服其决定，或提起再诉愿30日内不为决定者，得向行政法院提起行政诉讼。依据1930年《中华民国诉愿法》第1条规定，人民因中央或地方官署之违法或不当处分致损害其权利或利益者，得提起诉愿。所以，对于行政官署的行政处分，提起诉愿与提起行政诉讼的要件，有所不同。对于中央或地方行政官署侵害人民权利之不当处分，诉愿决定即为终局，当事人无权提起行政诉讼。行政处分违法，是国民政府时期行政诉讼案件的起诉要件。“对于官署之处分，提起行政诉讼，须主张其处分违法，虽其果属违法与否，须矣法院判决始能决定。而所提之主张，要须法律上尚有争执余地……自由裁量问题，不属于行政审判之管辖。”② 民国二十三年五月三十日判字第十四号这样阐释道：行政官署于本行政职权所为之最终决定，纵有不当，亦只是不当处分，依诉愿法不能提起行政诉讼。作为行政诉讼案件的标的之行政处分须违

---

① 朱采真. 行政诉讼及诉愿［M］. 北京：商务印书馆，1937：8.

② 何勤华，殷啸虎. 行政法总论［M］. 北京：中国方正出版社，2005：216.

法，是大陆法系尤其是法国的依法行政原则（Adminsitration to law）在行政诉讼领域中的具体表现。“权为民所授”理念之结果必然是“法无明文规定不可为”。《中华民国训政时期约法》明文规定，人民非依法律不得逮捕、拘禁、处罚，行政官署无法规根据，自然不得对于人民科罚之处分。行政行为是否违法，也是世界各国司法审查的通用标准。需指出的是，国民政府时期，将行政处分是否违法作为行政诉讼的起诉条件，与当代中国大陆行政诉讼制度中，“人民法院审理行政案件，对具体行政行为是否合法进行审查”的规定，有着质的不同。前者是人民的起诉权限，后者是法院的审理权限。当然，行政处分是否违法需等法院判决后才能知晓。如果将行政处分是否违反法规规定，是否有法律、法规依据，作为公民提起行政诉讼的起诉条件，那就意味着行政法院对于行政官署的行政处分，只要初步审查该行政处分有法律依据，并未超越相关法律、法规规定，即不予受理。朱采真先生在参看了民国二十三年度判字第二七号判决要旨后，总结道：业经受处分者承诺之行政处分，虽属侵害人民权利，然不必有法规之根据，惟承诺出诸威胁而有证明方法者，则另当别论。如，行政官署向人民筹募款项与物品，因无法令上根据，不得强行派缴，但若人民已有承诺之意思表示者，则事后不得翻悔。

（3）可以提起行政诉讼的违法行政处分，必须已经发生了损害人民的法律后果。

如前所述，国民政府时期，法学理论界认为“权利”与“利益”是有着一定的质的区别的。作为行政诉讼案件标的违法行政处分，必须导致了公民权利损害之结果。1932 年《中华民国行政诉讼法》第 2 条、1937 年《中华民国行政诉讼法》第 2 条都作出了同样的规定：“……前项损害赔偿，除适用行政诉讼法之程序外，准用民法之规定，但第二百一十六条规定之所失利益不在此限。”从中，我们可以看出法条背后隐含着一个原则，“权利之损害”仅指直接损害，不包括间接损害。

（4）可以提起行政诉讼的行政处分，必须经过再诉愿程序。

国民政府时期，创造性地建立了行政权的自我监督、司法权对于行政权的监控两套机制。同时，采用了行政权自我监督优先，即诉愿程序优先的原则。“形式上行政法院似属再诉愿之直接上诉机关，实则不然。盖诉愿决定与再诉愿决定尚为单纯之行政处分，而行政诉讼系属行政裁判，而为一种司法救济之行为。”① 既然诉愿程序属于行政权对于行政权的自我监督，行政诉讼属于司法权对于行政权的监控，为避免司法权过度干涉行政权，诉愿的受案范围显然要大于行政诉讼的受案范围。如前所述，对于中央或地方行政官署侵害人民权利之不当处分，诉愿决定即为终局，不可以提起行政诉讼。关于诉愿程序与行政诉讼程序的衔接，1932 年《中华民国行政诉讼法》第 1 条规定：人民因中央或地方官署之违法处分，致损害其权利，经依诉愿法提起再诉愿而不服其决定，或提起再诉愿 30 日内不为决定者，得向行政法院提起行政诉讼。1937 年《中华民国行政诉讼法》第 1 条规定：人民因中央或地方官署之违法处分，致损害其权利，经依诉愿法提起再诉愿而不服其决定，或提起再诉愿逾两个月不为决定者，得向行政法院提起行政诉讼。已向五院或直隶国民政府各官署提起之诉愿，以再诉愿论。1937 年《中华民国行政诉讼法》较 1932 年《中华民国行政诉讼法》相比，发生了两点变化：（1）关于再诉愿的审理期限由 30 日改为两个月；（2）建立了以二级诉愿为原则、以一级诉愿为例外的诉愿与行政诉讼的衔接机制。当一级诉愿官署，即为国家最高行政官署时，当事人则直接可以提起行政诉讼，而不必经过再诉愿。行政诉讼的起诉时效，1937 年《中华民国行政诉讼法》较 1932 年《中华民国行政诉讼法》基本相同，即再诉愿决定到达之次日起二个月内为之。这与民国初期行政诉讼法规定的起诉时效也完全一致。

关于诉状的格式要求，国民政府时期的行政法院与民国初期的平

① 朱采真. 行政诉讼及诉愿［M］. 北京：商务印书馆，1937：11.

政院基本一致，但是国民政府时期更加注重公民诉权的保障，对于公民的起诉，行政法院如裁定驳回，一定要说明理由，驳回的理由一定是原告的起诉存在实质性的缺欠，程式上的不足责任须当事人补正。1932 年《行政诉讼法》施行后，1933 年 5 月 6 日国民政府又颁行了《行政诉讼费条例》，依据该规定第 1 条，“行政诉讼一切状纸由司法院制造颁行，依左列规定收费：一、诉状，五角；二、答辩书，五角；三、代理委任书，五角。”

1932 年《中华民国行政诉讼法》第 2 条规定：提起行政诉讼得附带请求损害赔偿。前项损害赔偿，除适用行政诉讼法之程序外，准用民法之规定，但第二百一十六条规定之所失利益不在此限。

1934 年《中华民国宪法草案》及 1935 年《中华民国宪法草案修正案》都同样在第 26 条作出了规定：凡公务员违法侵害人民之自由或权利者，除依法惩戒外，应负刑事及民事责任；被害人民就其所受损害，并得依法律向国家请求赔偿。

1936 年《中华民国宪法草案》(《五五宪草》) 第 26 条规定：凡公务员违法侵害人民之自由或权利者，除依法惩戒外，应负刑事及民事责任；被害人民就其所受损害，并得依法律向国家请求赔偿。

1937 年《中华民国行政诉讼法》第 2 条规定：提起行政诉讼得附带请求损害赔偿。前项损害赔偿，除适用行政诉讼法之程序外，准用民法之规定，但第二百一十六条规定之所失利益不在此限。

1946 年《中华民国宪法》第 24 条规定：凡公务员违法侵害人民之自由或权利者，除依法惩戒外，应负刑事及民事责任；被害人民就其所受损害，并得依法律向国家请求赔偿。

从国际情况看，十九世纪七十年代以前，强调国家主权的绝对主义，认为公民由于国家的行政活动而受益，承受行政上的损害，是享受利益的代价，国家行政侵权不负赔偿责任。1873 年 2 月 8 日，法国行政法院判决了第一起国家行政侵权赔偿案——布朗戈案，创造了世界行政侵权赔偿的先例。但直至二十世纪中叶以前，“国王不能为非”

（The king can do no wrong）理念仍占据主导地位。1900 年《德国民法典》第 31 条规定：公务员违法行使公权力对第三人造成损害的，适用本法第 839 条由公务员个人承担民事责任的规定。1910 年德意志帝国颁布的《帝国责任法》第 1 条首次规定：国家公务员在行使公权力的过程中，因故意或过失违背第三人的职责时，国家代替公务员承担民法第 839 条所规定的赔偿责任。从而奠定了国家赔偿责任的基础。1919 年德国《魏玛宪法》第 131 条，第一次以最高规范性文件——宪法典的方式明确规定：公务员行使所受委托的公务，违反对第三人的职责的，原则上由公务员所属国家或公共机关负责任，不得起诉公务员。但国家保留对该公务员的求偿权。“二战”之后，1946 年美国《联邦侵权行为赔偿法》、1947 年英国《王权诉讼法》颁布实施，国家赔偿成为世界潮流。

民国初期的 1914 年《行政诉讼法》曾明文规定，平政院不得受理要求损害赔偿之诉讼。1932 年 11 月 17 日颁布、1933 年 6 月 23 日施行的《中华民国行政诉讼法》，正处于国民政府 1931 年 5 月 20 日《中华民国训政时期约法》颁布之后，1932 年 12 月 20 日《五五宪草》立法启动时期。《中华民国训政时期约法》中并未规定公民请求国家赔偿权，但 1932 年《中华民国行政诉讼法》第 2 条借鉴法国行政法院的经验，创新性地规定了公民提起行政诉讼附带请求损害赔偿权，这不能不说是行政诉讼司法实践中里程碑式的一大突破。国民政府 1934 年《中华民国宪法草案》及 1935 年《中华民国宪法草案修正案》虽未正式施行，但其关于“凡公务员违法侵害人民之自由或权利者，除依法惩戒外，应负刑事及民事责任；被害人民就其所受损害，并得依法律向国家请求赔偿”的规定，在宪法性文件中是首次出现。1936 年 5 月 1 日立法院通过，同年 5 月 5 日国民政府公布实施的《中华民国宪法草案》（《五五宪草》）第 26 条关于凡公务员违法侵害人民之自由或权利者，除依法惩戒外，应负刑事及民事责任；被害人民就其所受损害，并得依法律向国家请求赔偿的规定，首次将国家赔偿制度纳入到正式宪法典中。从立法时间上看，绝对处于世界的先驱之列，比英国、美国的相关规定要早10年至15年。

依据1932年《中华民国行政诉讼法》及1937年《中华民国行政诉讼法》的规定，国家赔偿请求只能在行政诉讼中附带提起。“（1）人民因提起行政诉讼，得附带请求赔偿者，仅以行政官署之处分为限，自治公署或公所之处分不得提起之……（2）即就国家行政范围而论，所谓官署之违法处分，在行政诉讼法或诉愿法中，其观念较普通所谓行政处分，包括尤广，但仍未将国家公务员所为各个侵权行为，尽包括之。因公务员之侵权行为，未必尽成官署违法处分，而得为诉愿或诉讼之标的也。（3）对于官署之违法处分，提起行政诉讼，须经过再诉愿；未经再诉愿，或经提起诉愿或再诉愿，而诉愿官署，已将该违法处分撤销或变更之者，被害人纵有损害，已不得提起行政诉讼及请求损害赔偿。”① 民国二十三年度判字第五号中第四项对于附带请求损害赔偿是这样阐述的：行政诉讼法所谓得附带请求损害赔偿者，系指中央或地方官署因违法处分，致损害人民权利，依法应负担赔偿责任者而言。因私人之违法行为应予损害赔偿者，自不能提起行政诉讼时附带请求。由于国家行政赔偿规定刚刚出现，国家赔偿法还远未公布，所以1932年《中华民国行政诉讼法》及1937年《中华民国行政诉讼法》都规定国家赔偿采用民法的相关规定，包括回复原状、赔偿金钱等方式。但是赔偿的额度仅限于直接损害，不包括所失之利益。同时由于被害人的过错导致损失发生或扩大，法院得减轻赔偿金额，或免除之的民法规定，行政赔偿同样适用。尽管国家行政官署违法处分赔偿案件，在司法实践中并不多见，“殆不过九牛一毛耳故”。“依行政诉讼法第2条之规定，得附带审理请求损害赔偿之诉，此虽为比较进步之立法，但行政法院数十年来未曾准许此项附带诉讼，使该条规定，徒成具文，毫无存在价值。”② 但至少在立法上标志着传统的权力服从

---

① 范扬．行政法总论［M］．北京：中国方正出版社，2005：242．

② 翁岳生．行政法与现代法治国家［M］．台北：祥新印刷有限公司，1987：405．

关系已被打破，行政权与公民权平等的权利义务关系已取而代之。

1933 年《行政诉讼收费条例》第 5 条规定，行政诉讼不收审判费，其附带请求损害赔偿者亦同。但案件涉及抄录、翻译则按字数收费。第 3 条规定，抄录费每百字征收一角，不满百字者，亦按百字计算。第 4 条规定，翻译费每百字征收一角，不满百字者，亦按百字计算。

（二）行政诉讼案件的审理

1932 年 11 月 7 日公布的《中华民国行政法院组织法》第 2 条规定：行政法院设置院长一人，综理全院行政事务，兼任评事并充庭长。第 4 条规定行政法院每庭置评事五人，掌理审判事物。每庭评事应有曾充法官者二人。第 5 条规定：行政法院之审判以评事五人合议行之。合议审判以庭长为审判长，庭长有事故时，以评事之资深者充之。

1932 年《中华民国行政诉讼法》第 6 条规定：评事除准用民事诉讼法第 32 条之规定外，具有左列情事之一者，应自行回避，不得执行职务：一、评事曾在中央或地方官署参与该诉讼事件之处分或决定者；二、评事曾在法院参与该诉讼事件之审判者。1937 年《中华民国行政诉讼法》第 6 条作出了同样的规定。

1932 年《中华民国行政诉讼法》第 26 条规定：本法未规定者，准用民事诉讼法。1937 年《中华民国行政诉讼法》第 28 条作出了同样的规定。

1932 年《中华民国行政诉讼法》第 9 条规定：官署处分或决定之执行，除法律别有规定外，不因提起行政诉讼而停止。但行政法院或原处分、原决定之官署得以职权或依原告之请求停止之。1937 年《中华民国行政诉讼法》第 11 条作出了同样的规定。

1932 年《中华民国行政诉讼法》第 11 条规定：行政法院审查书状，认为不应提起行政诉讼或违背法定程序者，应附理由以裁定驳回之。但仅系诉状不合法定程式者，应限定期间，命其补正。1937 年《中华民国行政诉讼法》第 13 条作出了同样的规定。

1932 年《中华民国行政诉讼法》第 12 条规定：行政法院受理行政诉讼，应将诉状副本及其他必要书状副本，送达于被告，并限定期间命其答辩。第 13 条规定：被告答辩书应具副本，行政法院应将答辩书副本送达于原告。第 14 条规定：行政法院认为必要时，得限定期间命原告、被告以书状为第二次答辩。第 16 条规定：行政法院就书状判决之，但行政法院认为必要或依当事人之声请，得指定期日传唤当事人及参加人到庭，为言词答辩。第 16 条规定：本法未规定者，准用民事诉讼法。第 18 条规定：行政法院认为必要时得传唤证人或鉴定人。1937 年《中华民国行政诉讼法》第 14 条、第 15 条、第 16 条、第 18 条、第 20 条、第 28 条都作出了与上述相同的规定。

行政诉讼案件的审理程序，是《中华民国行政诉讼法》的主体部分。国民政府时期的行政诉讼程序，更加注重行政诉讼程序与民事诉讼程序相关事项的相同点与不同点。对于行政诉讼与民事诉讼相同的部分，不再在行政诉讼法中单独加以规定，所以，国民政府时期的行政诉讼法相对比较简洁，总共不足 30 条；同时对于行政诉讼制度尚未清晰的部分，也采用了准用民事诉讼法的方式。

国民政府时期的行政法院，行政案件的审理与民初平政院一样，采用合议制而非独任制的审判方式。行政案件的裁决由庭长及评事共五人合议裁决。以庭长为审判长，庭长有事故时，由评事之资深者充之。依据《中华民国行政法院处务规程》的相关规定，审判之评议，与民事法院相同，均不公开。合议庭合议时，评事陈述自己的意见，陈述顺序按照评事的资历由浅入深，如资历相同则以年少者为先。由审判长最终表达意见。案件的最后判决以少数服从多数为原则，已过半数的评议意见为准。关于金额，如评议意见达不到半数时，以最多额之意见，顺次算入次多额之意见，达到过半数为止。

关于评事回避，国民政府时期的行政诉讼法，无论是 1932 年《中华民国行政诉讼法》，还是 1937 年《中华民国行政诉讼法》，都只是规定了自行回避制度，回避的法定事由包括两项：（1）评事曾在中央或地方官署参与该诉讼事件之处分或决定者；（2）评事曾在法院参与该诉讼事件之审判者。这与民初的行政诉讼法相关规定相比，某种程度上可谓是一个倒退。首先，从回避的种类上看：民初的行政诉讼法评事的回避制度，包括自行回避制度和申请回避制度两种，尤其是赋予当事人申请评事回避权，对于确保行政诉讼案件的公正审判有重要的作用。但是，国民政府时期的行政法院却只规定了自行回避制度，从而失去了当事人对于评事能否公正履行职责的监督机制。其次，从回避的法定事由上看，平政院评事回避的法定事由包括：（1）自为诉讼当事人者；（2）曾以行政官资格参与该诉讼事件之处分或决定者；（3）与诉讼当事人有亲属之关系者。评事于前项各款规定外，凡与诉讼当事人或诉讼事件有特别关系者。回避事由具体包括血缘关系与职务关系二种，而行政法院评事的回避事由仅包括职务关系一种，而且平政院评事的回避事由还附带了兜底条款——凡与诉讼当事人或诉讼事件有特别关系者。可见，行政法院评事的回避事由与民初的平政院相比，要狭窄得多。行政诉讼程序更多地采纳了民事诉讼程序的相关规定，是国民政府时期的行政诉讼的特点，所以，在血缘回避及申请回避等方面，行政诉讼法没有规定的，可准用民事诉讼法。对于行政诉讼的司法实践也并无大碍。

国民政府时期的行政法院在行政诉讼中，仍然沿用了行政行为公定力的理论。与民初行政诉讼法相同，作出了行政诉讼期间不停止具体行政行为的执行的原则性规定，同时规定了行政官署的主动叫停权，平政院的主动叫停权或依原告之申请的被动叫停权为补充。

民初平政院的行政诉讼，虽然也规定了特殊情形下的原被告二次提交书面答辩的程序，但采用言词辩论主义是原则，书面辩论是行政诉讼案件审理方式的补充。1914 年《行政诉讼法》第 33 条规定，被告提出答辩状后，在指定的日期，传原、被告及诉讼参加人出庭对审，但处于便利或原告之请求，得就书状裁决之。国民政府时期的行政法院与之却完全不同，采用书面审理为原则，言词辩论为补充的审理方式，行政法院认为必要时，得限定期间命原告、被告以书状为第二次答辩行政法院就书状判决之，但行政法院认为必要或依当事人之声请，得指定期日传唤当事人及参加人到庭，为言词答辩。可见，行政法院依职权或经当事人的申请都可以采用开庭审理的方式。言词辩论主义的开庭审理方式，有利于查明案件事实通过原被告双方的当庭质辩，使行政诉讼案件的审理更加事实清楚、公正快捷，尤其适合案情比较复杂的行政诉讼案件。但是，需要注意的是，当时的社会状况是：交通极为不便，而且全国只设一所行政法院，原被告到庭，少则几日多则数十日，书面审理不能不说是一种弥补，而且书面审理，比较适合案情较为明晰、争论不大的行政诉讼案件。加之特殊情况下，行政法院依职权或经当事人的申请，都可以采用开庭审理的方式作为补充，同时规定，行政法院认为必要时，有权传唤证人和鉴定人以澄清案件事实，所以，我们不能简单地认为以书面审理为原则，以言词辩论为补充的审理方式，是一种倒退。一种法律制度的确立，必然以一定的利益牺牲为代价，只能说两种制度侧重点不同而已。

1932 年《中华民国行政诉讼法》第 7 条规定：行政诉讼之当事人得委任代理人代理诉讼。代理人应提出委任书证明其代理权。

1937 年《中华民国行政诉讼法》第 7 条规定：行政诉讼之当事人，谓原告、被告及参加人。当事人得委任代理人代理诉讼。代理人应提出委任书证明其代理权。第 8 条规定：行政法院得命关系之第三人参加诉讼，并得因第三人之请求允许其参加。第 9 条规定：行政诉讼之被告，谓左列官署：一、驳回诉愿时之原处分官署；二、撤销或变更原处分或决定时为最后撤销或变更之官署。

自民初平政院时期，持续到 1937 年《中华民国行政诉讼法》实施之前，关于行政诉讼被告的理论一直没有清晰的认识。1914 年《行政诉讼法》第 1 条仅规定了人民对于中央或地方最高级行政官署之违法处分，致损害人民权利者；或人民依诉愿法之规定，诉愿之最高级行政官署，不服其决定者，可提起行政诉讼。但具体有哪一级行政官署作为被告，却没有明确规定。民初平政院时期行政诉讼司法实践中，通常是以诉愿机关为行政诉讼之被告，甚至也出现过以行政长官为被告的情形。国民政府初期的行政诉讼，1932 年《中华民国行政诉讼法》仍然延续着平政院时期的这种历史状态，而没有大的改观。1937 年左右，关于行政诉讼被告的理论研究进一步深入，“民事诉讼之当事人，同时兼为实质上之当事人与形式上之当事人，即程序上立于原被告之地位者，实质上常为权利义务之主体。刑事诉讼中之当事人反是，刑事诉讼上国家之检察官，虽亦立于起诉人之地位，而其目的在于法规之正确适用，而非真与被告为权利之争……在行政诉讼中，与刑事诉讼中之上诉相似，其目的在判定该处分或决定，果为适法与否，而非真与被告为权利之争。此时，被告之行政官署，亦非权利主体，不过为程序上谋便利计，所设定之当事人耳……行政诉讼中，既以官署为被告，而不以他人为相对人，则自诉愿决定后，至起诉时止中间，其官署之构成员，纵有更迭，仍得以同一官署为被告。”[①] 1937 年《中华民国行政诉讼法》第 9 条明确规定：“行政诉讼之被告，谓左列官署：一、驳回诉愿时之原处分官署；二、撤销或变更原处分或决定时为最后撤销或变更之官署。”可见，1937 年左右，行政诉讼法律关系的探究已逐步成熟。首先，行政法律关系中，法律关系的主体包括行政官署和公民，行政官员并不是行政法律关系的主体，即行政诉讼中只能以行政官署为被告，而不论其行政官员是否有更迭。其次，行政诉讼的被告，与民事诉讼被告有所不同，民事诉讼的被告既是程序上的当事人也是实质上的当事人，行政诉讼的被告，不过为程序上的当事人，为求法律之正确适用，并解决争诉之便利而设。再次，当诉愿机关驳回原处分时，原处分生效，行政法律关系应为原处分官署与公民之间的关系，所以，公民提起诉愿、再诉愿时，均被驳回，诉愿机关维持原行政官署之处分，此时如公民不服提起行政诉讼，应以原处分官署为被告。当诉愿机关撤销或变更原处分或决定时，原处分失去法律效力，公民与诉愿机关新的行政法律关系形成，所以，公民提起诉

---

① 范扬. 行政法总论［M］. 北京：中国方正出版社，2005：225.

愿时，诉愿机关撤销或变更了原处分，公民再诉愿时，再诉愿机关作出了维持诉愿机关处分的决定，此时如公民不服提起行政诉讼时，被告应为撤销或变更原处分或决定的诉愿机关；如再诉愿官署为最后撤销或变更原处分或决定的官署，公民不服提起行政诉讼时，则应以再诉愿官署为被告。至此，有关行政诉讼的被告问题，得以基本厘清。另外1937年《中华民国行政诉讼法》增加了保护第三人利益的规定，行政法院得命关系之第三人参加诉讼，并得因第三人之请求允许其参加。

1932年《中华民国行政诉讼法》第17条规定：当事人及参加人于为言词辩论时，得补充书状或更正错误，及提出新证据。第18条规定：行政法院认为必要时得传唤证人或鉴定人。第19条规定：行政法院得指定评事或嘱托法院或其他官署，调查证据。第15条规定：被告之官署不派诉讼代理人或不提出答辩书，经行政法院另定期间以书面催告，而仍延置不理者，行政法院得以职权调查事实，迳为判决。1937年《中华民国行政诉讼法》第19条、第20条、第21条、第17条都有相同的规定。

国民政府时期行政诉讼中，行政法院对原告、被告在证据的收集与提交时间上，基本上采用了民事诉讼法的相关做法，并没有对被告行政官署作出更为严格的规定。即使是被告行政官署，也与原告一样，享有在诉讼过程中补充新证据的权利，而完全没有调查、取证、处罚行政机关的基本程序概念。

行政法院对行政诉讼案件的调查权实施的条件是“认为必要时”，而且从“行政法院得以职权调查事实”这一规定上，我们可以推出一个暗含的规定，那就是行政法院对于行政诉讼案件的审理为“事实审”，而非“法律审”，行政法院对于行政官署行政处分是否合法的审查，是实质性的审查。“盖事实之判断，并不属于裁量行为，事实之判断错误亦非当不当之问题。裁量为意志作用，判断为认识之行为，决定是否采取一定之措施，有自由选择之可能，而判断事实只能以认识之方法，处于客观之地位予以认定，不能运用意志探求之。绝对之事实，如水往何处流；昨日有无停电，甲是否违反交通规则等，皆不可能为裁量选择之对象，盖其正确答案只有一个，应凭个人的学识经验，就存在的一切有关事实，客观判断而认定之。行政机关之此项认识行为即为法律问题，其认定是否正确，行政法院得以审查。诚然，如专利权之审定、考试之评分等需要高度专门知识、技术或经验之判断，行政法院应承认行政机关再次有所为'判断余地'而尊重其认定，但上述情形，毕竟属于例外，原则上应承认行政法院有调查事实之权限，并对不确定法律概念之适用有审查权。"① 可见，国民政府时期行政诉讼所确立的司法权审查"事实审"的标准，为今天的中国大陆、台湾地区所一直遵循。同时，事实审并不意味着行政法院会介入行政官署的自由裁量权。

虽然，国民政府时期的行政诉讼制度程序，除其本身特殊诉讼制度外，其他方面更多地贴近于民事诉讼法的规定，但在证据的调取方面，行政法院的证据调取权，与当时施行的《民事诉讼法》的相关规定有一定的差异。在证据的收集方面，行政法院采取了当事人陈述主义与职权审理主义相结合的原则。一方面，当事人及参加人为言词辩论时，得补充书状或更正错误及提出新证据；另一方面，行政法院认为必要时得传唤证人或鉴定人，行政法院享有指定评事或嘱托法院或其他官署，调查证据的权利。同时规定，如被告之官署不派诉讼代理人或不提出答辩书，经行政法院另定期间以书面催告，而仍延置不理者，其法律后果是，行政法院得以职权调查事实，迳为判决。民事诉讼中，采用的是当事人陈述主义，在证据的调取方面，法院原则上不积极干涉。

（三）行政诉讼案件的裁判与再审

1932 年《中华民国行政诉讼法》第 20 条规定：关于行政诉讼程序上之请求，由行政法院裁定之。第 21 条规定：行政法院认为起诉有理

① 翁岳生. 行政法与现代法治国家［M］. 台北：祥新印刷有限公司，1987：397－398.

由者，应以判决撤销或变更原处分，其附带请求损害赔偿者，并应为判决；认起诉为无理由者，应以判决驳回之，其附带请求损害赔偿者，亦同。第 3 条规定：行政法院之判决不得上诉或抗告。第 22 条规定：有民事诉讼法第 461 条所列各款情形之一者，当事人对于行政法院之判决，得向该院提起再审之诉。第 23 条规定：再审之诉应于 60 日内提起之。前项期间自判决送达时起计算，其事由发生在后，或知悉在后者，自发生或知悉时起计算。

1937 年《中华民国行政诉讼法》第 3 条、第 22 条、第 23 条都有相同的规定。

1937 年《中华民国行政诉讼法》第 24 条规定：有民事诉讼法第 492 条所列各款情形之一者，当事人对于行政法院之判决，得向该院提起再审之诉。第 25 条规定：再审之诉应于二个月内提起之。前项期间自判决送达时起计算，其事由发生在后，或知悉在后者，自发生或知悉时起计算。

国民政府时期的行政法院对于判决与裁定已有所区分。“裁判者，裁定于判决。行政法院于诉讼程序中所为之意思表示或依裁定之方式，或依判决之方式其区别如左：（一）凡关于当事人行政诉讼程序上之请求，系由行政法院裁定之。例如，当事人声请为言词辩论，则行政法院之准驳，系以裁定行之。至若非属于当事人声请事件，则如，行政法院审查诉状，认为不应提起行政诉讼或违背法定程序者，非以判决驳回，系以裁定驳回。总之，行政法院之裁判，除行政诉讼法明定应用判决者外，均以裁定行之。”① 对于行政诉讼中的程序性事项的处理，采用裁定方式，依据 1932 年《中华民国行政诉讼法》第 11 条的规定，行政法院审查诉状认为不应提起行政诉讼或违背法定程序者，应附理由以裁定驳回之；对于行政诉讼中的实体性事项的处理，采用判决方式。与当代不同的是，国民政府时期行政法院的判决方式，只有两种：一是

① 朱采真．行政诉讼及诉愿［M］．北京：商务印书馆，1937：37－38．

撤销或变更判决；二是驳回原告诉讼请求。即行政法院认为起诉有理由者，应以判决撤销或变更原处分，其附带请求损害赔偿者，并应为判决；认起诉为无理由者，应以判决驳回之，其附带请求损害赔偿者，亦同。

朱采真先生在参照了民国三十三年度判字第三七号判决要旨、民国三十四年度判字第五七号判决要旨后，总结道："所谓行政法院认为起诉有理由者，应以判决撤销或变更原处分，即是项判决必须对于违法之处分始得为之。又如再诉愿决定、诉愿决定及原处分均不适法，则应一并撤销，由行政法院依法另为判决。"① 国民政府时期的行政案件判决种类中，虽然也有变更判决，但绝不意味着行政法院对于行政诉讼案件的审理权限涉及行政自由裁量权是否合理这一块。行政法院判决变更的前提是：原处分、诉愿决定、再诉愿决定全部违法，这与大陆行政诉讼判决有着很大的不同。在大陆，为避免司法权代替行政权的行使，通常情形下应采用撤销判决，并附带重新作出具体行政行为的方式。如依据《中华人民共和国行政诉讼法》第54条第（2）款的规定："具体行政行为有下列情形之一的，判决撤销或者部分撤销，并可以判决被告重新作出具体行政行为：1. 主要证据不足的；2. 适用法律、法规错误的；3. 违反法定程序的；4. 超越职权的；5. 滥用职权的。"该法第54条第（4）款也同样规定了人民法院有行政诉讼案件判决变更权，但其实施的前提是具体行政行为合法但极端不合理，表现的是特殊情形或领域下的司法权对于行政机关自由裁量权的干预。相比之下，国民政府时期的行政法院变更判决，颇有司法权代替行政权的行使之嫌。

国民政府时期的行政法院，在创建了诉愿、再诉愿制度之后，以其相辅佐，行政诉讼案件仍然采用一审终审制，无论是1932年《中华民国行政诉讼法》，还是1937年《中华民国行政诉讼法》，都采用了同样的规定，行政法院之判决不得上诉或抗告。但是，与民初的行政诉

---

① 朱采真．行政诉讼及诉愿［M］．北京：商务印书馆，1937：37－38.

讼不同的是，上述两部《行政诉讼法》都规定了再审制度，作为“不得上诉或抗告”的补充。当事人对于行政法院之判决，得向该院提起再审之诉的前提是，出现《民事诉讼法》关于提起再审的法定情形，这再一次表现出国民政府时期的行政制度趋向于民事诉讼的特点。

依照国民政府时期《民事诉讼法》的相关规定，出现下列情形之一，当事人对于终局判决不服者，得提起再审之诉：“（一）判决法院之组织不合法者；（二）依法律或裁判应回避之推事参与裁判者；（三）当事人与诉讼未经合法代理者；（四）当事人知他造之住居所，指为所在地不明而与涉讼者，但他造已承认其诉讼者，不在此限；（五）参与裁判之推事关于该诉讼违背职务，刑事上之犯罪者；（六）当事人之代理人或他造或其代理人，关于该诉讼有刑事上应罚之行为影响与判决者；（七）为判决基础之证物系伪造或变更者；（八）证人、鉴定人或通译就为判决基础之证言、鉴定或通译被处伪证之刑者；（九）为判决基础之民事或刑事判决及其他裁判或行政处分，依其后之确定裁判或行政处分已变更者；（十）当事人发见[①]就同一诉讼标的，在前已有确定判决或和解、调解或得使用该判决或和解、调解者；（十一）当事人发见[②]未曾斟酌之证物或得使用该证物者，但以如经斟酌可受较有利益之裁判者为限。”可见，再审之诉的提起条件，采用了列举主义，总体上限于行政法院的原判决，存在程序或实体上的重大违法缺陷。

与当代不同，行政法院送达裁定判决书是需要收取费用的，依据1933 年《行政诉讼费条例》第 2 条规定，行政法院送达裁定判决书及其他关于诉讼之文件每件征收送达费一角，由邮局送达者，按其邮费实数征收。

（四）行政法院案件受理情况

“国民政府成立后，……行政法院每年受理之案件，不过百余件，

① 依据现代汉语使用规范，应为“发现”。——编辑注

② 依据现代汉语使用规范，应为“发现”。——编辑注

偶亦不及百件……”[①] 据蔡志芳先生以国民政府公报为史料所进行的详细统计，自1933年起至1947年，国民政府时期的行政法院共受理行政诉讼案件712起。其中行政诉讼案件受理最少的年份，为1933年，仅有2件；行政诉讼案件受理最多的年份，为1936年和1937年，分别为82件。15年来平均每年受理47.47件。从行政诉讼案件所涉及的种类上看，包括：土地、税捐、商标、营业、教育、关务、水利、交通、矿业、仓储、监务、考诠、户籍等，约15个领域。其中土地类的行政诉讼案件最多，高达191件，其次为税捐类，166件，最少的为户籍类的行政诉讼案件，仅有1件，考诠类的行政诉讼案件也仅有3件。与民国初期的平政院时期相比，在行政诉讼案件的种类上，土地、捐税等财产类案件在整个行政诉讼案件中仍占有主流地位。但不容小觑的是，在国民政府的行政法院时期，商标类案件异军突起，自1933年起，至1947年间共受理99件，仅次于土地、捐税案件居第三位，占国民政府时期的行政法院受理行政诉讼案件712起总量的13.9%。所以国民政府时期行政法院存活的15年间，相当于其中的两年时间用于处理商标类案件。在张知本题的《行政法院判决汇编》（民国二十二年至民国三十六年止）中，共收集了20件商标类行政诉讼案件，发生于上海18件、浙江省1件、湖北省1件。20起商标类行政诉讼案几乎都是涉外案件，这反映出国民政府时期伴随着外国企业的涌入，西方先进的知识产权意识与理念在东部沿海地区，尤其是上海一带，挑战了中国公民原有的法制意识。从行政诉讼案件分布的地域情况看，最多的为江苏，177件；其次为浙江，142件；最少的为辽宁和云南，15年间仅仅发生了1起行政诉讼案件。原告省籍大多分布在江浙、中原一带，北方相对南方较少；而民国初期的行政诉讼案件主要集中在河北、浙江、奉天中原、东部沿海和东北地区，行政诉讼案件原告省籍的变化，一定程度上也反映出“民智”与“法治”的开化程度之差异，但更重

① 翁岳生．行政法与现代法治国家［M］．台北：祥新印刷有限公司，1976：390.

要的是，以此为观察视角，可以看出中国“政治兴奋点”的地域变迁，以及自民国初年至二十世纪五十年代，中国东部沿海地区所受的西方经济与法律领域的“猛烈撞击”。中国民国政府时期的行政法院总共受理的712件行政诉讼案件中，从其审理结果角度分析，判决驳回的438件，占案件总量的61.5%；撤销或变更的274件，占案件总量的39.5%。

具体详见表4－2至表4－5：①

表4－2　受理案件之数量

年份	1933	1934	1935	1936	1937	1938	1939	1940	1941	1942	1943	1944	1945	1946	1947	总计
件数	2	40	53	82	82	63	63	33	47	69	43	31	20	27	57	712
备考	年平均47.47件															

表4－3　受理案件种类之分析

种类	土地	税捐	商标	营业	教育	关务	水利	交通	矿业	仓储	监务	考诠	诉愿	户籍	其他	总计
数量	191	166	99	40	32	29	29	25	16	14	10	3	1	1	57	712
备考	各类年平均47.47件															

表4－4　原告省籍之分布

省籍	江苏	浙江	河北	广东	四川	湖南	福建	江西	广西	安徽	山西	湖北	河南	山东	陕西	贵州	绥远	辽宁	云南	总计
人数	177	142	70	68	55	44	22	18	17	16	15	14	12	7	6	6	5	1	1	712

表4－5　审理结果之分析

年份	1933	1934	1935	1936	1937	1938	1939	1940	1941	1942	1943	1944	1945	1946	1947	总计
案件总数	2	40	53	82	82	63	63	33	47	69	43	1	20	27	57	712
驳回数	2	19	29	44	54	41	42	22	32	39	30	81	17	18	31	438
比例（%）	100	47.5	54.7	53.6	65.8	65	66.6	66.6	68	56.5	69.7	58	85	66.6	54.8	61.5

① 蔡志芳．行政救济与行政法学［M］．台北：三民书局，1993：313．

（五）行政法院判例

判例一：行政法院判决一九四四年（民国三十三年度）判字第六号①

原告陈文汉住福建省漳平县第二保第三甲永福里。

被告福建省政府。

右　原告因祖祠基地被征收事件。不服内政部于中华民国二十九年八月十六日所为再诉愿决定。提起行政诉讼。本院判决如左。

主文再诉愿决定、诉愿决定及原处分均被撤销。

事实

缘龙岩县政府以胡文虎将捐资兴建新罗中心小学校舍。于民国二十六年二月间召集龙岩县党部县商会县教育会代表开会。决议建筑校舍于城区北平路公民学校原址及其附近公地。迨经函请胡文虎捐建小学百所。管理委员会派员实地察勘。即于二十八年三月十四日动工起建。原告以该新建校舍界址内之一部分基地。系其族有祠基。呈请县政府将侵越部分停止建筑批还基地。经县政府以“本府奉令在城区北平路建筑新罗中心小学校舍。该废圮之祖祠及祠前空地。皆在征用之列。业经电奉省政府教育厅核准有案。所请停止建筑批还祠地。未便照准。惟本府为体恤起见。姑准依照契面原价给予补偿。”等语。批示在案。原告不服。提起诉愿。经福建省政府决定“原处分变更之，由县依土地法征收程序估价征收。”原告仍不服。提起再诉愿。经内政部决定再诉愿驳回。原告又向本院提起行政诉讼。兹将原被告诉辩意旨。摘叙如次。

原告起诉意旨

略为胡文虎捐建龙岩新罗中心小学校舍。经县党部县政府县商会县教育会决议。以北平路公民学校遗址建筑。既有一定置地点，可资

① 此处内容为引用的原文件，为保持原状，未按现行标点使用标准调整原文标点符号。——编辑注

应用。而面积广大。又无不敷情形。试问。原处分县政府究以何种理由。舍而不用。反将整个校舍。改移在原告祖祠内占建。如此而谓为有征用必要。实令人莫解。而诉愿决定再诉愿决定。又均未认明事实。一误再误。奚期裁判允当。均请予以撤销等语。

被告官署答辩意旨

略谓本府以兴办学校。系属公共事业。依照土地法第三百三十五条之规定。固可征收私地。惟本案本府仍饬县依法先行协议收买。收买不成。再依法征收。迨原告不服原处分县政府批示“照契上原价给价”提起诉愿。并经本府决定变更原处分。令县依法估定地价补偿。是本案祠基之征收。自始自终。均系按照实际需要及依法办理。所提行政诉讼。实不能认为有理由等语。

理由

按人民财产。因公共利益之必要。得依法律征用或征收之。又按国家因公共事业之需要。得征收私有土地。此为训政时期约法第十八条及土地法第三百三十五条所明定。本件原告起诉有无理由。即视其祖祠基地是否有征收之必要以为断。卷查本案龙岩县政府。因胡文虎捐资兴建新罗中心小学校舍。召集该县党部商会教育会代表开会。决议于城区北平路前公民学校原址及其附近公地建筑校舍。其决议之时。对于上项建筑校舍之地址，并未提及有不敷用之情形。而原告又于再诉愿书内声明“新建校舍址。直深不过一十六公尺。横扩不过三十八公尺。而龙岩各界指定之公民学校公地。面积广大。计总长有三十七公尺。横宽六十公尺。不但足够建筑校舍。且尚有余地甚多”等语，再诉愿官署。对于此点。亦未加以否认。足见上项决议。建筑新罗中心小学校舍之地址。并无不敷情事。即无再行征收原告祖祠基地之必要。原处分官署。既未能举出必要之确切理由。乃认为原告之祖祠及祠前之空地。皆在征收之列。已属不合。诉愿决定。虽变更原处分。仍不外饬县依土地法征收程序估价征收。再诉愿决定对于诉愿决定未为纠正。仍予维持。与法均难为合。应予一并撤销。又查本件原告之诉愿书内所具理由。不仅对于原处分批示照契上原价给价一节声明不服。且对于祖祠基地不应征收之点。亦斤斤置辩。答辩意旨。认为原告仅对于原处分。县政府照契上原价给价提起诉愿。为免误会。起诉意旨。主张其祖祠基地无征用必要。自属正当。

据上结论。原告之诉应认为有理由。合依行政诉讼法第二十三条判决如主文。

中华民国三十三年二月二十九日①

这是一起因土地征收行为不服而提起的行政诉讼案件。首先关于本案的被告问题，原处分机关龙岩县政府，因兴建新罗中心小学校舍，作出了对原告祖祠基地强行征收的行政处理决定。诉愿机关福建省政府，虽对原告的祖祠基地依然作出了强行征收的决定，但征收价格不是“照契上原价给价”，责令县政府“依土地法征收程序估价征收”，可谓变更了原处分，再诉愿机关内政部驳回了原告的再诉愿申请，即维持了诉愿机关的决定。依据当时民国二十六年（1937 年）一月颁布施行的《中华民国行政诉讼法》第 9 条规定：“行政诉讼之被告，谓左列官署：一、驳回诉愿时之原处分官署；二、撤销或变更原处分或决定时为最后撤销或变更之官署。”本案最后撤销或变更原处分决定的官署为福建省政府，所以，本案的被告是福建省政府，而不是再诉愿决定机关内务部，这与民国初年的平政院时期有很大的不同。

本案呈现了国民政府时期土地征收的过程与程序。从法律层面上看，土地征收法律的依据是 1931 年《训政时期约法》和《土地法》。依据《训政时期约法》第 16 条规定：人民之财产，非依法律，不得查封或征收。第 17 条规定：人民财产所有权之行使，在不妨害公共利益之范围内，受法律之保障。第 18 条规定：人民财产因公共利益之必要，得依法律征用或征收之。《土地法》第 335 条规定：人民财产，因公共利益之必要，得依法律征用或征收之；国家因公共事业之需要，

① 《行政法院判决汇编》（自民国二十二年度起至三十六年度六月止），中华民国三十七年四月出版，第 1－5 页。

得征收私有土地。可见，当时的国民政府已经引进了1919年德国《魏玛宪法》所确定的理念，公民的私有财产权不再是神圣不可侵犯的，当私有财产与公共利益发生冲突时，如系“必要”，得让位于公共利益，但要依法给予补偿。从司法实践操作层面上看，以公共利益需要对于私有土地的征收的程序是，首先依法先行协议收买，收买不成，再依法行政官署强行征收，其征收价格采用按征收时间的价格即“估价”，而不是“契上原价”。至于具体的估价主体，是由第三者估价还是由征收官署自行决定，不得而知。

本案判决中对于私有土地因公共利益征收征用强调“必要”性，是本案的一大特色。当人民私有财产权与公共利益发生冲突时，得让位于公共利益，绝不意味着私有财产权对于公共利益要一味地服从与迁就，“个人利益一定要让位于公共利益”，必须是出自“必要”。否则，就会导致以公共利益之名，行侵犯公民私有财产权之实。正如本案判决中所论述的，“新建校舍址，直深不过一十六公尺，横扩不过三十八公尺。而龙岩各界指定之公民学校公地，面积广大，计总长有三十七公尺，横宽六十公尺，不但足够建筑校舍，且尚有余地甚多建筑新罗中心小学校舍之地址，并无不敷情事。即无再行征收原告祖祠基地之必要。”可见，德国行政法学家奥托·迈尔，在十八世纪所创造的行政法理念，“如果有数个行政手段可以采取的话，一定要采用侵犯公民权益最小的手段”，在本案中得到了阐释。

判例二：行政法院判决一九四六年（民国三十五年度）判字第捌号①

原告刘为贵，住湖南省岳阳县仁义乡岳西村杨林所北洲。

参加人湖南孤儿院，设湖南长沙市韭菜园。

代表人曹孟其，住孤儿院。

被告官署地政署。

---

① 此处内容为引用的原文件，为保持原状，未按现行标点使用标准调整原文标点符号。——编辑注

右　原告为承领草山执照事件。不服地政署于中华民国三十一年十二月二日所为再诉愿决定。提起行政诉讼，本院判决如左。

主文再诉愿决定撤销。

事实

缘湖南孤儿院于民国十四年间。在岳阳华容南县交界杨林所北洲地方。领有垦草执照一万四千亩。由湖南水利局扦交管业。从事开垦。定名为隆庆河农场。沿界限植有柳树。并竖立界碑一方。刻有湖南孤儿院上界七字。下界则系近水低洼之处。未有界碑。此时尚系照多余亩。迨民国二十四年间。复以下界低洼之处。逐渐淤高。陆续垦熟成田。实已亩多余照。向湖南建设厅陆续领草照二万亩。经奉同年四月二十四日裕字第九六二二号指令核准。饬缴勘费。因兵燹水灾。延未测量扦交。迨二十五年四月二十九日，原告以民国八年所领之湖业执照二万零五百亩。呈请建设厅登记。换发草照。经该厅于同年五月十一日以地字第三六七〇号批示。以湖业执照系张敬尧督湘时。违章滥发，曾于民国十六年间。由省政府通告作废有案。驳斥不准。惟尾开杨林所及北洲等处。原领合法执照之户甚多。应俟清查明确。除去他人业照。如不余亩。准由该民优先承领草山执照。再行扦管等语。嗣经原告屡次催领。建设厅仍持前议。直至二十九年八月。始行核准。派委员朱骏併案测勘。孤儿院以该委员误指庆河农场上界为下界。请求覆勘。该厅照准。并将朱骏停职查办。另行派员测丈北洲全部亩积总数后。以将北洲洲土从孤儿院上界石碑起。扦划一万四千亩。作为该院旧有照业。接扦六千亩。作该院新领照业。接扦三百亩。作许邓两姓旧有照业。接扦一万九千七百亩。待淤八百亩。共二万零五百亩。作刘为贵新领照业。接扦一万二千六百一十一目亩。加刘为贵照业内退出待淤八百亩。除去许邓两姓补扦三百亩。又加孤儿院八百八十九亩。作为补足该院新领照业一万四千亩。以符新旧照业三万四千亩之数。至该州二十九年柴课收益。归孤儿院及刘为贵各得半数等语。指令孤儿院遵照。孤儿院以依此处分扦交之地段与照载抵界不符。将其新旧照业。截作两段。而善意占管开垦之地反归诸原告。且其照少而待淤多。原告照多而待淤少。于同月十八日奉到前项指令后。于十月十五日向建设厅声明不服。旋即诉愿于湖南省政府。经以属于司法案件。决定驳回。再诉愿于内政部。尚未办结。是地政署成立。移转接办。于三十一年十二月二日经决定。原决定原处分均撤销。并于理由栏结论内载明。应由原处分官署将孤儿院先后承领之三万四千亩。从原领之地段起。除许邓两业得照原扦定案外。为一完整扦划足额等语。原告不服。提起行政诉讼。并由本院命湖南孤儿院参加诉讼。兹将原被告诉辩意旨及参加人参加意旨。分别摘叙如次。

原告起诉意旨

略谓（一）再诉愿官署于撤销原处分原决定外。自为处分。于法无据。（二）孤儿院诉愿逾期。原处分早已确定。（三）系争地与孤儿院地并不接连。与之接连者。系许邓等户之业。因水流变迁。自然增加之岸地。惟许邓有取得所有权人资格。与孤儿院无关。（四）孤儿院不能自为耕作。其霸管洲土。与土地法第一百九十一条不合。（五）政府命令之更张。不能使人民已得之权利受其影响。原告民国八年所领之湖业执照。虽告作废。而请领在前之法律上效果不废。孤儿院非原领合法执照之户。不得与原告抗争。（六）原告自民国八年领照后，即就系争地结庐耕田。垦荒开沟。依民法第七百七十条之规定。得请求登记为所有人。孤儿院假借慈善名义。侵夺农民利益。再诉愿决定违法。请予撤销。维持原处分等语。

参加人参加意旨

略谓原告提起行政诉讼逾期。再诉愿早已确定。其所举理由六项。皆虚构事实。或不合法理。兹逐一驳正。（一）凡上级官署对于下级官署之处分。照例有变更之权。（二）原处分为三十年九月十三日建设厅耒籍二字第四〇六三号之指令。本院于同月十八日奉到后。即于十月十五日申明不服。并于法定期间提起诉愿。（三）原告居月亮洲距系争地尚隔二十余里。请调阅复勘委员周显穆所制地图。即可窥见形势。

调阅建设厅所发双方草山执照。即可决定界限。故不必加以何种指驳。(四)土地法第一百九十一条。系指组织农业合作社。向公有荒地承租开垦而设。与本案无涉。(五)原告既承认张敬尧所发湖照。经省政府通令作废。则原告所领自系一律作废。以何种资格独于法律之效果不废。(六)原告经朱骏私自扦交后。即纠集武力。进据北洲。掠地示威。毁物伤人。复勘委员登洲时。原告竟率同枪兵。黑夜放枪威吓。以致不能执行任务。其占领之方法如此。犹自称为善意等语。

被告官署答辩意旨

略谓(一)再诉愿决定主旨为恢复原处分前之原状。令原处分官署就核准领案之先后。依照原领地段扦划给照。查诉愿法第十一条规定。诉愿之决定有拘束原处分或原决定之效力。则受理再诉愿官署。自有变更原处分之职权。(二)再诉愿人自二十九年原告领案核准以后。曾为不断之抗争。迨三十年奉到建设厅未籍二字第四〇六三号指令。复具呈抗议。并依法提起诉愿。原告以其领案核准之日起计算。指再诉愿人之诉愿为逾限。有属非是。(三)再诉愿人原领之地。与系争地接连。祇因朱周两委员颠倒上下界。朦混扦划。故原告遂指为不接连。而根据建设厅二十九年之批示。妄起争议。若就建设厅二十五年地字第三六七〇号之原批而论。原告自不得与再诉愿人所领之地为同时扦划。本署认建设厅二十九年核准原告领地之批示为不当。仍应将再诉愿人核准在前之领案。一次扦划足额。实合于土地法第十条之规定。(四)再诉愿人请领淤荒。系就湖南孤儿院地位以代表名义之所为。建设厅一再核准。亦系以慈善事业为对象并非示惠。本署决定理由。既适用土地法第十条。则原告所引同法第一百九十一条。自与本案无关。(五)再诉愿人之领案核准在前。原告之领案核准在后。为不可掩之事实。况建设厅对原告二十五年之呈请案。并未肯定核准。仅谓除去他人业照。如有余亩。准由原告承领。是则建设厅于二十九年即欲核准原告之领案。仍不得自违二十五年之批语。在他人业照未查明有余亩以前。遽为同时扦划。更不得另为优先扦划。自为显然。

（六）孤儿院成立已久。再诉愿人曹孟其等亦办理有年。如果假慈善之名。而行侵占之实。则第一次所领之一万四千亩。何以地方政府及社会人士均无异词。建设厅何至更有二万亩之准许。总之建设厅办理此案。前后有矛盾。无可讳言。本书所为决定。并无不合。请依法驳回等语。

理由

本案原告在再诉愿程序中。系属利害关系人。依法无必为送达之明文。惟查再诉愿决定。曾由建设厅于三十二年一月间送达。原告因原告指定之代收文件人。以不知原告去向为词。拒绝收受。乃交由原告友人吴晓芝代收。惟据吴晓芝称。并未转寄。查吴晓芝原非指定之代收文件人。究竟已否转寄。无从证明。卷内亦未载有送达证件。亦无从证明何时已为送达。兹原告称。于是年七月二十五日始获接阅。旋于八月十五日具状投邮。提起行政诉讼。至同月三十日到院。尚未逾二个月之法定期间。自应予以受理。合先说明。

按行政官署放领官产。虽系基于公法为国家处理公务。而其所为放领之行为。则系代表国库与承领人间订立私法上之买卖契约。因此契约而官署与承领人间发生争执者。应向普通司法机关提起民事诉讼。以求解决（参照司法院院字第一九一六号及第二二五一号解释）。本件湖南孤儿院与原告。先后向湖南省政府建设厅承领杨林所北洲草山执照。因测勘扦交时。高低品搭。孤儿院以为扦交地段与照载抵界不符。将其新旧照业截作两段。善意占领已经开垦之地。反归诸原告。且其照少而待淤多。原告照多而待淤少。遂与建设厅发生争执。此种放领官产之行为。依照上开说明。原为建设厅与孤儿院及原告订立私法上之买卖契约。不能认为行政处分。孤儿院对之不服。提起诉愿。自系官署与承领人间因私权发生争执。诉愿官署以为属于司法案件。决定驳回。原无不合。乃再诉愿官署。迳行受理。从实体上审究决定。与法自不能认为有效。应由本院予以撤销。原告起诉虽未就此立论。而其请求撤销原决定之意旨则一。不得谓无理由。

据上论结。本件原告之诉为有理由。合依行政诉讼法第二十三条判决如主文。

中华民国三十五年四月三十日①

依据1937年《中华民国行政诉讼法》第1条规定，人民因中央或地方官署之违法处分致损害其权利，经依诉愿法提起再诉愿而不服其决定，或提起再诉愿逾期二个月不为决定者，得向行政法院提起行政诉讼。关于行政处分的界定，特别是在土地领域，国民政府时期行政法院在司法实践中，如何划分行政诉讼与民事诉讼的分界线，在本章中已有过详细论述。即，土地问题只有国家基于公共事业之必要，适用土地法或土地征收法而收用民地的行政处分，公民经再诉愿程序仍不服行政官署决定者，方可提起行政诉讼。因为行政征收行为是国家与公民在权力服从关系基础上，基于行政强制力而形成的法律效果。而其他的土地案件皆属于民事诉讼。

依据民国二十三年六月二十五日判字第十七号判例要旨，私法上之国家则与人民处于对等地位苟或对于人民历久为事实上管领之不动产而与之发生所有权之争执者，即属私法关系，应由该管法院受理审判，要不可遽以行政处分或命令强行处理。依据民国二十三年度判字第十号判例要旨，人民因行政官署划分界限发生所有权之争执，自应由该管法院受理审判，要与行政官署所为之处分无关。依据司法院院字第四六二号解释，给领官地之处分，固属行政官署之职权，而甲乙两造就官地究应谁承领争执涉讼者，即应专由司法机关行使审判权。所以，国民政府时期行政诉讼与民事诉讼的分界线与当代中国大陆不同。土地问题，除行政征收外，行政官署有关土地的其他行政处分，都认为是国家以私人身份与公民之间发生的法律关系。本案中所涉及的土地许可证的发放及地段争执自然也就应属于民事诉讼。“按行政官署放领官产，虽系基于公法为国家处理公务。而其所为放领之行为，则系代表国库与承领人间订立私法上之买卖契约。因此契约而官署与

---

① 《行政法院判决汇编》（自民国二十二年度起至三十六年度六月止），中华民国三十七年四月出版，第221－225页。

承领人间发生争执者，应向普通司法机关提起民事诉讼，以求解决……原为建设厅与孤儿院及原告订立私法上之买卖契约，不能认为行政处分。孤儿院对之不服，提起诉愿，自系官署与承领人间因私权发生争执，诉愿官署以为属于司法案件，决定驳回，原无不合。乃再诉愿官署，迳行受理，从实体上审究决定，与法自不能认为有效。"

依据 1930 年《中华民国诉愿法》第 5 条规定，诉愿自官署之处分书或决定书达到之日起 30 日内提起之。1937 年《中华民国行政诉讼法》第 10 条规定，行政诉讼之提起，于再诉愿决定到达至次日起两个月内为之。第 28 条规定，"本法未规定者，准用民事诉讼法。"本案建设厅原处分的送达时间是民国三十一年八月十八日，孤儿院在原处分送达两个月内，即十月十五日向建设厅声明不服，诉愿于湖南省政府，符合诉愿法的规定。地政署于民国三十一年十二月二日经决定，原决定、原处分均撤销，并于民国三十二年一月间送达。但"因原告指定之代收文件人，以不知原告去向为词，拒绝收受。乃交由原告友人吴晓芝代收。惟据吴晓芝称，并未转寄。查吴晓芝原非指定之代收文件人，究竟已否转寄，无从证明。卷内亦未载有送达证件，亦无从证明何时已为送达。兹原告称，于是年七月二十五日始获接阅，旋于八月十五日具状投邮，提起行政诉讼，至同月三十日到院。"再诉愿决定书送达至原告起诉，七个月之久，远远超过了 1937 年《中华民国行政诉讼法》第 10 条规定的行政诉讼起诉时效，行政法院考虑到上述特殊情形，将送达日期确定为原告所述的始获接阅日期七月二十五日，可见，在司法实践中对于行政诉讼诉讼时效的把握与确认，更多地偏袒了原告的诉权。

判例三：行政法院判决一九三七年（民国二十六年度）判字第五十一号①

原告同和永酒行。

代表人季国卿，住上海公共租界梅白格路四百八十五号。

① 此处内容为引用的原文件，为保持原状，未按现行标点使用标准调整原文标点符号。——编辑注

诉讼代理人唐演律师。

被告官署苏浙皖区统税局。

右原告为火酒掺充土酒被罚事件，不服行政院于中华民国二十六年二月三日，所为再诉愿决定，提起行政诉讼。本院判决如左。

主文原告之诉驳回。

事实

缘原告同和永酒行。开设在上海大统路。以批发梁烧酒为业。于民国二十五年三月间。派司务田永木。押运土酒三篓。即四担半。随客送往虬江路。中途被苏浙皖区统税局上海查验所北市分所稽查员查扣带所。讯据该田永木声称。奉本店之命。将北申土烧四石掺好火酒。共装三篓。随客送至虬江路等语。并即扦取样酒。报由该所呈请该区局核办。经转送实业部上海商品检验局化验。认为确有掺和酒精情事。当依照火酒掺充土酒处罚规则第二条之规定。处以罚金二百五十元。查扣充烧没收充公。原告不服该区局处分。一再向财政部暨行政院提起诉愿。均先后决定驳回。原告仍不服。提起行政诉讼到院。兹将两造诉辩要旨摘叙如次。

原告起诉意旨

略为不服理由约有五点。（一）约法规定人民得自由营业。苟非妨害公共利益。不得加以禁止。此次稽查员之加以禁止截扣送酒。不过醉心于罚金之六成充赏并未先行查得原告确有妨害公共利益火酒掺和土酒情事。仅凭事后不公开之违法化验。含糊处以罚金二百五十元。是被告官署显然违背约法。妨害原告之营业自由。（二）罚则所谓“以大宗普通火酒掺充土酒”。系查有实证后确定之词。故一经扣留送验。断不许再以验系纯烧而发还。若照部院决定书所云。是视扣验人民并不犯禁之财务。可以取舍任意。有失立法本旨。（三）应依照民诉法鉴定人规定。具结化验。始能与法文吻合。今被告官署偏听报告。纵令拦路截扣原告并未掺充火酒之土酒。又近于滥用职权。（四）批发营业土酒商。以烟酒营业牌照税暂行章程第三条第一项第二款为其权利根据。今被告官署纵令上海查验所稽查员滥行截扣。又不免违犯烟酒牌照税暂行章程。（五）化验为鉴定之一种。言鉴定程序。当推民诉法为最详备。该商品检验局。虽属国立检验机关。难保无为情所蔽。偏信一面之词。今不遽言拒却。但言会同公开覆验。如上海市卫生局卫生试验所。正不妨由钧院命原告指定为化验技师。俾得陈述其化验意见。基上述理由。请求命令原告指定应选任之化验样酒技师。会同实业部上海商品检验局公开覆检等语。

被告官署答辩意旨

略谓查同和永本系惯做火酒充烧酒之酒行。二十四年十二月因运销充烧十二担。经查获处罚有案。本案查获时。当据送酒司务田永木供认。本人奉命将北申四石掺好火酒随客送往虬江路等语，有田水木加盖指印之供单为凭。复经扦取样酒送由商业部上海商品检验局化验。据函复该酒系属火酒充烧。是人证物证。已属确凿可据。本局处分何为违法。至商品检验局系政府化验商品机关。商品经该局化验后。其真伪优劣。立予分晰。且实业部曾据该局报告化验酒件情形及标准转呈行政院有案。而原告诉状妄加诋毁。应为无理由等语。

理由

本件原告以火酒掺充土酒。既据田永木供认不讳。复经扦取样酒送由实业部上海商品检验局化验。该局化验结果。已认为确有掺和酒精。复函在案。是案情确凿。已无异议。原处分依照火酒掺充土酒处罚规则第二条之规定处以罚金二百五十元。查扣之酒没收充公。与法自属无违。诉愿决定及再诉愿决定，递予维持，更无不合。兹就原告所举起诉理由。分别加以论断。关于第一点。按约法所谓人民得自由营业者。系指正当营业而言。若其营业而有妨害公共利益之虞者。该管官署自得依法加以禁止。今原告以火酒掺充土酒。原处分官署仅依处罚规则。予以罚金充公。何得指为违法。关于第二点。人民货物如有犯禁嫌疑。行政机关原有查缉扣验之权。应处罚与否。则系另一问题。若为一经扣验。即不许再以验系纯火烧而发还。未免曲解。关于第三点。查上海商品检验局乃国家所设机关。检验商品为其专责。原处分官署以扦取样酒送交化验。并无不合。自不得因该局化验结果于原告有所不利。即指为偏听报告滥用职权。关于第四点。按烟酒营业牌照税暂行章程第三条第二项第二款之规定，不过证明其营业之大小。以定其纳税之多寡而已。与原告之以火酒掺充土酒绝无关系。原处分官署所扣验处罚者。为火酒掺充土酒。更何有违犯该项章程可言。关于第五点。原告对于商品检验局以难保无为情所蔽偏信一面之词等语。为不服之主张。既不能举出若何确实证据。图以空言攻击为请求覆验之借口。其主张亦非有理。

据上论结。原告之诉为无理由。合依行政诉讼法第二十三条判决如主文。

中华民国二十七年六月三十日①

本案是一起原告不服行政处罚而提起的行政诉讼案件。依据 1937 年《中华民国行政诉讼法》第 9 条规定："行政诉讼之被告，谓左列官署：一、驳回诉愿时之原处分官署；二、撤销或变更原处分或决定时为最后撤销或变更之官署。"苏浙皖区统税局依《火酒掺充土酒处罚规则》第 2 条之规定，处以罚金二百五十元，查扣之酒没收充公，诉愿机关、再诉愿机关对于原告的申诉予以驳回，维持了原处分。所以，本案的被告应为作出行政处分之原处分官署：苏浙皖区统税局。

本案呈现了官民政府时期行政官署实施行政处罚行为的基本程序。行政官署苏浙皖区统税局，对于同和永酒行，有火酒掺充土酒重大嫌疑四石酒，首先采取暂扣的行政强制措施，并即扦取样酒，报由该所呈请该区局核办。经转送实业部上海商品检验局化验，认为确有掺和酒精情事，然后依照《火酒掺充土酒处罚规则》第 2 条之规定，作出行政处罚决定，处以罚金二百五十元，查扣充烧、没收充公。原告的辩解"此次稽查员之加以禁止截扣送酒，不过醉心于罚金之六成充

---

① 《行政法院判决汇编》(自民国二十二年度起至三十六年度六月止)，中华民国三十七年四月出版，第 22－25 页。

赏”，反映出国民政府时期行政执法过程中，为促使行政官署官员积极履行职责，设置了罚金总额一定比例返还给原处罚官署作为奖金的制度。这种制度的痕迹在二十世纪八十年代、九十年代的中国大陆，依然可见。该制度显然违背了“自己不能做自己案件法官”的自然公正原则，不免会引发公民对行政处罚行为“公正性”的质疑，本案亦是如此。

与当代不同，本案原告引用《训政时期约法》关于人民得自由营业，苟非妨害公共利益，不得加以禁止的规定，以论证其行为的合法性。行政法院在本案的判决书中，阐述道：“按约法所谓人民得自由营业者，系指正当营业而言，若其营业而有妨害公共利益之虞者，该管官署自得依法加以禁止。”不言而喻，其本身就是行政法院对于当时的宪法——《训政时期约法》，“自由营业”的内涵与外延在进行解释，可见，行政法院此时行使的是宪法解释权。同时，该判决书让我们看到了，国民政府时期的行政法院承袭了民国初期的平政院审理判决论证严谨的良好特质，行政法院针对原告起诉状提出的五点理由，逐一论证，最后得出原处分官署处罚行为合法、驳回原告诉讼请求的结论。让我们后人叹服钦佩不已。

本案反映出了诉讼过程中的一个常见问题，即原告对于鉴定结论有异义。“该商品检验局，虽属国立检验机关，难保无为情所蔽，偏信一面之词。”国民政府时期的行政诉讼法，并没有对于该问题作出规定，某种程度上也反映出行政诉讼初期，行政诉讼法的不完备性。原告提出“言鉴定程序，当推民诉法为最详备……但言会同公开覆验，如上海市卫生局卫生试验所，正不妨由钧院，命原告指定为化验技师，俾得陈述其化验意见。基上述理由，请求命令原告指定应选任之化验样酒技师，会同实业部上海商品检验局公开覆检化验。”在当代的中国大陆，单独对于行政确认行为有异义，如交通责任事故鉴定、食品鉴定等鉴定结论有异义，是不可以单独提起行政诉讼的。但是，依据《最高人民法院关于行政诉讼证据若干问题的规定》第30条规定，在诉讼过程中，当事人对于人民法院委托的鉴定部门作出的鉴定结论有异议，有权要求重新鉴定，如必须提出证据证明存在存在下列情形，人民法院应予准许：①鉴定部门或者鉴定人不具有相应的鉴定资格的；②鉴定程序严种违法的；③鉴定结论明显依据不足的；④经过质证不能作为证据使用的其他情形。可见，对于鉴定结论有异议，当事人只具有申请提出重新鉴定的权利，并负有证明原鉴定结论存在缺陷的责任。对于是否应当开启重新鉴定程序，法官享有最终的决定权。本案亦是如此，1932 年《中华民国行政诉讼法》虽未对于该方面作出详尽的规定，但是行政法院的判决书中陈述道：原告对于商品检验局，以难保无为情所蔽，偏信一面之词等语，为不服之主张，既不能举出若何确实证据，图以空言攻击，为请求覆验之借口，其主张亦非有理。

判例四：行政法院判决一九四二年（民国三十一年度）判字第三十八号[①]

原告袁平泉住四川省大足县万古镇

被告官署大足县政府

诉讼代理人谢健律师胡文律师

右原告因亏欠粮款事件。不服财政部于中华民国三十年九月十日所为再诉愿决定。提起行政诉讼。本院判决如左。

主文在诉愿及诉愿决定均撤销。

事实

缘原告袁平泉于民国二十二年间充任四川大足县万古镇副镇长。亏欠粮款七百一十七元零八分。久未缴清。经四川省政府令由大足县政府。于二十六年五月押追原告产业契据估价拍卖抵偿粮款。迨至二十八年一月由刘自连具状承买。遵缴信金后。经原告之母邢氏呈请缓卖。当由县政府批示。如能与最近三四日内措款缴案。并承认买业人之息金。姑准暂免拍卖等语。旋因原告款未缴清。又批以其余公款限三日

① 此处内容为引用的原文件，为保持原状，未按现行标点使用标准调整原文标点符号。——编辑注

内缴清。如再延误。即归前承买人刘自连缴价领证营业等语各在案。嗣因原告欠款仍未缴清。该县政府遂将营业证发给刘自连收执营业。原告不服。认为损害其私产。以请求收回拍卖成命等情。提起诉愿。经四川省政府决定驳回。又提起再诉愿。经财政部认为公务员不得适用诉愿法提起诉愿。对于诉愿决定驳回诉愿之结果。予以维持。并决定驳回再诉愿。原告仍不服。提起行政诉讼到院。兹将原被告诉辩意旨。摘叙如次。

原告起诉意旨

略谓公务员除公共职务外。自得享有与人民同等之私权。其私权部分所受之处分。即系以人民身份而受处分。原决定误认为公务员不得提起诉愿。不能不谓为违法。原告欠缴粮款七百一十七元零八分。在较场坝之产业未拍卖前。先后曾缴款四百二十五元。又经四川省政府核减一百四十余元（万古镇共核减二百九十三元三角七分。镇长副镇长各摊二分之一。故应减如上数）下欠一百四十八元。不应将原告全部田产。均行卖出。前项产业。依拍卖时价值。可值万余元。而大足县政府竟以一千八百元卖出。显与实价不合。况原告系出征抗敌军人。对于所欠债务。本可缓期清偿。县政府将原告田产拍卖偿债。于法不合。又按查封拍卖。依民事诉讼执行规则。及强制执行法之规定。应本于司法机关之裁判为之。并无行政处分得为查封拍卖之规定。盖查封拍卖使人民发生丧失私权之效果。自应归司法机关管辖。县政府以行政处分。假定可以查封拍卖而未依法定拍卖程序办理。亦属根本无效。请撤消再诉愿决定诉愿决定及原处分等语。

被告官署答辩意旨

略谓原诉讼人既知公务员所享私权与人民相同。而公务员所欠债务。岂能与人民独异。况其拖欠粮款。经一再饬缴。拖延至五六年之久。尚未清缴。始拍卖其私有田地。抵偿公款。岂得污为违法。原诉讼人之产业。照当时田价估计。价法币一千八百元。除安稳银一千一百二十元外。下余银六百八十元。二十六年三月四日宋青山代卖原诉讼人之租谷。缴来法币一百零伍元。二十八年二月一日及四日两次缴款二百一十元。何得谓缴款四百二十五元。复查当时万古镇镇长系张炳奎。所有催收粮款费用。经炳奎检具证件。并邀同经手人到案。讯明不虚。因将省府核减二百余元之数。均计作炳奎欠数内开支。该原诉讼人何得认为此数为其本身应扣半数支款。其拖欠粮款。除缴一百零伍元外。下欠六百余元。后经押追。仍丝毫不缴。延至县牌拍卖其产业一年有余。并闻刘自连缴价认买。传案讯问后。始缴法币二百一十元。本府从拍定日起缓期一年有余。及已拍卖后。仍准原诉讼人于最近四日内措款缴清。并认承买人之利息者。无非为保存原诉讼人之产业。乃反谓恶意损害。其孰信之等语。

理由

按公务员以人民身份上之私产被不法侵害诉请救济者。无论其相对人为私人或官署。因为解决私法上法律关系。自应由该管普通司法机关受理审判。要不能由诉愿官署予以处理。本件大足县政府。因原告在县属万古镇副镇长任期内亏欠公款。经以行政上之监督权。严追无效。遂拍卖其产业。予以抵偿。此种拍卖抵偿之行为。在行政法上既无明文可以依据。究难认其为行政处分。亦难谓系关于公务员身份上及职务上之事件。原告即主张损害其私权，而请求收回拍卖成命。自系以人民身份与官署发生私法上法律关系。应向该管普通司法机关诉请救济。乃迳提起诉愿。诉愿决定未指示其依民事诉讼程序进行。仍就实体上审究。与法固难谓合。而再诉愿决定。认为原告为公务员。不得适用诉愿法提起诉愿。对于本件诉愿决定驳回诉愿之结果。予以维持。并驳回原告之再诉愿。亦难谓为适法。应行一并撤销。起诉意旨。主张本件应归司法机关管辖。不能为无理由。

据上论结。本件原告之诉为有理由。合依行政诉讼法第二十三条裁决主文。

中华民国三十一年七月三十一日①

① 《行政法院判决汇编》（自民国二十二年度起至三十六年度六月止），中华民国三十七年四月出版，第214－216页。

首先，从本案被告的确定角度，原告因行政机关强行拍卖其产业行为不服，提起诉愿，经四川省政府决定驳回，又提起再诉愿，经财政部认为公务员不得适用诉愿法提起诉愿，对于诉愿决定驳回诉愿之结果，予以维持，并决定驳回再诉愿。原告仍不服，提起行政诉讼。从形式上，再诉愿机关财政部对于诉愿机关四川省政府的诉愿决定是予以维持；但从实质内容上，再诉愿机关财政部推翻了诉愿机关四川省政府的诉愿决定。诉愿机关四川省政府的诉愿决定是维持原处分机关，关于如原告袁平泉有限期限内仍未补缴粮款亏空，即强行拍卖其产业的行政处分决定，所以，驳回原告袁平泉的诉愿。再诉愿机关财政部则认为，原处分机关关于原告袁平泉有限期限内仍未补缴粮款亏空，即强行拍卖其产业的行政处分决定，属于内部行政行为——行政机关对于其公务员的处理行为。依据1930年3月24日公布施行的《中华民国诉愿法》第1条规定："人民因中央或地方官署之违法或不当处分致损害其权利或利益者，得提起诉愿。""公务员对于主管官署之处分不得为诉愿人……以官吏身份受行政处分，纯属行政范围，非以人民身份因官署处分受损害者可比，不得援引诉愿法提起诉愿。"①可见，诉愿制度是一种行政官署因对外实施行政管理行为过程中产生行政争议，为行政管理相对人——人民，提供的救济途径，因此，驳回原告袁平泉的再诉愿申请。依据1937年《中华民国行政诉讼法》第9条规定："行政诉讼之被告，谓左列官署：一、驳回诉愿时之原处分官署；二、撤销或变更原处分或决定时为最后撤销或变更之官署。"本案仍以大足县政府为被告，表明在司法实践中将"撤销"或"变更"诠释为"处理结果的撤销或变更"而不包含"原因的撤销或变更"。

其次，从受案范围角度，本案大足县政府，因原告在县属万古镇副镇长任期内，亏欠公款，经以行政上之监督权，严追无效，遂拍卖其产业，予以抵偿。在今天我们可以认为本案属于行政机关公务员在

① 朱采真. 行政诉讼及诉愿［M］. 北京：商务印书馆，1937：44-45.

其执行职务期间，故意或重大过失违法行使职权，并造成了行政机关财产损失，行政机关予以追偿的行为。行政机关的追偿制度在当代的大陆基本上处于空白状态，并未施行。所以，对于公务员执行职务过程中的贪污犯罪行为，通常是通过刑事诉讼途径，按照相关的刑法规定，予以刑事人身罚或并处没收财产及罚金。行政机关对于公务员的行政处分，依据 2006 年 1 月 1 日施行的《公务员法》第 56 条规定："处分分为：警告、记过、记大过、降级、撤职、开除。"1937 年《中华民国行政诉讼法》并没有授予行政机关采取扣押、拍卖等行政强制措施强迫当事人返还亏空款项的权力，即本案并不属于行政诉讼的受案范围，法院对原告袁平泉的诉讼请求，应采用裁定的方式不予受理，或在受理之后采用裁定的方式驳回原告起诉。国民政府时期的行政法院对于本案是否属于行政诉讼受案范围，观点基本一致。"此种拍卖抵偿之行为，在行政法上既无明文可以依据，究难认其为行政处分，亦难谓，系关于公务员身份上及职务上之事件。原告即主张损害其私权，而请求收回拍卖成命，自系以人民身份与官署发生私法上法律关系，应向该管普通司法机关诉请救济。乃迳提起诉愿，诉愿决定未指示其依民事诉讼程序进行，仍就实体上审究，与法固难谓合。而再诉愿决定，认为原告为公务员，不得适用诉愿法，提起诉愿，对于本件诉愿决定驳回诉愿之结果，予以维持，并驳回原告之再诉愿，亦难谓为适法。"但其结案的方式与今天有所不同，而是采用了判决的方式。

另外，民国初期的行政诉讼司法实践中，官吏对于行政官署的内部处分不服而提起行政诉讼的案件并不少见，当时的平政院对于"行政官署处分"并未细化为内部行政行为与外部行政行为，甚至审理判决了公务员不服行政官署的裁撤案件。通过本案，我们可以看到国民政府时期的行政诉讼制度关于行政行为的分类方面，将行政行为划分为内部行政行为与外部行政行为，并设置不同的救济途径与方式，虽然并未在理论上明晰，但在司法实践方面已初见端倪。

判例五：行政法院判决一九四二年（三十一年度）判字第四十一号①

原告安吉商行。

代表人徐之潮住浙江省绍兴县东咸欢河沿二号。

被告官署浙江省绍兴县营业税征收局（前浙江省第三区税务处绍兴县税务分处）。

右原告为烟类营业牌照补税处罚事件。不服浙江省于中华民国二十八年七月二十七日所为再诉愿决定。提起行政诉讼。本院判决如左。

主文再诉愿决定诉愿决定及原处分。关于责令原告补税部分变更之。原告补缴牌照税数额。应以每季一百元计算。原告其余之诉驳回。

事实

缘原告安吉商行。开设绍兴县城。经售香烟。领有烟类整卖丙级营业牌照。民国二十八年二月间。浙江省财政厅第二区查缉办事处查悉。该商行为中国南洋烟草公司绍属总经理。照章应领甲级牌照。显系避重就轻。朦领牌照等级。当检同证件。函转绍兴县税务分处。经核明该商行实系南洋烟草公司特约经理分销处。遂处原告罚金五十元。并责令换领甲级牌照。补缴自二十七年夏季起至二十八年春季止牌照税每季三百元。原告不服此项处分。一再诉愿于前浙江省第三区税务处及浙江省政府。均被驳回。仍不服。提起行政诉讼到院。兹将两造诉辩意旨。摘叙如次。

原告起诉意旨

略谓（甲）商行系独立营业。既无形式上分销之招牌。又未订有经理分销之特约。更非南洋烟草公司之分店。完全系修正烟酒营业牌照税暂行章程第三条丙级规定之批发店。与同条甲级规定之特约经理分销处绝对不同。（乙）财政部税字第一六三〇九号训令解释。“所称特约经理分销处者。系指与厂商订有特约划区专销而言。”是在法律上

① 此处内容为引用的原文件，为保持原状，未按现行标点使用标准调整原文标点符号。——编辑注

必须具备特约划区专销三种要件。今商行与南阳烟草公司。既无特约。又不划区。更非专销。有经售他种仙女牌香烟之簿记等在在可证。（丙）商行之信缄便笺及报章广告刊有“南洋烟草公司绍属总经理”字样。完全为藉广招徕起见。至于南洋烟草公司给予特别费用。此乃对于商行提倡国货之奖励金。岂可与特约併为一谈。（丁）如果订有特约。则南洋烟草公司必有优厚之利益可获。岂肯自违其约具函责问。被告官署指摘该函为事后授意。与法实有未合。应请将再诉愿决定诉愿决定及原处分。均予撤销等语。

被告官署答辩意旨

略谓（甲）该商行信纸信封便笺及报纸所登广告均有“南洋烟草公司绍属总经理”字样。且按每月收领贴费及代公司付出款项。均有银总簿记载。其货总簿上所载及发货通知单印明。全系南洋公司出品之卷烟。客总簿有本外埠各烟店向该行批购南洋所出卷烟之记载。既有特约划区专销之形式。自非经理各种烟类之批发店。（乙）南洋公司给予该行特别费用。逐月均有账簿记载。尤为履行特约之明证。至所呈南洋公司责问函件，其日期在本案查获处分以前。何以不早提出反证。所称同时出售其他公司香烟。如小仙女等。详核该行二十七年账簿。仅有小仙女一笔之记载。且商例银总簿专记银钱收付。该行将售出小仙女一项记入银总簿。而将南洋公司出品之卷菸记入货总簿。其划分至为明显。且全年仅此一笔。足证非业务上之经常行为。自不得藉以否认非南洋公司特约直分销处。（丙）查广告作用。即在宣传该行营业之性质。为南洋公司绍属特约之总经理。至称按月贴费依奖励金。何以其他销售南洋公司卷烟之普通烟号。并无是项贴费收入。足证实为特约经理特享之利益。（丁）南洋公司责问函件。正惟该行有特约密切关系。故得于漏税查获处分后。授意作为。应请维持原处分等语。

理由

本件原告起诉意旨。无非以修正烟酒营业牌照税章程第三条所称“特约经理分销处”。依财政部之解释。系指与厂商订有特约划区专销者而言。原告与南洋烟草公司既无特约。又不划区。更非专销。自不能指为特约经销经理分销处。并举出南洋烟草公司责问函为证。查原告所用信纸信封及在报纸所登广告均有“南洋烟草公司绍属总经理”字样。其为该公司之特约分销处。已可认定。盖既称绍属总经理。即难谓非划区专销。倘无特约。何能滥用总经理名义。原告诿为藉广告招徕。殊难置信。至原告所呈南洋烟草公司上海发行所致原告函件(内有现时双方未有契约关系。而贵行遽冠以敝公司绍属总经理名义。似有未合等语)。其日期为二十七年十二月二十四日。乃在本件处分以前。何以直至再诉愿时始行提出。且该公司即为特约之当事者。此种证件。自难采信。原告既为南洋烟草公司特约总经理分销处，而朦领丙级营业牌照。原处分照章处罚。并责令换照补税。法尚无不合。惟查烟类营业牌照税税率。在修正烟酒营业牌照税暂行条例第三条已有明文规定，甲级每季纳税银一百元。原处分责令原告补税。按每季三百元计算。显与规定税率不符。至浙江省政府虽定有战时烟酒营业牌照税税率表。但事关变更税率。经本院函准财政部查复。未经核准。自不能遽予引用。原处分关于此部分。即难认为适法。诉愿决定及再诉愿决定。均未予以纠正。亦嫌未合。原告虽未就此点以为攻击。然既对于原处分全部表示不服。自应依法予以变更。

据上论结。本件原告之诉一部分为有理由。一部分为无理由。爰依行政诉讼法第二十三条判决如主文。

民国三十一年八月三十一日①

本案是国民政府时期行政法院所判决的行政诉讼案件中，为数不多的变更判决案件。依据 1932 年《中华民国行政诉讼法》第 21 条、1937 年《中华民国行政诉讼法》第 23 条规定：“行政法院认为起诉为有理由者，应以判决撤销或变更原处分……认为起诉为无理由者，应以判决驳回之……”。单单从行政诉讼法律规定上，并未读出行政法院

① 《行政法院判决汇编》(自民国二十二年度起至三十六年度六月止)，中华民国三十七年四月出版，第 32 - 35 页。

以撤销或维持判决为原则，以变更判决为例外，但是在1933年（民国二十二年）至1947年（民国三十六年）间的行政诉讼司法实践中，行政法院的变更判决却为特例，不能不说，“法律不是万能的，司法权不能代替行政权”的理念有着一定的基础性作用。正如本书行政法院的裁判与再审一节中所述，行政法院的变更权与当代中国大陆普通法院行政庭所享有的变更权，有着质的不同，依据《中华民国行政诉讼法》第54条的规定，必须达到以下条件，人民法院方可以作出变更判决：（1）本案件必须属于行政处罚案件；（2）本案件必须是行政处罚显失公正的案件。即非行政处罚以外的其他行政处分案件，法院无权变更。“显失公正”即意味着该行政处罚行为虽然合法，但严重违背行政自由裁量权的公平与公正，出现“畸轻畸重”的状态，法院才有权变更，是对行政机关某一特殊领域——行政处罚领域，自由裁量权出现严重偏差的一种纠正。国民政府时期的行政法院的变更判决的条件是认为起诉“有理由”，即行政行为“违法”，行政法院是在代替行政机关将行政行为的状态由“违法”回归到“合法”，而且适用于所有的行政行为，没有行政行为具体种类的限制。本案所涉及的是税种税率问题，行政法院竟有权力将原告纳税标准由300元变更为100元，这在今天是不可思议的。“在修正烟酒营业牌照税暂行条例第三条已有明文规定，甲级每季纳税银一百元。原处分责令原告补税，按每季三百元计算，显与规定税率不符”。

“不告不理”，是民事诉讼法的基本规则，同样也适用于国民政府时期的行政法院。本案中，原告的诉讼请求是要求撤销原处分机关，浙江省绍兴县营业税征收局对原告所作的行政处分，即罚金五十元，并责令换领甲级牌照，补缴自二十七年夏季起至二十八年春季止牌照税，每季三百元。经审理认为原告既为南洋烟草公司特约总经理分销处，而朦领丙级营业牌照，原处分照章处罚，并责令换照补税，于法尚无不合。但原处分机关适用未经财政部核准的浙江省政府制定的战时菸酒营业牌照税税率表，责令原告按每季三百元额度补税，即法律适用有误，按照当代的判决角度，对于原行政机关的行政处分应予全部撤销，责令重做。行政法院灵活运用了“不告不理”原则，“原告虽未就此点以为攻击，然既对于原处分全部表示不服”，直接依据修正烟酒营业牌照税暂行条例第三条，将原处分变更为每季纳税银一百元，节约了诉讼成本。

1932 年《中华民国行政诉讼法》及 1937 年《中华民国行政诉讼法》关于证据部分的规定，都呈现出简单、笼统、概括的特点，某种程度上也反映出行政诉讼制度发展初期的特征。关于证据的收集、提交，当时的行政诉讼法，并没有充分考虑行政官署与公民在行政管理过程中，地位的不对等性；同时也没有任何行政程序的理念，而是对原被告作出了同样的规定：“原告、被告及参加人，于为言词辩论时，得补充书状，或更正错误及提出新证据。”但是，在司法实践中，本案原告在再诉愿时提交了其在诉愿阶段并未提交的新证据，经过综合考量，行政法院没有予以采信。“其日期为二十七年十二月二十四日，乃在本件处分以前，何以直至再诉愿时始行提出。且该公司即为特约之当事者，此种证件，自难采信”。

判例六：行政法院判决一九三六年（民国二十五年度）判字第玖号①

原告法澜莫曼牛肉汁公司

代表人顾杏才住上海百老汇路九十一号

诉讼代理人潘序伦住上海江西路四〇六号

被告官署行政院

右原告与上海司登公司因商标争执事件。不服中华民国二十五年五月五日行政院所为再诉愿之决定。提起行政诉讼。本院判决如左。

主文原告之诉驳回。

事实

原告法澜莫曼牛肉汁公司以圈中巢及图商标（以下简称圈中巢商

① 此处内容为引用的原文件，为保持原状，未按现行标点使用标准调整原文标点符号。——编辑注

标）使用于牛肉汁商品。呈经商标局注册。领有第一一四九〇号注册证。又上海司登公司（以下简称司登公司）以狮马暨附属文字图案商标（以下简称狮马商标）。亦使用于同一商品。呈经商标局注册。领有第一七一三五号注册证。原告认为。司登公司之狮马商标与其所注册之圈中巢商标有仿冒之嫌。请求商标局评定。经评决撤销司登公司之商标。司登公司不服。请求再评定。复经评决。废弃原评决。维持司登公司之商标注册。原告不服。诉愿于实业部。再诉愿于行政院。均经决定驳回。原告仍不服。提起行政诉讼到院。兹将原被告诉辩意旨。摘叙于次。

原告起诉意旨

略分为三（一）查司登公司之狮马商标与商人之圈中巢商标。虽一小部分一为狮马。一为鸟巢。略有不同。其余整个图样之构成及排列意匠颜色等等。殊难辨别。今不采取全部之绝对近似。以作评决之根据。而徒以一小部分略有不同。以为评决之标的。何能折服。（二）司登公司之商标与商人之商标。所用英文字体。大小及排列方法。在在相同。如商人对于商号及商品名称。多用花楷大写。而该公司亦用花楷大写。且彼此商标上端，均为三角形组成。下端排列之行数。又均如出一辙。谓非有意仿冒而何。原决定反视为普通惯例。实与商标法特别显著之规定。大相径庭。（三）查实业部训令。取缔国货商标全用洋文。虽司登公司全用洋文商标使用在部令之前。法律以不溯既往为原则。固属甚是。但部令已颁。而该公司既为华商。其商标若不遵令加入华文。则是漠视命令。显然违法。原决定反谓该令未有若何处分。以为驳覆之理由。直等国家法令于具文等语。

被告官署答辩意旨

略谓本案原告所列三点理由。除一二两点均系近似与否之争执。纯为事实问题外。其第三点以取缔国货商标全用洋文之部令既颁。司登公司之商标不遵令加入华文。是漠视部令。显然违法等语。查该项部令。既无使其效力溯及既往之明文。自应适用法律不溯及既往之原则。

原告一方认为此原则为是。一方又反对适用此原则。显非有理等语。

理由

按判断商标之是否相同或近似。应以其构成该商标之主要部分有无特别显著之差异为准。业经本院著有成例。本件原告法澜莫牛肉汁公司注册之商标。其主要部分为鸟巢。司登公司注册之商标。其主要部分为狮马。名称不同。形状迥异。不特互相比对。极易识别。即隔离观察。亦无难于辨认之虞。自不能谓为相同或近似。虽双方商标同为三角形边框，同有英文数行。及实业部曾有取缔国货商标全用洋文之令。然商标乃表彰自己商品与他人商品易于识别之标识。即不得以之为专用之主张。查司登公司在商标局所呈他商之牛肉汁瓶贴商标多种。均系三角形。则是三角形边框为该同业各商惯用于牛肉汁瓶之标识。已属显然。原告何得主张其有专用之权。其商标上所用英文字体之大小及排列方法。微论其是否近似。第核系用以表明商品之性质功用等事。依商标法第十五条规定。亦不为商标专用权之效力所拘束。至实业部取缔国货商标全用洋文之令。系在司登公司商标注册之后。揆诸法律不溯及既往之原则。其效力自属不能溯及。综上论断。原评决置双方商标之主要部分于不顾。徒以文字颜色不无近似之嫌。遂将司登公司之商标撤销。实有未协。再评决予以废弃。维持司登公司之商标注册。尚无不合。诉愿再诉愿决定。递予维持。均属允洽。原告起诉意旨要无可采。

据上论结。原告之诉为无理由。爰依行政诉讼法第二十一条判决如主文。

中华民国二十五年九月三十日①

与民国初期不同，国民政府时期商标类案件的数量是仅次于财产、捐税类的行政诉讼案件。

1937 年《中华民国行政诉讼法》第 9 条规定："行政诉讼之被告，

① 《行政法院判决汇编》（自民国二十二年度起至三十六年度六月止），中华民国三十七年四月出版，第 127－129 页。

谓左列官署：一、驳回诉愿时之原处分官署；二、撤销或变更原处分或决定时为最后撤销或变更之官署。”而1932年《中华民国行政诉讼法》并未对被告作出较为详尽的规定。本案发生于1936年（民国二十五年）五月，自应适用1932年《中华民国行政诉讼法》。从本案来看，诉愿官署实业部、再诉愿官署行政院对于商标局的复经评决，均予以维持。本案却以最后的再诉愿官署——行政院为被告，可以推测，1937年（民国二十六年）以前的国民政府时期行政法院，在司法实践中仍沿习了民国初期平政院的惯例，将再诉愿机关列为被告。

国民政府时期的商标局对于商标争议，需由商标局再评定，与当代设置的商标评审委员会复审程序相当。

依据《商标法》相关条款规定，申请注册的商标，应当有显著的特征，便于识别，并不得与他人在先取得的合法权利相冲突。未经商标注册人的许可，在同一种商品或类似商品上，不得使用与其注册商标相同或近似的商标。国民政府时期的商标法也同样有同一类商品不得使用相同或近似商标的字面规定。何为“相同”或“近似”，司法实践中的判定标准，直接关系着对商标专有者的保护力度。从本案看，国民政府时期的行政法院裁定是否“相同”或“近似”，并不是出自评事的自由裁量权，而是采用判例法所确立的先例。本案发生前的1934年，行政法院就商标的“相同”与“近似”在司法审判中的把握，确立了民国二十三年度判字第二十九号经典案例，其判例要旨这样阐述道：商标之近似与否应综括其全部分，以隔离的观察，而判定其是否有混同或误认之虞者，为各国所行之通例。民国二十三年度判字第二十号阐释道：依商标法商标注册取得专用权之后，本有请求禁止他人再行使用相同或近似商标于同一商品之权。而商标是否近似应以其构成该商标之主要部分有无特别显著之差异为断。本案的判决书中正是援引了这两个判例要旨，因此本案的判决书写道：“商标之是否相同或近似，应以其构成该商标之主要部分有无特别显著之差异为准，业经本院著有成例。”判例法所反映出的“司法公正性”不能不令我们感叹。正如菲肯切尔所说的那样，“法官要受到双重的约束：于形成个案规范方面受法律的拘束，于个别案件的裁判方面则受之前形成的个案规范之拘束。这两种‘拘束’显然是不同的。……法律的拘束为：预先规定应如何裁判案件的评价准则，个案规范的拘束是指：当下案件可以涵摄于先前形成的个案规范之下。”①

本案界定“相同”或“近似”的标准，又反映出商标法雏形时期的特色，只要两个商标在主要部分有显著差异，即不属于“相同”或“近似”范畴。虽然其余部分“所用英文字体、大小及排列方法，商号及商品名称，都采用花楷大写，商标上端，均为三角形组成”。纵观国民政府时期的行政法院商标类行政诉讼案件，几乎都以驳回原告之诉终结，是“相同”或“近似”的标准使然。当然，从另一角度，该标准对于处于自由资本主义初级阶段的民族工业还是有一定益处的。这也恰恰证明了法官在个案中所诠释的“正义”，必须受一定历史时期法律所确定的目的、法律所包含的评价、法律体系及思考模式的拘束。

判例七：行政法院判决一九三四年（民国二十三年度）判字第三号②

原告南昌市洋货驳运职业工会（即浮桥头驳船埘）

右代表人徐自新 年四十岁 住南昌浮桥头十五号 工会理事

被告官署江西省政府

参加人方本春 年四十八岁 住南昌巷泥洲八号 圆觉寺驳船埘

陈鼎春 年三十八岁 住南昌右营街六十七号 君子巷兼杨梅巷驳船埘

右原告因驳运营业事件。不服中华民国二十年二月十一日江西省政府所为再诉愿之决定。提起行政诉讼。本院判决如左。

主文

再诉愿决定关于驳船营业得由商人自由雇运之部分撤销。

① ［德］卡尔拉·伦茨．法学方法论［M］．北京：商务印书馆，2005：23.

② 此处内容为引用的原文件，为保持原状，未按现行标点使用标准调整原文标点符号。——编辑注

事实

缘南昌市沿河驳运货物之驳船营业。向分圆觉寺柴巷口浮桥头等帮。俗称驳船埫。先是各埫间每因争驳商货发生纠纷。光绪十九年经中调处议定。仍照旧章圆觉寺专载粗料纸张。柴巷口专载棉花。浮桥头专载苏洋广货洋铁铅锡。其余杂货及细料纸张一切等货。各依码头地段装载。毋许序乱。禀经南昌县钱令核准。出示晓谕。至光绪二十五年浮头桥与圆觉寺又因驳洋纱涉讼。复经南昌县孟令断令。各照旧章装卸。不准占越紊乱。取结定案。并颁发告示。民国以来。虽仍不免时有争执。然地方官署大都依据旧案处理。如民国六年南昌县知事金华祝。民国十七年新建县长张军略。民国十九年南昌县长周维新。均有维持旧章之布告。惟民国十五年南昌县知事刘增华之布告。则称呈奉省长公署核准。改为城内仍分货色。城外则分地段等语。十九年二月间。原告浮头桥埫与圆觉寺埫驳户邓射子等。又因驳运洋纱发生争执。互控于南昌县市政府。在原告方面。则根据分货驳运原案。以主张权利。认圆觉寺驳运洋纱为违章侵夺。而圆觉寺方本春等（即参加人）。则援引十五年刘知事之布告。以否认分货驳运之原案。并主张依商会意见。货从商便。自由雇驳。经南昌县市政府会同审核。以圆觉寺驳埫提出十五年刘知事之布告。因旧卷散失。无凭查考。南昌总商会民国六年议决货从商便。自由雇驳之案。曾否函县公布。亦无案可稽。而前清钱孟二令所定分货驳运原案。则经南昌县金前知事新建县张前县长。先后布告维持。并未依商会决议变更。又该市洋货洋纱。业会与洋货驳运公所重订驳价议单。南昌地方法院复有维持行政处分已设权利之判决。认为仍应维持洋货驳运公所分货驳运原案。免滋纷扰。于十九年八月三十日会衔布告。各驳船码头人等。一体遵照。务各照旧分货驳运。不得混争。圆觉寺方本春等不服县市政府上开处分。向江西省民政厅提起诉愿。民政厅认为无理由。于十九年十月二十日决定驳回。方本春等再诉愿于江西省政府。省政府认为分货色与地段均不足以解决纠纷。且不免垄断把持之弊。应由商人自由雇运。再诉愿人要求维持十五年刘知事城内分货色城外分地段之主张为无理由。于二十年二月十一日决定主文内开“再诉愿驳回。但驳船营业。得由商人自由雇运”。其理由内并载有“驳运营业团体地段。以后不得增加。以示限制”等语。原告对于再诉愿决定自由雇运部分不服。提起行政诉讼。案经本院通知被告官署。提出答辩书。并据方本春等参加诉讼。所有两造诉辩意旨及参加人参加意旨。摘录如次。

原告起诉意旨

（一）驳垱分货驳运。为行悠久。不背公共秩序善良风俗之习惯。原告专驳苏洋广货及五金材料。为固有权利。原与行政官署设定之权利不同。非行政官署所能任意变更废除。即退一步认为有设定之权能。亦应熟权利害不可好奇标异轻率更张。（二）原决定谓分货色与分地段均不免垄断把持之弊。不思驳货工价。系与行业协定议单。双方同意。互受拘束。既非临时议价。不容随意增减。毫无垄断把持可言。（三）水上公安局及南昌总商会之查覆。一则好奇标异。妄以陆地挑把比拟水上驳垱。一则存心利己。欲恃多财善贾。支配劳苦工人。总之依原决定而废除驳垱旧例。不但不能解决纠纷。且将酿成无穷争斗。请求撤销原决定。维持原告专驳苏洋广货洋铁铅锡五金材料等货物之权利。

被告官署答辩意旨

（一）历观屡次争驳案件。足证明分货驳运办法。适滋各垱营业之纷扰。（二）原决定不但未将驳运权利赋予商人。对增加地段及驳运营业团体。亦严加限制。商人无支配之可能。（三）现时情势变异。分货分地段之办法。均不能适合现状。（四）此项权原既系由于行政官厅之设定。则变更或废除之。亦惟行政官署有处分之权。本无提起行政诉讼之理由。

参加人参加意旨

（一）原决定采取地方舆情商场习惯为适当之裁断。足以维护社会安宁。调剂工商利益。（二）我国各通商大埠。水陆交通运送货物。莫不雇驳自由。听从商便。南昌岂能独异。原告争持分货驳运。意在把持垄断。实以侵害商人之自由。（三）原告纯系指摘原决定为不当。即非违法处分可知。应请认本件诉讼为不合法。予以驳回。

理由

本件再诉愿系民国二十年二月十一日决定。原告于同年三月十一日即具呈江西省政府声明不服决定。提起行政诉讼。并经省政府批准保留时间。自应认为于法定期间内已有合法之声明。仍与受理。特先说明。

查本件原告与参加人驳运之争。在原告始终主张分货驳运。而参加人最初之主张则为城内分货色。城外分地段。原处分及诉愿决定。均系维持分货驳运办法。再诉愿决定。亦认参加人城内分货城外分地之主张为无理由。而驳回其再诉愿。但附加一“驳船业得由商人自由雇运”之但书。参加人对于再诉愿决定。既无不服之表示。而原告起诉意旨。亦仅在不服原决定但书部分。是本件所应审究者。即原决定但书部分是否合法之一点。按行政官署以行政处分为人民设定之权利。事后非具有法令上之原因或于公益上之必要。原不得任意撤销。本件原告驳垱专运苏洋广货洋铁铅锡。于清光绪十九年及二十五年经南昌县钱孟二令先后处断有案。自难谓非行政官署已设定之权利。其后虽不免间有争执。然历届主管官署。大都根据原案处理。其十五年南昌县知事刘增华改为城内分货色城外分地段之布告。既因卷宗散失。无可稽考。且十七年新建县长张军略。仍有维持浮桥头专运权利之布告。又被告官署受理再诉愿时。曾令水上公安局调查驳船营业情形。该局呈覆文内有“驳船帮向来分货驳运。如妙济观之小垱帮以驳盐为营业。圆觉寺之驳船帮以驳纸为营业。浮桥头之洋货驳船帮以驳洋货为营业。柴巷口之粮食驳船帮以驳粮食为营业”等语。足证分货驳运办法。事实上并无变更。原告专运权利。依然存在。原决定认驳船营业得由商人自由雇运。事实上即将原告专运权利根本撤销。而其所以据为撤销专驳办法改为自由雇运之主要理由。不外分地分货办法均不足以解决驳垱之争执。且适滋各垱营业之纷扰。商人雇工运货。不应受码头之拘束。垱把之支配。查驳运营业。既历有定章。苟能各守范围。自无所用其争执。历次争驳之案。不过由于某一驳垱逾越范围。致起争讼。要不能归责于全体驳垱。倘因少数人之违章争夺。乃对安分营业之权利併予剥夺。岂得谓平。且过去有货色地段为各垱营业至范围。尚不免时生争执。今併此废除。，一任其自由竞争。而谓其能杜绝纠纷。究嫌臆断。况现有争执者。不过二三驳垱。一旦改为自由雇运。则素来相安无异者。亦难免不引起纷扰。就公益而言。实属有害无利。至对于商人之关系。原属另一问题。过去争驳案件。均为驳垱间内部之争。而非商人与驳垱之争。自不能据此为解决驳垱间争执之理由。惟本院详核案情。原告与圆觉寺等垱所以一再发生争执者。其原因所在。或由于分货驳运之案定于前清。历时既久。各类货物之产销。不无增减。因而彼此利益。亦不免产生差异。且原案除指定专运各货外。尚有其余杂货细料纸张一切等货。各依码头地段装载之规定。此中界限。既欠明了。尤易滋生误解。在主管官署。如认为有上述情形。自可参酌实际需要。就其所专运之货物。详为厘定范围。俾臻周密。即为防止把持垄断计。亦不妨酌定取缔办法。究无根本推翻原案之必要。综上说明。原决定撤销驳垱分货驳运办法。改由商人自由雇运。在公益上。殊无必要。此项决定。即难认为适法。再参加人参加意旨。系主张原决定之适当。认原告之诉为不合法。查原决定但书部分不能认为适法。即如前述。则参加人之论旨。自无足采。

据上论结。本件原告之诉为有理由。爰依行政诉讼法第二十一条判决如主文。

中华民国二十三年七月三十一日①

关于本案被告的确立，诉愿官署民政厅所作的诉愿决定，维持了原处分，“民政厅认为无理由，于十九年十月二十日决定驳回。”江西省政府所作再诉愿之决定，部分改变了民政厅的诉愿决定，“再诉愿驳回，但驳船营业，得由商人自由雇运。”所以将撤销或变更原处分或决

① 《行政法院判决汇编》（自民国二十二年度起至三十六年度六月止），中华民国三十七年四月出版，第113－116页。

定时为最后撤销或变更之官署——江西省政府列为被告，这就大错特错了。本案发生于1933年（民国二十三）年，所以将江西省政府列为被告的原因，是遵循司法实践的惯例，将最后作出行政处分决定的再诉愿机关列为被告。因为当时，1937年《中华民国行政诉讼法》并未公布施行。

依据1932年《中华民国行政诉讼法》第8条规定：行政诉讼因不服再诉愿之决定而提起者，自再诉愿决定书达到之次日起六十日之内为之，其因再诉愿不为决定而提起者，自满三十日之次日起，六十日之内为之。本案江西省政府的再诉愿决定作出之日是1931年（民国二十年）2月11日，行政法院判决日期是1934年（民国二十三年）7月31日，可以推测，行政法院受理本案的时间应是在1934年（民国二十三年），即再诉愿决定作出一年以后，从行政法院的解释理由看，“本件再诉愿系民国二十年二月十一日决定，原告于同年三月十一日，即具呈江西省政府声明不服决定，提起行政诉讼。并经省政府批准保留时间，自应认为于法定期间内已有合法之声明，仍与受理。”民国政府时期的行政法院，关于诉讼时效“六十日”的认定，采用了有利于原告的较为宽泛的原则，即只要在实践中向诉愿机关声明不服，“自应认为于法定期间内已有合法之声明，仍与受理。”并且，从本案看，再诉愿机关江西省政府拥有“批准保留时间”权，使六十日得以延长。

关于本案的当事人，诉愿的申请人及再诉愿的申请人均是圆觉寺的方本春，本案原告浮桥头驳埫在诉愿、在诉愿程序中为参加人，由于浮桥头驳埫一直主张“分货驳运”原案，所以当再诉愿决定“再诉愿驳回，但驳船营业，得由商人自由雇运……驳运营业团体地段，以后不得增加，以示限制”作出后，遂以原告身份提起行政诉讼。

依据1932年《中华民国行政诉讼法》第1条规定：“人民因中央或地方官署违法处分致损害其权利，经依诉愿法提起再诉愿而不服其决定，或提起再诉愿三十日内不为决定者，得向行政法院提起行政诉讼。”如本书前述，提起行政诉讼的条件有二：一为行政官署之处分；

二为违法。国民政府时期的行政案件判决种类中，虽然也有变更判决，但绝不意味着行政法院对于行政诉讼案件的审理权限，涉及行政自由裁量权是否合理这一块。行政法院判决变更的前提是，原处分、诉愿决定、再诉愿决定全部违法。结合本案，本案争论的焦点是再诉愿机关“驳船业得由商人自由雇运”之但书，其背后隐含的是封建末期原始经济理念与自有资本主义经济平等竞争理念的冲突与更替。法律的目的就在于，以赋予特定利益优先地位，而对他种利益性必须做一定程度退让的方式，来规则整个人或社会团体之间可能发生，并且已经被类型化的利益冲突。法官的职务就在于要以社会中具有支配力的法伦理、通行的正义观为其评价行为的标准。当然在观念变迁更迭“急剧”与“动荡”的国民政府时期，“通行的价值观念”处于变动期，法官所寻求的“正当”必然是以其所处的特定的“法秩序”为基础及“界限”，因为法官是以法社会的名义来执法，他只能遵守“适用于该社会，多少生动地刻画社会成员之行止及判断的社会伦理”①。所以，我们不能抛开案件所依据的特定的历史环境，作出当代的“正当性”判断，即以平等自由理念为基础的“驳船业得由商人自由雇运”与以封建末期经济理念“分货色驳运”相比更为正当。发生于个案特定的法秩序基础框架中的通行的价值观念，即“正义观”，法官是如何考量的呢？显然无论是普通法院的推事，还是行政法院的评事，其平衡的砝码都偏向了“向来的惯行”。“南昌地方法院复有维持行政处分已设权利之判决，认为仍应维持洋货驳运公所分货驳运原案，免滋纷扰。”“原决定撤销驳垱分货驳运办法，改由商人自由雇运，在公益上殊无必要，此项决定，自难认为适法。”“一致的价值经验是认识正义的基础，认可此种主张并不困难，难处在于实际获得一种广泛一致的价值经验。”②从程序上看，普通法院的判决在先，行政法院的判决在后，前后判决恰恰反映出了彼此一致的价值经验，相互协调、逻辑一贯。

①②　［德］卡尔拉·伦茨．法学方法论［M］．北京：商务印书馆，2005：7.

从行政处分行为分类角度看，行政处分行为可以分为两类：一为剥益行为，行政处分行为对行政管理相对人产生了剥夺其人身或财产权益的法律后果；另一为授益行为，行政处分行为授予了特定行政管理相对人某种权益及为或不为某种行为的资格。行政管理相对人对于行政处分行为，有通过诉愿或行政诉讼的途径予以撤销的权利，行政机关在作出行政处分之后，也拥有依法予以撤销职权。行政合法性原则是剥益领域的基础性皇冠原则，即对于剥益行政处分，一旦违法即要撤销。自 1956 年德国信赖保护原则——民法领域的诚信原则，为世界各国普遍承认后，信赖保护原则则成为授益行为领域的第一基础性原则。行政机关作出了授益行政行为，行政相对人对此产生了信赖，实施了不得逆转的信赖行为，权衡公共利益和撤销该行政行为可能给当事人所带来的损失之大小后，采用“两害相衡取其轻”的原理，保护信赖者的利益。“惟民国十五年南昌县知事刘增华之布告，则称，呈奉省长公署核准改为城内仍分货色，城外则分地段等语……而圆觉寺方本春等（即参加人），则援引十五年刘知事之布告，以否认分货驳运之原案，并主张依商会意见，货从商便。自由雇驳。经南昌县、市政府会同审核，以圆觉寺驳挡提出十五年刘知事之布告，因旧卷散失，无凭查考。南昌总商会民国六年议决货从商便，自由雇驳之案，曾否函县公布，亦无案可稽。”本案显然属于颁发货运许可的收益性行政处分行为，1934 年行政法院的该判例，对授益处分与剥益处分作出区分，同时并未一味强调公共利益高于个人利益，而是在两者之间作出权衡之，充分考量损害个人利益是否“公共利益之必要”。本案本着保障公民权的基本出发点，对于公共利益和私人权益之间关系作了的良好处理。

本案确立了判例要旨：行政官署以行政处分为人民设定之权利，事后非具有法令上之原因或公益上之必要，不得任意撤销。当时著名的法律人士范扬先生进一步指出，授益领域瑕疵行政处分之撤销，应有下列三种限制：（1）撤销不得违反法规；（2）为人民设定权利或能力之处分，非有法规根据不得撤销；（3）撤销处分须合乎公益，并作详尽之说明。其理念早于德国信赖保护原则近二十五年，实则难以想象，该判例要旨在当代的台湾仍然沿用。

在本案之后，民国二十四年判字第四号判例要旨为：行政官署对其已为之行政行为发觉有违误之处而自动更正或撤销者，并非法所不许。该判例要旨主张从公共利益角度出发，坚守依法行政的理念，行政官署对于违误的行政处分，发觉违法即可撤销。这些判例要旨在当代的台湾进一步完善并沿用。[①] 从 1934 年至二十世纪七十年代，行政

① 1971 年台湾“行政法院”判决（一九七一年度判字第七四六号）

事实摘要：

原告于一九六八年六月十三日，购得坐落台北市中山区正大段某号土地面积四十九平，办妥移转登记后于同年十一月十三日向“台北市政府工务局”申请建筑执照，建造四层楼房，经“市政府工务局”于同年十二月四日发给（五七）建参中一字第零四五号执照，准予建筑，限期竣工，至基础工程及地下室完成时，“市政府工务局”发觉该申请建筑基地，曾由原告及陈某某等七名申请建筑并已完工，领有使用执照，该基地查系（五五）营参中一字第零三三号建筑执照之法定保留空地，依法不得重复建筑，经“市政府工务局”通知原告吊销其所领（五七）建参中一字第零四五号建筑执照，并限文到之日立即停工，原告不服，一再申请“工务局”收回吊销案，准予继续施工，均经核驳，原告乃向“台北市政府”及“内务部”，提起诉愿及再诉愿，递遭决定驳回，原告不服，乃以“台北市政府工务局”为被告官署，提起行政诉讼。

判决理由：

“行政法院”首先揭示其判例见解：“未经诉愿决定之案件，原处分官署既自觉其处分为不合法。本于行政上之职权作用，得自动的为撤销原处分。”（一九三五年判字第四号判例）又“行政官署对其已为之行政行为发觉有违误之处而自动更正或撤销者，并非法所不许。”（一九五五年第四零号判例）然后，法院认为原告领有被告官署发给之建筑执照，开工与建楼房，于基础工程及地下室完成时，经被告官署发觉该申请建筑基地，确为另一建筑执照之法定保留空地，依法不得重复申请建筑，被告官署发觉所发（五七）建参中一字第零四五号营造执照为错误，及申请有作虚伪之申请，乃依据营造执照颁照后应注意事项第八条第三款、第四款两款之规定，自动通知原告，吊销原告所领之建筑执照，并限文到之日停工，核与上开法令及判例，并无不合。本件情形与“司法院”院字第一五五七号解释及一九六五年判字第二五五号判决不相同，且一九六五年判字第二五五号判决未核定为判例，无拘束他案之效力，又公益与私权发生竞合时，当以公益为重，建筑法及其有关法令预留空地之比率，为保障大众身体健康而设，并非巷道通行而言，巷道与法定空地系为两件事，不得混为一谈，原告主张公益与私权发生冲突时舍弃公益而不顾，专保护私权乙节，其见解实属荒谬。原告对预留空地无不知之理，其于申请建筑执照时未将土地使用情形注明于申请书内，自有蒙骗政府及为虚伪申请之行为，“地政事务所”将系争土地准予移转分号，仅能证明产权谁属，而不能证明土地使用之情形，诉愿决定再诉愿决定遞予维持原处分，亦无不恰，原告起诉意旨，非有理由。

诉讼三十年的判例积淀在公共权益的维护与个人权益的保障平衡中，得出结论：授益违误处分的撤销，以不损害当事人正当权利或利益为前提。

判例八：行政法院判决一九三五年（民国二十四年）度判字第七十八号①

原告吕德彰

被告官署浙江省政府

右原告为新昌县政府另饬移交私利吕氏小学校长职务事件。不服中华民国二十四年十月二十二日浙江省政府所为再诉愿之决定。提起行政诉讼。本院判决如左。

主文

原告之诉驳回

事实

缘原告吕德彰原充吕氏私立学校校长。民国二十二年七月间。医改校园游晓东会组织。未臻健全。呈由新昌县政府令饬该族孝睦两派祠总委员会召集合族。依法改组。并由原告迳函催促进行。嗣该族祠总委员会呈报。推举吕云衢等为校董。并修订校董会章程。请予备案。该县政府以手续不合。未经照准。原告亦具呈指摘其选举违法。请予纠正。旋该族吕文浩等。复具呈县政府。略请吕氏小学校长吕德彰。因现任教育局课长。势难兼顾。来函表示急于求退（按即原告致祠总委员催促改组校董会之原函）。且小学校长。应以专任为原则。实有改聘之必要。校董会因族人散居。召集不易。一时不能产生。经孝派祠睦派执监委员开会议决。准吕德彰现行离任。所有校长职务。聘吕迪民暂行充任。请转饬办理等情。经县政府指令吕德彰。既系现任县教育局课长。职重事繁。自应准予辞去校长兼职。吕迪民资格相符。准暂充该小学校长。并令行教育局转饬交替。原告以校董会尚未组织成立。

① 此处内容为引用的原文件，为保持原状，未按现行标点使用标准调整原文标点符号。——编辑注

祠总等无权改聘校长。吕迪民资格不合。且以本人未经辞职。不允移交。并向浙江省教育厅呈控，嗣教育厅以令据新昌县政府呈称。该校长吕德彰办理不善。有撤换之必要。指令准如呈先行令饬移交。原告以不服教育厅处分。向浙江省政府提起诉愿。省政府以教育厅并非处分官署。原告不应向省政府提起诉愿。且以小学校长资格。受主管官署之处分。依照诉愿法第一条之规定。根本上不得提起诉愿。认为不应受理。决定驳回。原告不服。向教育部提起再诉愿。教育不亦认教育厅核准先行令饬移交。系由于新昌县政府之呈请。仍应视为新昌县政府之处分。自不得越级向省政府提起诉愿。仍予决定驳回。原告乃改向教育厅提起诉愿。经教育厅审查。认诉愿为无理由。决定驳回。再诉愿于省政府。又决定维持教育厅之决定。原告不服。提起行政诉讼。并附带请求损害赔偿到院。所有两造素摘录如次。

原告起诉意旨

略谓（一）行政官署受理诉愿案件。以就书面审查为原则。言辞辩论为例外。诉愿法第九条已有明文。乃被告官署对于本案。不根据原告再诉愿书及教育厅答辩书所提供之资料以为决定。而另派行政督察专员调查争执以外之事项。其调查结果。有不合为言词辩论。即据以为决定之唯一理由。决定方式。不免违法。（二）原告以县教育局课长而兼吕氏小学校长。系奉教育局委任于前。复经县政府默准于后。与法并无不合。任内历年成绩。均为全县私立小学之冠。于职务并无旷发。岂能空洞揣测。指为内容腐败。（三）原告致族人原函。系督促该组校董会。并无肯定辞职之语。乃吕文浩等曲解文意。即据为原告要求辞职之证明。被告官署遽引为决定理由。与事实不合。（四）吕迪氏称毕业上海高级中学。查上海并无是校。其任沃北小学教员。实际仅三学期。资格当然不合。族人烂举。固出徇情。教局照准。亦系枉法。原决定索引县督学视导员报告。更与事实不符。（五）吕文浩等召集少数族人。拟定校董会简章。并选举吕文浩等十六人为校董。虽经教育局将简章修正。先行呈厅核准。但所选校董仍未呈准立案。且其中多数人之资格。核与章程所定不符。校董会显难认为成立。其所选任之校长。于法当然无效。为此请求发弃原决定。另为适当之判决。并判令被告赔偿原告因新昌县政府非法撤换所受校长薪给之损失二百四十元。及诉愿行政诉讼各项费用六十元等语。

被告答辩要旨

略谓（一）关于决定方式。原为慎重起见。始令前第五特区行政督察专员为实地之调查。历来办理诉愿案件。于书面审核之外。并就事实资以裁定者。颇多先例。诉愿法第九条所谓得令为言词辩论者。系指事实有不明了时。可使其追加理由。或提供证据。以当调查原告溺职。已有书面证明。徒以其混争不已。不能不向另一方面为最后之肯定调查。俾昭折服。实为必要之办法。（二）关于援据事实。原告充任校长。种种失职。有县府之原处分教育厅之原决定及前第五区行政督察专员复查原呈。可资根据。自非原告片面之词所能指为俱非真相。原告之诉。殊无理由。应请驳斥等语。

理由

按私立学校校长之选任。固属校董之职权。但校董会选任之校长应得教育厅行政机关之认可。又主管教育行政机关认校董会选任之校长为不称职时。并得令校董会另选。此在修正私立学校规程第十九条第二项定有明文。是私立学校校长如有不称之情形。主管官署本于监督职权、命其解职。与法并无不合。本件新昌县政府初据吕文浩等之呈请。以原告既系县教育局课长。职重事繁。应准辞去吕氏小学校长兼职。吕迪民资格相符。准暂充该小学校长。嗣据原告否认辞职。仍令饬移交。其呈覆教育厅文内。并有吕德彰系现任教育厅课长。兼任该校校长。接办以来。内容腐败。族人啧有烦言。事实上亦有更换之必要等语。是该县政府所为令饬移交之处分。乃认原告不应兼职。而且办理不善。并非仅以原告自请辞职为理由。查原告致族人原函。虽有急于求退之词。而其主旨。仍在催促校董会之组织。固未可遽援为辞职之根据。惟原告以该县教育课长而兼吕氏小学校长。姑无论学校成绩如何。已与小学法第十三条小学校长应为专任之规定不合。况课长系公务员。例应按时到局办公。其不免旷发校务。乃势所必然。即难谓为称职。而该小学校董会。又在停顿期间（该会原有校董大半去世。负责无人。且未正式依法立案。为原告诉状所自承）。原处分本于监督职权。令其解职。亦属于法有据。诉愿决定驳回原告之诉愿。其理由亦属允当。再诉愿决定以行政督察专员之查覆为论据。其见解难微有出入。然其维持诉愿决定之结果。仍属于法无违。至继任校长吕迪民资格是否相合。与原告之应否解职。原无关系。无论原处分官署准其暂充校长。是否适当。既与原告权利不生影响。即非原告所能据为行政诉讼之主张。关于损害赔偿部分。原处分既属合法。则原告之请求。当然毋庸置疑。

据上论结。本件原告之诉为无理由。合依行政诉讼法第二十一条判决如主文。

中华民国二十五年五月二十九日①

对于私营企业经理的产生，政府是不予介入和干涉的，那么私营学校校长如何产生，对于私立学校校长的产生，政府是否应当介入和干涉？政府对之应保持一种什么样的态度为恰当——既不越权又不缺位？是本案的焦点性问题之一。

对于私立学校校长的产生，政府应持有何种身份与态度，取决于私立学校与私营企业是否相同。显然私立学校与私营企业质的不同在于私立学校属于公共服务型行业，私立学校是否达到了社会需要的公共服务质量与公共服务标准，政府有着不可推卸的监督之责。

发生于十九世纪三十年代中叶的本案，确立了里程碑式的判例要旨，即民国二十四年度判字第七十八号：

（1）私立学校校长之选任，固属校董事会之职权，但校董事会选任之校长，应得教育行政机关之认可。

---

① 《行政法院判决汇编》（自民国二十二年度起至三十六年度六月止），中华民国三十七年四月出版，第188－191页。

（2）主管教育行政机关认为校董会选任之校长不称职时，并得令校董会另选，故私立学校校长如有不称职情形，主管官署本于监督职权，命其解职，与法并无不合。

本案确立了私立学校校长的产生，属于校董事会的职权这一根本原则，鉴于私立学校属于公共服务型行业这一特殊性质，所以同时确立了政府主管部门所具有的监管职责，即校董事会选任之校长，应得教育行政机关之认可。并且赋予了政府主管部门有权责令校董事会另选他人的权力，但政府主管部门对于私立学校校长人选无任免决定权。该判例要旨至今仍在台湾地区适用。

依据台湾地区的行政法理论，依据行政之功能、目的，将行政分为秩序行政、给付行政、计划行政、保护行政、公需行政及经营行政。引入民资参与经营行政是克服“国有垄断”的最好方式。对于参与经营行政的民资的政府监管行为的研究，大陆行政法理论领域尚无深入的研究，大陆医患纠纷的产生固然原因多多，但政府对于公共医疗服务业的监管缺位不能不说是重要原因之一；春运一票难求固然原因多多，但同一路线、同一车次售票情况的模糊现象，政府的监管缺位不能不说是重要原因之一；学校的高度行政化而缺乏办学的独立性，政府监管的越位不能不说是重要原因之一。因此，引入民资参与经营行政，在经营行政中使政府的监管既不缺位也不越位，值得深入研究。同时将政府的监管行为归入行政行为，纳入行政复议与行政诉讼受案范围，是早在十九世纪三十年代发生的本案判例要旨，所给我们的重要启示。

判例九：行政法院判决一九四六年（民国三十五年度）判字第拾玖号①

原告陈再选（公茂鱼牙行）住福建省闽侯县城内中亭路

林亭（恒昌鱼牙行）住同上

① 此处内容为引用的原文件，为保持原状，未按现行标点使用标准调整原文标点符号。——编辑注

吴施春（聚记鱼牙行）住同上

陈培章（永源宏记鱼牙行）住同上

被告官署福州税务局

由原告为漏税被罚事件。不服福建省政府于中华民国二十八年十一月十六日所为再诉愿决定。提起行政诉讼。本院判决如左。

主文

再诉愿决定诉愿决定及原处分均撤销。公茂行漏税一十五元一角一分。恒昌行漏税一十九元五元五角七分。聚集行漏税七元一角二分。永源宏记行漏税一百四十九元二角一分。均应补税并各处以五倍罚金。

事实

缘民国二十七年七月间福建省财政厅查缉室。据报福州中亭路各鱼牙行有漏税嫌疑。由该室派员前往检出公茂等行账簿。并函准福州税务局派员逐一稽核。经认定该商行等确有匿报漏税及吞匿货价情事。当由该税务局依照福建省屠宰税征收章程第五条规定。认为公茂行漏税一百二十元。恒昌行漏税一十九元五角七分。聚记行漏税七元一角二分。永源宏记行漏税一百四十九元二角一分。均应补税。并各处以五倍罚金。至于公茂行吞匿货价（即欺客中饱）四千元。恒昌行六百五十二元。聚记行二百三十七元。均应拨充国难防务捐等情在案。原告不服。向福建省财政厅及省政府一再提起诉愿。均经决定驳回。原告仍不服。提起行政诉讼到院。兹将原告被起诉意旨。分别摘叙如次。

原告起诉意旨

略谓再诉愿官署违法决定。对于补税科罚。均不就实查之额照章办理。仅凭查缉室一意主张。任情估计。既不依法。复不合理。况再诉愿决定亦自承“原处分依照本省屠宰税征收章程第五条规定处以五倍罚金。援引章则稍欠斟酌”云云。其对于查缉室之妄为不满。真情已流露于字里行间。欲强其说。奚患无辞。此原告不服者一。至于欺客中饱之款。责令拨充国难防务捐一节。果有欺客中饱之事。乃系鱼牙直接侵蚀鱼客之财货。况有鱼客康瑞清等之证明书。附送于诉愿官署。再诉愿官署将此证明搁置不提。犹谓拨充国难防务捐。尚属允当。其袒护显而易见。此原告不服者二。请变更原决定。依照牙税章程实补实罚。以昭折服等语。

被告官署答辩意旨

略谓二十七年七月二十二日本省财政厅查缉室据线民密报中亭路各鱼牙常有漏税情事。结果查出。确有偷漏。自应照章处罚。本局为顾全战时税收。兼寓取缔顽商匿税计。当经呈奉省令。嗣后关于处罚鱼牙匿税办法。准照本省屠宰税征收章程第五条规定办理。是本局处分，实依法令。谓为违法处罚。殊有误会。至该商欺客中饱之款。拨充国难防务捐一节。原状称以鱼客不出告诉且出证明等语。查鱼商常有供给鱼客货本之事。一若出面告诉。则货本停付。生活立告恐慌。故敢怒而不敢言。查缉室深知此弊。早已详为检举。呈奉省政府指令。将欺客中饱之款拨充国难防务捐。使其非分取得之款。藉供国防急需。亦所以惩戒奸商。本局认为处分该商之决定。尚非过当等语。

理由

本件原告主张再诉愿决定违法之理由。可分为两点论断如左。

一漏税处罚部分。查福建省屠宰税征收章程第五条第一项规定“屠宰猪羊须先向该管经征机关完税领取税单。违者按照应纳税额科以五倍以上十倍以下之罚金”。再诉愿官署既认为“原处分对于公茂等行匿报买卖额数援引此章程稍欠斟酌”。改依福建省整理私牙暂行办法第十五条第三款处以五倍罚金。原无不合。乃未将此原处分及诉愿决定撤销。另为适法之决定。而仍驳回原告之再诉愿。自难为正当。又查事实之认定须凭证据。除有特别情形外，要不能以推测行之。本件公茂行之漏税数目。系根据春盛等四家市贩帐内稽核所得。计一十五元一角一分。以之推算该行全部营业漏税为一百二十元有奇。以上情形。曾经被告官署于本件答辩书内陈明有案。足见公茂行漏税数目。可证明者仅为一十五元一角一分。其认定为一百二十元之事实。乃系推测之词。原告起诉意旨。主张被告官署对于补税科罚。不依法办理。非无理由。

二欺客中饱部分。按国家之行政行为。非依据法规。不得使人民负担义务或损害其权利。本件被告官署认为公茂恒昌聚记等行有欺客中饱情弊。以其货价拨充国难防务捐。此种事实真相若何。姑且勿论。而被告官署关于此点答辩原告诉愿书之理由内称"以欺客中饱吞匿货本之款责充国难防务捐一节。法律上无明文规定。但其漏匿积习。牢不可破。现既获案轻罚。不关痛痒。且值此非常时期。前方需费孔殷。人民理应自动乐输。充实国防需要。故将此项货本责令全数充捐。"等语。是被告官署对于以上款项充作国难防务捐一节。其无法律上之根据。业已自认不讳。依上开说明。原处分诉愿及再诉愿决定关于此点自应予以撤销。原告起诉意旨虽未就此论点攻击。而其以原决定违法请求变更之意旨。不能为无理由。

据上论结。本件原告之诉为有理由。合依行政诉讼法第二十三条裁决主文。

中华民国三十五年十一月三十日①

本案由福建省财政厅的内部机构——查缉室官员检出公茂等行账簿，有漏税行为，后函准福州税务局派员，逐一稽核，而认定该商行等确有匿报漏税及吞匿货价情事，当经呈奉省令，指示该税务局依照福建省屠宰税征收章程第五条规定，以福州税务局的名义，对各牙行作出"均应补税，并各处以五倍罚金"的行政处罚。所以原处分机关应为福州税务局。诉愿机关福建省财政厅、再诉愿机关福建省政府均维持了原处分决定。按照 1937 年《中华民国行政诉讼法》第 9 条规定："行政诉讼之被告，谓左列官署：一、驳回诉愿时之原处分官署；二、撤销或变更原处分或决定时为最后撤销或变更之官署。"所以，本

① 《行政法院判决汇编》（自民国二十二年度起至三十六年度六月止），中华民国三十七年四月出版，第 42 - 45 页。

案的被告应为福州市税务局。

本案虽为个案，但从中透射出的司法独立理念让人难以想象。本案发生于1938年（民国二十七年），当时正值抗战时期，民国政府为解决资金短缺问题，设置各种苛捐杂税，以解燃眉之急。行政官署以各种名义，筹措资金可谓时政需要。“以欺客中饱吞匿货本之款，责充国难防务捐一节，法律上无明文规定，但其漏匿积习，牢不可破。现既获案轻罚，不关痛痒。且值此非常时期，前方需费孔殷，人民理应自动乐输，充实国防需要。故将此项货本责令全数充捐。”但国民政府时期的行政法院在本案中，并没有完全迎合行政官署为战局政治需要，便可放任行政权行使的现实状况，而是在这样的艰难困境中仍然坚守国家行政权运行最底线——法无明文规定不可为（Everything must be done according to law）。“按国家之行政行为，非依据法规，不得使人民负担义务或损害其权利”，判决将原处分、诉愿及再诉愿决定，关于充作国难防务捐一节，其无法律上之根据，予以撤销。

如果说本案福州税务局原处分中“以欺客中饱吞匿货本之款，责充国难防务捐一节”无法律依据的话，那么，“漏税处罚部分”则为缺少事实证据，“事实之认定须凭证据，除有特别情形外，要不能以推测行之。”本案为不违反不告不理的原则，对原告提出的诉讼请求“请变更原决定”做了广义的理解与解释，“原处分、诉愿及再诉愿决定，关于此点自应予以撤销，原告起诉意旨，虽未就此论点攻击，而其以原决定违法，请求变更之意旨，不能为无理由。”但行政法院在判决撤销原处分、诉愿及再诉愿决定的同时，依据所查事实，直接变更了原处分，对原告应补缴的漏税额度及罚金作出决定“公茂行漏税一十五元一角一分、恒昌行漏税一十九元五元五角七分、聚集行漏税七元一角二分、永源宏记行漏税一百四十九元二角一分，均应补税并各处以五倍罚金。”不能不说是行政法院直接代替了行政官署在行使行政职权。

判例十：行政法院判决一九四七年（民国三十六年度）判字第二十二号①

原告牟万昌号

代表人牟维加（住浙江黄岩县茅畲乡茅畲街中街）

被告官署浙江税务管理局临海分局

右原告为溢酿土酒被罚事件。不服财政部于中华民国三十年四月五日所为再诉愿决定。提起行政诉讼。本院判决如左。

主文

原告之诉驳回

事实

缘财政部税务署税警第二区第二分队。于民国二十九年四月十一日。在牟万昌号内查获溢酿土黄酒坛。计三千六百斤。经原告具结承认漏税。甘愿处分后。送由前浙江印花烟酒税局台属烟酒稽征分局。按照当时有效之土酒定额税稽征章程第三十二条第一款之规定。除将货物没收变价充公外。并处以按照所漏税额一倍之罚金。计国币五十四元。原告不服。一再向浙江印花烟酒局暨财政部提起诉愿。均被驳回。原告不服。向本院提起行政诉讼。业经本院一再限期通知被告官署提出答辩书。迄未照办。爰依行政诉讼法第十七条之规定。由本院依职权调查事实。迳为判决。兹将原告起诉意旨摘叙如次。

原告起诉意旨

略谓原告于民国二十八年冬间制酿土黄酒。于初查时报登缸数在案。嗣原告续酿缸数。拟待复查給照时。循例补报。以昭实在。讵翌年复查员尚未莅临。缸照亦未发给。突来财政部税务署警第二区第二分队荷枪实弹。前来点查原告酒数。当以超过原报数额。指为溢酿漏税。予以拘禁。原告摄于威胁。遵命具结得释。此种被胥照抄之结文。无论内容如何。其非本人之意思表示。依证据法例。自不得有法律之

① 此处内容为引用的原文件，为保持原状，未按现行标点使用标准调整原文标点符号。——编辑注

效力。又查台属烟酒稽征分局填发之酿照节载。“由该管分局派员查验外。给照后。如有复酿或当时漏未报查之酒。准其随时补报。”等语。则凡复酿之酒。均得随时补报。而原告复酿酒数尚未至复查期。诚难指为溢酿。依漏税罚则处分。理甚明显。又陈酒二十五坛。既经投税领有印花。乃因酒坏重煎。当于黄岩烟酒稽征所征收元王彬征收员前来查酒时（即上指为初查时）。报明有案。且经其目睹重煎可证。又焉得认为违背章则。一并科罚。基此事实理由。请求审理判决撤销原处分。及决定予核实补税。返还没收酒数。以昭公允等语。

理由

按制造土酒商应于每月或届新酒制成时。将类别名称数量并若干须装置容器。若干系散装零星门沽。报请当地稽征机关查定后。依照定额税率照章征税。又各酒商如以多报少隐漏税款者。除将该漏水货物没收。并应酌量情节轻重。按照所漏税额处以五倍以下之罚金。此为当时有效之土酒定额税稽征章程第八条第一项及第三十二条第一款所明定。卷查本件原告报酿制土黄酒原祇三缸。其溢酿之酒九十坛。合计为三千六百市斤。事先既未报酿。迨新酒酿成时。又未报请查验。已为原告具结承认有案。而原告乃为“内有陈酒二十五坛领有印花。因酒坏重煎报明有案”。上项溢酿之酒。如有陈酒在内。则原告何不于具结时声明。又何以诉愿书中乃称将上年酿酒三十五坛点数在内。先后所称额数。迥不相符。足见事后饰词。希图减轻责任。至谓慑于税警队拘禁之威胁。遵命具结得释。非本人之意思表示等语。果有拘禁威胁之事实。何以原告于提起诉愿及再诉愿时均未声明。况命原告具结。系在查获当时。所称拘禁。显不足信。原告又谓未至复查时期。诚难指为溢酿等情。显于上开新酒制成时。应报请当地稽征机关查定之规定不合。其理由亦难成立。原处分官署认为原告于报酿黄酒三缸外。又溢酿三千六百斤。以多报少。隐漏税款。按照所漏税额依同章程处以罚金。并将货物没收。自无违误。诉愿及再诉愿决定遞予维持。亦无不合。原告起诉意旨。殊不足采。据上论结。本件原告之诉为无理由。合依行政诉讼法第二十三条判决如主文。

中华民国三十六年六月三十日①

本案是笔者能够查到的有原始行政法院判决资料的国民政府时期行政诉讼最后一案。本案的被告浙江税务管理局临海分局，虽经行政法院多次催告，一直没有提交答辩书。“业经本院一再限期通知被告官署提出答辩书。迄未照办。”以本案为视角，可以在某种程度上窥视到1947年年末国民党政府官署的专横恣肆，行政法院地位的卑微。

依据当时生效的《中华民国行政诉讼法》第17条规定，被告之官署不派诉讼代理人或不提出答辩书，经行政法院另定期间以书面催告而仍延置不理者，行政法院得以职权调查事实，迳为判决。

行政争议是发生于行政主体与行政相对人之间的争议，它的一方主体是强者行政机关，另一方主体是弱者行政相对人。因此行政诉讼与平等主体之间的民事诉讼有着质的不同。因此《中华人民共和国行政诉讼法》规定，经人民法院两次合法传唤原告，原告无正当理由拒不到庭的，视为申请撤诉；被告无正当理由拒不到庭的，可以缺席判决。在行政诉讼中，被告对其作出的具体行政行为承担举证责任，被告应当在收到起诉状副本十日内提交答辩状、并提供作出具体行政行为时的证据、依据；被告不提供或者无正当理由逾期不提供的，应当认定该具体行政行为没有证据、依据而直接作出撤销判决。即使是被告在二审过程中向法庭提交一审过程中没有提交的证据，也不能作为二审法院撤销或变更一审裁判的根据。依据《最高人民法院关于行政诉讼证据若干问题的规定》，人民法院调取证据的权力原则上仅限于国家利益、公共利益及程序性事项。在原告和第三人不能自行收集，但能够提供证据线索，经原告申请的特殊情况下可以帮助原告调取证据，如由国家有关部门保存的；涉及国家秘密、商业秘密、个人隐私的；确因客观原因不能自行收集的等。并且明确规定，人民法院不得为证

① 《行政法院判决汇编》（自民国二十二年度起至三十六年度六月止），中华民国三十七年四月出版，第40－42页。

明被诉具体行政行为合法性，调取被告在作出具体行政行为时未收集的证据。

本案在被告之官署不派诉讼代理人或不提出答辩书、行政法院另定期间以书面催告而仍延置不理的情况下，判决被告浙江税务管理局临海分局胜诉，忽略了在平衡强者行政官署与弱者公民之间平衡的行政法院中立态度。当然与二十世纪五十年代的民国行政诉讼宗旨有着一定的关系。此时的行政诉讼虽然与民国初年的平政院既保障行政权的行使又保障公民的权益不同，理论上以保障公民权益免受行政权的侵犯为宗旨，但在行政权高度膨胀、即将崩溃的国民政府后期这一宗旨已很难贯彻，所以，本案的判决实属必然。

虽然当时的行政诉讼法规定，在被告之官署不派诉讼代理人或不提出答辩书，经行政法院另定期间以书面催告而仍延置不理的情况下，行政法院得以职权调查事实。但纵观本案，行政法院在办理本案的过程中，并未依据职权调取其他证据以为佐证，而是仅仅根据原告具结时未声明，凭主观推测否定原告提供证据的真实性，“上项溢酿之酒。如有陈酒在内。则原告何不于具结时声明。又何以诉愿书中乃称将上年酿酒三十五坛点数在内。先后所称额数。迥不相符。足见事后饰词。希图减轻责任。至谓慑于税警队拘禁之威胁。遵命具结得释。非本人之意思表示等语。果有拘禁威胁之事实。何以原告于提起诉愿及再诉愿时均未声明。况命原告具结。系在查获当时。所称拘禁。显不足信。”可见，溃逃前行政法院办理行政案件的应付了事状态。

附　　录

《行政裁判院官制草案》（一九零六年）

谨按 唐有知献纳使，所以申天下之冤滞，达万人之情状，与御史台并列。今各国有行政裁判院，凡行政各官之办理违法致民人身受损害者，该院得受其呈控而裁判其曲直。英、美、比等国以司法裁判官兼行政裁判之事，其弊在于隔膜。意、法等国则以行政衙门自行裁判，其弊在于专断。惟德、奥、日本等国特设行政裁判衙门，既无以司法权侵害行政权之虞，又免行政官独行独断之弊，最为良法美意。今采用德、奥、日本之制，特设此院，明定权限，用以尊国法，防吏蠹，似于国家整饬纪纲勤恤民隐之至意不无裨益，是否有当，仍请钧裁。

第一条　行政裁判院掌裁判行政各官员办理违法，致被控诉事件。

第二条　行政裁判院置正使一人，副使一人，掌佥事三人，佥事十二人，别置一、二、三等书记官，录事若干人属焉。

第三条　正使总理本院事务，为全院之长官。遇有本院重要事件，可随时会同副使具奏，并得自请入对。

第四条　副使赞助正使整理院务，监督本院各员。

第五条　行政裁判院正使遇有事故，以本院副使代行。

第六条　掌签事掌理行政裁判事务。

第七条　签事同理行政裁判事务。

第八条　行政裁判院于本院与京外各衙门有关涉事件，可分别咨行札饬办理。

第九条　行政裁判院应行裁判之事件如下：

一、奉特旨饬交裁判之事件。

二、关于征纳租税及各项公费之事件。

三、关于水利及土木之事件。

四、关于区划官员土地之事件。

五、关于准否营业之事件。

第十条 凡呈控事件关系阁、部、院及各省将军、督抚暨钦差官者，准其径赴行政裁判院控诉。此外必须先赴各该行政长官衙门申诉，如不得直，可挨次上控以至行政裁判院，不许越诉。

第十一条 行政裁判院不得受理刑事、民事诉讼。

第十二条 行政裁判院裁判事件以会议决之。会议时以正使为议长，副使为副议长，凡议事可否，以多数决之。如可否人数相同，则由议长决定。

第十三条 凡裁判事件之涉于细故者，由本院会议判结，并按月汇奏一次。其涉于行政官员枉法营私者，一经审查确实，由正、副使联衔奏参，请旨惩处。

第十四条 行政裁判院签事以上各官，于裁判案件应行回避者如下：

一、事涉本身及亲属，例应回避者。

二、事为该院所曾经预闻者。

三、事为该员原任行政官时所曾经办理者。

佥事以上各官，遇裁判案件有上三情节者，原、被告均得具呈声明，请其回避。

第十五条 行政裁判院判决事件，原告及被告人不得再求覆审。

第十六条 行政裁判院签事以上各官均不得兼任他项官职，亦不得为资政院参议员。

第十七条 行政裁判院掌签事、签事以在任十年为俸满，方准迁除他衙门官职。在任期内卓著成绩者，由正使出具考语，奏请加衔、加俸，以资鼓励。

第十八条 行政裁判院佥事以上各官，非犯刑法及处分则例者，不得罢黜。其处分则例另定之。

第十九条 行政裁判院一、二、三等书记官承正使、副使之命，料理庶务。

第二十条 行政裁判院录事承上官之命缮写文件，料理庶务。

第二十一条　行政裁判院办事章程由正使拟定后，请旨裁定。

行政裁判院官制，应俟钦简。本院正使会同修律大臣，妥定行政裁判法，咨送阁议，奉旨裁定后，再由该正使奏请钦定施行日期。

行政裁判院职官表：

正使，从一品，特简。

正使，正三品，特简。

掌签事，正四品，请简。

签事，正五品，奏补。

一等书记官，从五品，奏补。

二等书记官，从六品，奏补。

三等书记官，从七品，奏补。

录事，八、九品，委用。

《平政院编制令》[①]

（一九一四年三月三十一日 教令第三十九号）

第一条 平政院直隶于大总统。察理行政官吏之违法不正行为。但以法令属特别机关管辖者。不在此限。

平政院审理纠弹事件，不妨及司法官署之行使职权

第二条 平政院审理权。以平政院评事五人组织之庭行之。

前项之评事。每庭须有由司法职出身者一人或二人。

第三条 平政院置院长一人。指挥监督全院事务。

院长有事故时。由该院官等最高之平政院评事代理之。官等同者。以任官在前者代理之。

第四条 平政院置三庭。每庭以平政院评事一人为庭长。指挥监督该庭事物。

庭长有事故时。以该庭官等最高之平政院评事代理之。官等同者。以任官在前者代理之。

第五条 平政院依行政诉讼条例及本令第九条之规定。就行政诉讼事件及纠弹事件。行使审理权。

第六条 平政院设肃政厅。

第七条 肃政厅置肃政史。

第八条 平政院肃政史。于人民未陈诉之事件。得依行政诉讼条例之规定。对于平政院提起行政诉讼。

第九条 平政院肃政史。依纠弹条例。纠弹行政官吏之违反宪法行贿受贿滥用威权玩视民瘼事件。

第十条 平政院之裁决。由肃政史监视执行。

第十一条 平政院肃政史之纠弹。以由行政职出身及由司法职出

---

① 此处为原文引用，为保持原状，未按现行标点使用标准调整原文标点符号。——编辑注

身之肃政史二人以上协议行之。意见不一时。取决于都肃政史。

第十二条　肃政厅对于平政院。独立行其职务。

第十三条　平政院肃政厅。置都肃政史一人。指挥监督全庭事务。

都肃政史有事故时。以肃政厅官等最高之肃政史代理之。官等同者。以任官在前者代理之。

第十四条　平政院评事及肃政史。须年满三十岁。具有左列资格之一。

一、任荐任以上行政职二年以上。著有成绩者。

二、任司法职二年以上。著有成绩者。

第十五条　平政院评事。定额十五人。平政院肃政史。定额十六人。

第十六条　平政院院长。肃政厅都肃政史。由大总统任命之。

第十七条　平政院庭长。由平政院院长开列平政院评事。呈请大总统任命之。

第十八条　平政院评事及肃政史。由平政院院长各部总长大理院院长及高等咨询机关密荐具有第十四条资格之一者。呈请大总统选择任命之。

密荐规则另定之。

第十九条　平政院评事及肃政史在职中。不得为左列事项。

一、政治结社及政坛集会之社员或会员。

二、国会及地方议会议员。

三、律师。

四、商业之执事人。

第二十条　平政院肃政史。不得干涉审理或兼审理事物。

第二十一条　平政院评事及肃政史。非受刑罚之宣告及惩戒之处分。不得强令退职转职及减俸。但有第二十三条第二十四条事情者。不在此限。

第二十二条　平政院评事及肃政史之惩戒处分。以平政院惩戒委员会行之。

平政院惩戒委员会。置会长一人。委员八人。遇有惩戒事件时。由大总统选任平政院长或大理院长为会长。委员由大总统于平政院评事肃政厅肃政史大理院推事总检察厅检察官中选任之。

第二十三条 平政院评事及肃政史。若因精神衰弱及其他不治之障碍。至不能职务时。由平政院长呈请大总统命其退职。

第二十四条 平政院评事及肃政史。虽因受惩戒调查或刑事诉追被命解任尚未判决者。仍给以俸给之半额。

第二十五条 平政院置书记官。掌理诉讼记录统计会计文牍及其他庶务。

平政院肃政厅。为处理前项事物认为必要时。得置书记官。

第二十六条 书记官须具有左列资格之一。

一、有荐任文职之资格者。

二、有为人文职之资格者。

第二十七条 荐任书记官。由平政院长呈请大总统任命之。委任书记官。由平政院长或都肃政史任命之。

第二十八条 平政院及肃政厅处务规则另定之。

第二十九条 本令自公布日施行。

《行政诉讼条例》[①]

（一九一四年五月十八日 教令第六十八号）

第一章　行政诉讼之范围

第一条　平政院除法令有特别规定外。对于左列各款。行使管理权。

一、中央或地方最高级行政官署之违法处分。致损害人民权利者。经人民陈诉者。

二、中央或地方行政官署之违法处分。致损害人民权利。经人民依诉愿条例之规定。诉愿至最高级行政官署。不服其决定而陈诉者。

三、平政院肃政史。依第十一条第十二条之规定。提起诉讼者。

第二条　平政院不得受理要求损害赔偿之诉讼。

第三条　对于平政院之院裁决。不得请求再审。

第四条　平政院因审理之便利或必要时。除地方最高级行政官署之行政诉讼外。得由平政院长属托被告官署所在地之最高级司法官署司法官。并派遣平政院评事。组织五人之合议庭审理之。其庭长由平政院长指定。

第二章　行政诉讼之当事人

第五条　行政诉讼之当事人。得委任诉讼代理人。

行政官署得命属官。或声请主管长官。特派委员。为诉讼代理人。

第六条　诉讼代理人。需提出委任书。证明代理之事实。

第七条　平政院得命有利害关系者。参加诉讼。其自愿参加者。亦得允许之。

第八条　法律所认之法人。得以其名称提起诉讼。

① 此处为原文引用，为保持原状，未按现行标点使用标准调整原文标点符号。——编辑注

第九条 肃政史纠弹事件。经大总统特交平政院审理者。或由肃政史提起行政诉讼者。以肃政史执行原告职务。

第三章 行政诉讼之程序

第十条 行政诉讼。自中央或地方最高级行政官署之违法处分书。或最高级行政官署之决定书。到达之次日起。六十日内提起之。

限期之末日遇星期日庆祝日及其他休息日。无庸算入。

第十一条 肃政史依左列规定。于陈诉诉愿限期经过后六十日内。提起诉讼。

一、人民依第一条第一款之规定。得提起诉讼。经过陈诉限期而未陈诉者。

二、人民依诉愿条例。得提起诉愿。经过诉愿限期而不诉愿者。

第十二条 肃政史对于中央或地方行政官署违法之命令或处分。得于六十日内提起诉讼。

第十三条 第十条第十一条第十二条规定之限期内。遇有事变或故障。得由平政院之许可展限。

第十四条 行政诉讼未经裁决以前。除法令有特别规定外。行政官署之处分或决定。不失其效力。但平政院或行政官署认为必要。或依原告之请求。得停止其执行。

第十五条 行政诉讼之诉状。应载明左列各款。由原告或代理人书名签押。

一、原告之姓名年龄职业住址。若原告为法人。则其名称及住址。

二、被告之行政官署及其他被告。

三、告诉之事实及理由。

四、证据。

五、年月日。

有证据书状者。须添具缮本。其已经诉愿者。须附录诉愿书及决定书。

第十六条 肃政史提起行政诉讼之诉状。应载明左列各款。署名铃章。

一、姓名。

二、被告之官署及其他被告。

三、告诉之事实及理由。

四、年月日。

第十七条　第十五条第十六条之诉状。及其他必要书状。须具副本提出。

第十八条　诉讼当事人。已提起之诉讼。不得请求撤销。但肃政史所提起之诉讼。不在此限。

第十九条　诉状经平政院审查。认为无需应受理时。得附理由驳回之。但诉状仅违法定程序者。发还原告。令其于一定限期内补正。

肃政史提起诉讼。不适用前项之规定。

第二十条　受理之诉讼。其诉状副本及其他副本。须发交被告。并指定限期。令其提出答辩书。

被告之答辩书。须添具副本中。由平政院发交原告。

第二十一条　平政院认为必要时。得指定限期。令原告被告。以书状为第二次互相之答辩。

第二十二条　被告提出答辩书后。应指定日期。传原告被告及参加人。出庭对审。但平政院认为便利。或依原被告之请求时。得就书状裁决之。

第二十三条　原告被告或参加人。得于对审时。补正已提出之书状。或另举证据。

第二十四条　原告被告或参加人。所提出之证据外。庭长认为必要时。得传证人或鉴定人。证明或鉴定之。

第二十五条　行政诉讼。依平政院编制令第二条所规定。以评事五人组织之庭审理之。其裁决依出席评事过半数之决议。可否同数时。由庭长决之。

第二十六条　评事遇有左列各款情形之一。应自请回避。或由诉讼当事人请其回避。

一、自为诉讼当事人者。

二、曾以行政官资格。参与该诉讼事件之命令处分或决定者。

三、与诉讼当事人有亲属之关系者。

四、于诉讼事件。曾以私人资格与闻之者。

第二十七条　前项各款规定外。评事与诉讼当事人。或于诉讼事件。有特别关系者。诉讼当事人。得具理由。请其回避。

前项之回避。由各庭评事合议决之。

第二十八条　平政院得派遣评事。或嘱托司法官署行政官。调查证据。

第二十九条　原告被告或参加人。于对审时有不到庭者。其审理不因之终止。

第三十条　审理应行公开。但庭长认为必要时。得禁止旁听。

第三十一条　行政诉讼中。复由当事人在司法官署提起民事诉讼时。经庭长认为必要时。得俟民事诉讼判决确定后。行其审理。

第三十二条　宣告裁决后。须具裁决理由书。由评事书记官署名钤章。并另用缮本。发交原告被告及参加人。

第三十三条　行政诉讼裁决之执行方法。另以教令定之。

第三十四条　平政院之裁决。有拘束第三者之效力。

第三十五条　本条例自公布日施行。

《行政诉讼法》[1]

（一九一四年七月二十日 法律第三号）

第一章 行政诉讼之范围

第一条 人民对于左列各款之事件。除法令别有规定外。得提起行政诉讼于平政院。

一、中央或地方最高级行政官署之违法处分。致损害人民权利者。

二、中央或地方行政官署之违法处分致损害人民权利。经人民依诉愿法之规定诉愿至最高级行政官署。不服其决定者。

第二条 肃政史依本法第十二条之规定。亦得提起行政诉讼。

第三条 平政院不得受理要求损害赔偿之诉讼。

第四条 行政诉讼经平政院裁决后。不得请求再审。

第五条 平政院因审理之便利或必要时。除地方最高级行政官署为被告之行政诉讼外。得由平政院长。属托被告官署所在地之最高级司法官署司法官。并派遣平政院评事组织五人之合议庭审理之。其庭长由平政院长指定。

第二章 行政诉讼之当事人

第六条 行政诉讼之当事人。得委任诉讼代理人。

行政长官为当事人时。得命属官或声请主管长官。特派委员为诉讼代理人。

第七条 诉讼代理人。需提出委任书证明代理之事实。

第八条 平政院得命有利害关系者参加诉讼。其自愿参加者亦得允许之。

第九条 法律所认之法人。得以其名称提起诉讼。

第十条 肃政史提起之行政诉讼。以肃政史执行原告职务。

---

[1] 此处为原文引用，为保持原状，未按现行标点使用标准调整原文标点符号。——编辑注

第三章　行政诉讼之程序

第十一条　行政诉讼。自中央或地方最高级行政官署之违法处分书或最高级行政官署之决定书到达之次日算起。除行程日不算入外。于六十日内提起之。

期限之末日。遇星期日。国庆节。及其他休息日。无庸算入。

第十二条　肃政史依左列规定。于陈诉诉愿期限经过后六十日内。提起诉讼。

一、人民依第一条第一款之规定。得提起诉讼经过陈诉期限而未陈诉者。

二、人民依诉愿法。得提起行政诉讼之诉愿经过诉愿期限而未诉愿者。

第十三条　第十一条第十二条规定之期限内。遇有事变或故障致逾期限者。应向平政院声明理由。受平政院之许可。

第十四条　行政诉讼未经裁决以前。除法令别有规定外。行为必要或依原告之请求。得停止其执行。

第十五条　行政诉讼之诉状。应载明左列各款。由原告或代理人书名签押。

一、原告之姓名年龄职业住址。若原告为法人。则其名称及住址。

二、被告之行政官署及其他被告。

三、告诉之事实及理由。

四、证据。

五、年月日。

有证据书状者。须添具缮本。其已经诉愿者。须附录诉愿书及决定书。

第十六条　肃政史提起行政诉讼之公文。应载明左列各款。署名钤章。

一、被告之官署及其他被告。

二、告诉之事实及理由。

三、证据。

四、年月日。

第十七条　第十五条之诉状及其他必要书状。须具副本提出。

第十八条　诉讼当事人已提起之诉讼。非经平政院许可后，不得请求撤销。肃政史所提起之诉讼亦同。

第十九条　诉状经平政院审查。认为不应受理时。得附理由驳回之。但诉状仅违法定程序者。发还原告。令其于一定期限内改正。

肃政史提起之诉讼。不适用前项之规定。

第二十条　受理之诉讼。其诉状副本及其他副本。须发交被告。并指定限期。令其提出答辩书。

前项答辩书。应添具副本。由平政院发交原告。

第二十一条　肃政史提起之行政诉讼。应由平政院钞发原文。并指定限期。令被告提出答辩书。

前项答辩书。应由平政院以公文通知肃政史。

第二十二条　平政院认为必要时。得指定限期。令原告被告以书状为第二次互相之答辩。但对于肃政史执行原告职务时。以公文行之。

第二十三条　被告提出答辩书后。应指定日期。传原告被告及参加人出庭对审。但平政院认为便利或依原被告之请求时。得就书状裁决之。

肃政史提起之行政诉讼。有对审之必要时。应由平政院通知莅庭。

第二十四条　原告被告或参加人。于对审或莅庭时。得补正已提出之书状。或另举证据。

第二十五条　原告被告或参加人所提出之证据外。庭长认为必要时。得传证人或鉴定人证明或鉴定之。

第二十六条　平政院审理行政诉讼事件。以各庭出席评事过半数议决之。

第二十七条　评事遇有左列各款情形之一者。应自请回避。或由诉讼当事人请其回避。

一、自为诉讼当事人者。

二、曾以行政官资格参与该诉讼事件之处分或决定者。

三、与诉讼当事人有亲属之关系者。

评事于前项各款规定外。凡与诉讼当事人或诉讼事件有特别关系者。诉讼当事人。亦得具理由。请其回避。

前项之回避。由平政院各庭评事议决之。

第二十八条 平政院得派遣评事或嘱托司法官署行政官调查证据。

第二十九条 原告被告或参加人不到庭对审时。审理不因之终止。

第三十条 审理应行公开。但庭长认为必要时。得禁止旁听。

第三十一条 行政诉讼中诉讼当事人同时在司法官署提起民事诉讼时。经庭长认为必要时。俟民事诉讼判决确定后。行其审理。

第三十二条 宣告裁决后。须具裁决理由书。由评事书记官署名钤章。并另用缮本。发交原告被告及参加人。

第四章 行政诉讼裁决之执行

第三十三条 行政诉讼裁决后。对于主管官署违法处分应取销或变更者。由平政院长呈请大总统批令主管官署行之。

第三十四条 平政院之裁决。有拘束与裁决事件有关系者之效力。

附 则

第三十五条 本法自公布日施行。

《纠弹法》[①]

（一九一四年七月二十日 法律第四号）

第一条　肃政厅肃政史除依约法第四十三条之规定外。对于官吏有左列各款情事之一者。依其职权迳呈大总统纠弹之。

一、违宪违法事件

二、行贿受贿事件

三、营私舞弊事件

四、溺职殃民事件

前项纠弹之规定。对于非在职之官吏亦适用之。

第二条　前条之纠弹。得由肃政史一人行之。

第三条　大总统认为官吏有第一条各款情事之一者。得特交肃政厅查办之。

第四条　肃政厅对于大总统特交查办事件。由都肃政史指定肃政史二人以上查办之。

前项指定之肃政史。与查办官吏有亲属关系或与查办事件有特别关系者。应向都肃政史声明理由。自请回避。

第五条　前条之查办事件。经肃政史查办后认为应行纠弹者。依其职权迳呈大总统纠弹之。

肃政史查办后认为毋庸纠弹者。应报告于都肃政史。由肃政厅呈复大总统。

第六条　官吏有第一条各款事情之一。经人民告诉或告发于肃政厅者。由都肃政史指定肃政史二人以上审查之。

第二项之规定。指定审查之肃政史。亦适用之。

第七条　前条之审查事件。经肃政史审查后认为应行纠弹者。依

---

① 此处为原文引用，为保持原状，对其标点及词语使用等未按现行标准调整。——编辑注

其职权迳呈大总统纠弹之。

肃政史审查后认为毋庸纠弹者。应报告于都肃政史。由肃政厅批驳之。

第八条 前条之批驳人民告诉或告发事件。由肃政厅按月汇呈大总统。

第九条 肃政史于纠弹事件。认为情节重大未便泄漏者。应密呈大总统纠弹之。

第十条 大总统特交肃政厅查办事件及人民告诉或告发于肃政厅事件。经指定查办或审查之肃政史认为应行调查证据者。得由肃政厅派肃政史或属托司法官署行政官署调查之。

第十一条 肃政史纠弹事件。经大总统核定后认为应交平政院审理者。特交平政院审理。

第十二条 前条大总统特交审理事件。有应付惩戒或属司法审判者。由平政院呈明大总统分别交主管官署行之。

第十三条 本法自公布尔日施行。

《诉愿条例》[①]

（一九一四年七月二十日 法律第五号）

第一条　人民对于左列各款之事件。除法令有特别规定外。得提起诉愿。

一、中央或地方下级行政官署之违法处分。致损害人民利益者。

二、中央或地方下级行政官署之不当处分。致损害人民利益者。

三、中央最高级行政官署之不当处分。致损害人民利益者。

四、地方最高级行政官署之不当处分。致损害人民利益者。

第二条　人民依第一条第一款第二款之规定诉愿者。得向直接上级行政官署提起之。

第三条　已诉愿后不服其决定者。得向直接上级行政官署提起之。

第四条　人民对于第一条第一款之事件。诉愿至中央或地方最高级行政官署。不服其决定者。得向平政院提起诉讼。

第五条　人民对于第一条第二款之事件提起诉愿时。以中央或地方最高行政官署之决定。为最终之决定。

第六条　人民依第一条第三款、第四款之规定诉愿者。应向原处分之官署提起之。

依第一条第四款之规定提起诉愿而不服其决定者。得向中央最高及行政官署提起诉愿。

依第二条第三条及本条第二项之规定提起之诉愿。诉愿人须同时缮具诉愿书副本。分报原处分或原决定之行政官署。

第七条　前条之诉愿。以中央最高级行政官署之决定为最终之决定。

第八条　法律所认之法人。得以其名提起诉愿。

---

① 此处为原文引用，为保持原状，对其标点及词语使用等未按现行标准调整。——编辑注

第九条 诉愿自行政官署之处分书或决定书达到至次日起。六十日内提起之。

前项规定之限期内。遇有事变或故障。得由受理诉愿之行政官署许可展限。

限期之末日遇星期日庆祝日及其他休息日。毋庸算入。

第十条 诉愿须用书状。载明左列各款。由诉愿人署名签押。

一、诉愿人之姓名年龄职业住址。若诉愿人为法人。则其名称及住址。

二、原处分或原决定之行政官署。

三、诉愿之事实及理由。

四、证据。

五、年月日。

有证据书状者。须添具缮本。其已经诉愿者。须附录原诉愿书及决定书。

第十一条 多数人共同诉愿者。除依前条规定外。须由诉愿人中。选出以下之代表人提起之。

前项之代表人须提出委任书。证明代表之事实。

第十二条 诉愿书得依法定之程式。以邮信递送。

邮递之日数。无庸算入第九条所规定之期限内。

第十三条 原处分或原决定之行政官署。自收到诉愿书副本之次日起。十日内添附辨明书及必要书状。呈送于直接上级行政官署。

第十四条 诉愿书经受理之行政官署审查。认为无须受理时。得附理由驳回之。但诉愿书仅违法定程式者。发还诉愿人。令其与一定限期内补正。

前项之诉愿书。须自收到之次日起。三日内发交诉愿人。

第十五条 行政官署受理之诉愿。得就书状决定之。但认为必要时。得令其为言词辩论。

第十六条 诉愿之决定。须具决定书。附载理由。发交诉愿人。

第十七条　诉愿未决定以前。除法令有特别规定外。行政官署之处分。不失其效力。但受理诉愿之行政官署认为必要时。得停止之执行。

第十八条　诉愿之决定。有拘束下级行政官署之效力。

第十九条　本条例自公布日施行。

《平政院处务规则》[①]

（一九一四年八月十日 教令第一百十五号）

第一条 平政院职员之勤惰。由院长稽核之。

第二条 平政院得设平政院总会议。以院长及评事组织之。

第三条 应经平政院总会议议决之事项。除法令有特别规定外。由院长定之。

第四条 平政院总会议。以院长为议长。院长有事故时。准用平政院编制令第三条第二项之规定。

第五条 平政院总会议。非有评事全体三分之二以上出席。不得开议。非有出席评事过半数之同意。不得议决。可否同数。由议长决之。

第六条 平政院总会议议决录。由书记官编制保存。

第七条 平政院审理案件。于宣告裁决前。各职员均应严守秘密。

第八条 平政院审理案件之程序。除法令有规定外。得参用通常法院之诉讼程序。

第九条 评事之分庭。由院长行之。但须呈报大总统。

第十条 评事分庭后。非因不得已之事由。一年内不得各庭互相更调。

第十一条 各庭事务之分配。由院长行之。

第十二条 各庭审理案件。以庭长为审理长。

第十三条 各庭审理案件。由庭长依案件到庭之先后。顺次分交评事五人中之一人。专任审查。

第十四条 专任审查之评事。应将全案之重要事由。作报告书。连同本案全卷。及其他文件。送交庭长。

① 此处为原文引用，为保持原状，对其标点及词语使用等未按现行标准调整。——编辑注

第十五条　庭长应将前条之报告书。交书记官缮具副本。分配该庭各评事。

第十六条　各庭之案件。经庭长及专任审查评事认为须受理者。应由该庭评事合议议决。专任审查评事。应依前项之决议。拟具决定书。送交庭长。

第十七条　各庭之案件。经庭长及专任审查评事。认为应行受理者。由专任审查评事。依法令所定之程序行之。

第十八条　专任审查评事。经过开庭以前之程序。应作报告书。送交庭长。

第十九条　庭长审查前条之报告书。认为应行对审者。应指定开庭日期。

第二十条　开庭期前。应由庭长依第十六条之规定行之。

第二十一条　开庭终结之本日或翌日。应由该庭评事合议。议决事实上及法律上之判断。

第二十二条　专任审查评事。应依前条之议决。拟具裁决书。送交庭长。

第二十三条　各庭之案件。经庭长认为无须对审者。应依第二十二条之规定。由该庭评事合议议决。由专任审查评事拟具裁决书。

第二十四条　决定书及裁决书。经庭长核定后。应送交院长。

第二十五条　各庭审理案件。于宣告裁决前发见左列情事。院长得为适当之指告。

一、解释法令之错误。

二、适用法令之失当。

三、审理程序之欠缺。

四、文字有误或体裁未备。

受前项之指告者。除第四款外。应再由该庭评事合议议决。

第二十六条　审理案件之顺序。依收受案件之先后为准。但有特别事由。得变更之。

第二十七条 关于行政诉讼之文书程序。由平政院自定之。

第二十八条 各庭开庭日期。由院长于每年十二月。咨询各庭庭长豫定之。

第二十九条 各庭应于每开庭之日期前。将豫定对审之案件揭示。并送登政府公报。

第三十条 各庭开庭时之警备。由书记官承院长之命指挥之。

第三十一条 关于开庭之设备。及其他事宜。各庭庭长。有意见时。得随时陈述于院长。

第三十二条 平政院设书记处。分左列各科。由书记官掌理之。

记录科。

文牍科。

会计科。

庶务科。

第三十三条 平政院书记官。应受各庭之指挥。

第三十四条 平政院处务时间。除例假日停止办公外。依左列时间行之。

一、三月一日至六月末日。午前自九时至十二时。午后自二时至五时。

二、七月一日至八月末日。午前自八时至十二时。

三、九月一日至十月末日。午前自九时至十二时。午后自二时至五时。

四、十一月一日至翌年二月末日。午前自十时至十二时。午后自一时至四时。

前项时间。遇有特别情形。院长得临时延长或变更之。

第三十五条 关于各种办事细则。由平政院自定之。

第三十六条 本规则自公布日施行。

《中华民国行政诉讼法》[①]

（一九三二年十一月十七日国民政府公布，一九三三年六月二十三日施行）

第一条　人民因中央或地方官署之违法处分致损害其权利经依诉愿法提起再诉愿而不服其决定或提起再诉愿三十日内不为决定者得向行政法院提起行政诉讼

第二条　提起行政诉讼得附带请求损害赔偿

前项损害赔偿除适用行政诉讼之程序外准用民法之规定但第二百一十六条规定之所失利益不在此限

第三条　对于行政法院之裁判不得上诉或抗告

第四条　行政法院之判决就其事件有拘束各关系官署之效力

第五条　行政法院关于受理诉讼之权限以职权裁定之

第六条　评事除准用民事诉讼法第三十二条之规定外具有左列情事之一者应自行回避不得执行职务：

一、评事曾在中央或地方官署参与该诉讼事件之处分或决定者

二、评事曾在法院参与该诉讼事件之审判者

第七条　行政诉讼之当事人得委任代理人代理诉讼代理人应提出委任书证明其代理权

第八条　行政诉讼因不服再诉愿之决定而提起者自再诉愿决定书达到之次日起六十日内为之其因再诉愿不为决定而提起者自满三十日之次日起六十日内为之

第九条　官署处分或决定之执行除法律别有规定外不因提起行政诉讼而停止但行政法院或原处分原决定之官署得以职权或依原告之请求停止之

① 此处为原文引用，为保持原状，对其标点及词语使用等未按现行标准调整。——编辑注

第十条 提起行政诉讼应以书状为之

诉状应记载左列各款由原告或代理人签名盖章或按指印其不能签名盖章按指印者得使他人代书姓名并由代书人记明其事由并签名

一、原告之姓名年龄性别籍贯职业住所或居所如系法人其名称事务所及代表人之姓名年龄性别

二、由代理人提起行政诉讼者代理人之姓名年龄性别职业住所或居所

三、被告之官署

四、再诉愿之决定及起诉之陈述

五、起诉理由及证据

六、年月日

第十一条 行政法院审查诉状认为不应提起行政诉讼或违背法定程序者应附理由以裁定驳回之但仅系诉状不合法定程序者应限定期间命其补正

第十二条 行政法院受理行政诉讼应将诉状副本及其他必要书状副本送达于被告并限定期间命其答辩

第十三条 被告答辩书应具副本

行政法院应将答辩书副本送达于原告

第十四条 行政法院认为必要时得限定期间命原告被告以书状为第二次答辩

第十五条 被告之官署不派诉讼代理人或不提出答辩书经行政法院另定期间以书面催告而仍延置不理者行政法院得以职权调查事实，迳为判决

第十六条 行政诉讼就书状判决之，但行政法院认为必要或依当事人之声请，得指定期日传唤当事人及参加人到庭，为言词辩论

第十七条 当事人及参加人于为言词辩论时得补充书状或更正错误及提出新证据

第十八条 行政法院认为必要时得传唤证人或鉴定人

证人或鉴定人有民事诉讼法第二百九十条、第二百九十九条或第三百一十一条情形者关于科罚之处分由行政法院裁定之

第十九条　行政法院得指定评事或嘱托普通法院或其他官署调查证据

第二十条　关于行政诉讼程序上之请求由行政法院裁定之

第二十一条　行政法院认起诉为有理由者应以判决撤销或变更原处分其附带请求损害赔偿者并应为判决认起诉为无理由者应以判决驳回之其附带请求损害赔偿者亦同

第二十二条　有民事诉讼法第四百六十一条所列各款情形之一者当事人对于行政法院之判决得向该院提起再审之诉

第二十三条　再审之诉应于六十日内提起之

前项期间自判决送达时起算其事由发生在后或知悉在后者自发声或知悉时起算

第二十四条　行政诉讼费用条例另定之

第二十五条　行政诉讼判决之执行由行政法院呈由司法院转呈国民政府训令行之

第二十六条　本法未规定者准用民事诉讼法

第二十七条　本法施行日期以命令定之

《中华民国行政法院组织法》[①]
（一九三二年十一月十七日公布）

第一条 行政法院掌管理全国行政诉讼审判事务

第二条 行政法院置院长一人综理全院行政事务兼任评事并充庭长

第三条 行政法院分设二庭或三庭每庭置庭长一人除由院长兼任者外就其余评事中遴充之监督各该庭事务并定其分配。

第四条 行政法院每庭置评事五人掌理审判事务

每庭评事应有曾充法官者二人

第五条 行政法院之审判以评事五人之合议行之

合议审理以庭长为审判长庭长有事故时以评事之资深者充之

第六条 行政法院评事非具备左列各款资格者不得充任

一、对于党义有深切之研究者

二、曾任国民政府统治下简任职公务员二年以上者

三、年满三十岁者

第七条 行政法院置书记官长一人书记官十人至十八人分别掌理记录编案撰拟统计会计收发及典守印信等事务

第八条 行政法院院长特任评事简任书记官长荐任书记官委任。

第九条 评事之保障准用关于推事保障之规定

第十条 行政法院得酌用雇员及庭丁

第十一条 行政法院处务规程由司法院定之

第十二条 本法自公布日施行

---

① 此处为原文引用，为保持原状，对其标点及词语使用等未按现行标准调整。——编辑注

《行政诉讼费条例》①

（一九三三年五月六日）

第一条　行政诉讼一切状纸由司法院制造颁行依左列规定收费：

一、诉状　　　　五角

二、答辩书　　　五角

三、代理委任书　五角

第二条　行政法院送达裁定判决书及其他关于诉讼之文件每件征收送达费一角，由邮局送达者，按其邮费实数征收。

第三条　钞録费每百字征收一角，不满百字者，亦按百字计算。

第四条　翻译费每百字征收一角，不满百字者，亦按百字计算。

第五条　行政诉讼不收审判费，其附带请求损害赔偿者亦同。

第六条　本条例自行政诉讼法施行之日施行。

① 此处为原文引用，为保持原状，对其标点及词语使用等未按现行标准调整。——编辑注

一九三三年至一九三五年行政法院判决要旨汇编[①]

实体法部分

总则：

二十二年十二月八日判字第一号：

行政机关之处分。除在职权范围以内。依法得以自由裁量者外。必须有法规之根据。

二十三年三月九日判字第四号：

行政机关为某国家及人民之利益。对于特定事件。在法令所赋予之职权以内。自可为一定处置或变更从前之处分。

二十三年四月十六日判字第九号：

人民非依法律不得逮捕拘禁审问处罚。训政时期约法已有明文规定。行政官署苟无法规根据。自不得对于人民为科法之处分。

二十三年度判字第二号：

法律的效果以连续数行为而完成时。如前行为违法。则以此为基础之后行为亦当然违法。

二十三年度判字第三号：

行政官厅以行政处分为人民设定之权利。事后非有法令上之原因或本于公益上之必要。原不得任意撤销。

二十三年度判字第二十五号：

私有财产应受国家法律之保护。行政管束无法律上之根据。不得以强力加以处置。

---

① 该部分摘录的是各原判决书部分内容，为保持原状，对其标点及词语使用等未按现行标准调整。——编辑注

二十三年度判字第三十二号：

受雇人因执行职务。不法侵害他人之权利者。由雇佣人与行为人连带负损害赔偿责任。此在民法定有明文。

二十四年度判字第四号：

未经诉愿决定之案件。原处分官署既自觉其原处分为不合法。于本行政上之职权作用。原得自动的为撤销原处分或另为处分。

二十四年度判字第十三号：

命令效力之发生。以到达为前提要件。到达之者即已送达受令者之谓。若该管机关在命令尚未送达以前。而就其执掌范围内所为之行为。自无庸受其拘束。

二十四年度判字第三十号：

地方官署权限内之行为。人民抗不遵行。乃行政执行法处以罚锾。自不得为违法。

二十四年度判字第三十六号：

国家机关与人民在私经济之权义关系上。原处于对等地位。与公法上权力服从关系有别。因而行政官署关于私经济之行为。不能认为有行政处分之效力。

二十四年度判字第五十二号：

清偿债务。应向债权人或有权受领人为之。否则。债之关系不能认为消灭。此与履行公法上之义务。亦相同。

二十四年度判字第五十六号：

国家行政权之作用。非依据法规不得命人民以义务或侵害其权利。

二十四年度判字第五十七号：

非有处分权行政官署之行为。自与行政处分有别。不生效力确定与否之问题。

二十四年度判字第七十一号：

人民违反法令所定之义务。该管署对之而科以一定之制裁。应以所发生之行为为标准。如其所为指数个行为。均系基于一个意思所发动。而无独立之性质。则虽有目的与手段之不同。亦仅为组成违反义务行为之个别动作。仍应视为一个行为。该管官署既经所发生之行为。量加处罚。则其违法义务之状态即已不复继续存在。要无课以同样责任之理。

二十四年度判字第七十五号：

人民因习惯成立之权利。行政官署如为公益上之必要。固得予以撤销。否则难谓其适法。

二十四年度判字第七十九号：

行政行为在法律上不能成立者。其行为为无效。

财务行政：

二十三年三月十六日判字第五号：

商人承包税款其权义之关系。自应以当时有效之章则为断。如当时章则并无糧商对于包商帮税之规定。则包商对于糧商自无要求帮税之权利。

二十三年三月二十三日判字第六号：

依营业税法第四条载。营业税税率应依左列三种课税标准。由各省政府或市政府按照本地营业性质及状况。分别酌定之等语。是行政官署对于课税之标准。在三种税率范围内原有自由裁量职权。

二十三年度判字第十二号：

（一）人民匿报契价。诉愿决定依地方单行法规。改处短纳税额之罚金。自属正当。

（二）依照地方单行法规。对于匿价短税者。既仅有补缴契税之规定。自不应收税款。

二十三年度判字第二十一号：

（一）人民多年惯行之事实。为法令所未规定。而生普通一般人所确信心。且不背于公共秩序或善良风俗者。即成为地方习惯。有法律上之效力。

（二）省政府按地摊款之通令。如系指某种事件应缴纳款项而言。

并非对于各县一切公款。均应按地亩摊派差款之标准。自不能受其拘束。

（三）摊派公款属于行政事件。系行政权之公法行为。不生私法关系。当然不能由普通司法机关受理。

二十三年度判字第二十七号：

行政官署向人民筹募款项物品。非有法令上之根据。无论其具有家产若干以及是否分析。固未可遽以强力率行派缴。惟人民已有承诺之意思表示。事后辄图翻異。以此提起行政诉讼而为损害赔偿之请求。自亦为法为不许。

二十三年度判字第二十四号及判字第四十一号：

依修正屠宰税简章。所谓征收所由各县知事委托相当人员代办。不限定额。其一切办公经费。准由屠宰税项下提百分之五开支。不另支薪等语。即委托代办。系由县政府直接委托相当人员代办。与依照投票规则而认办屠宰税者。截然不同。

二十三年度判字第三十号：

地方单行法规既规定匿价税契者。除另换契纸。改正契约。补缴短纳税额外。并处罚金。地方行政官署对于取巧短纳税额者。依法处分自无不合。

二十三年度判字第五十七号：

（一）漏税既系续控发觉。行政官署自得以职权处理。

（二）行政官署分罚金之倍数。在规定范围内。原可察核情形。斟酌处理。

（三）免税期间在官署尚未征税。则公司自不能向客户预征税款。剥夺其应享免税之权利。

（四）水泥商对于完税之水泥。尚应照章报请查验。则自用之水泥应否免税。自应事先向主管官署呈请核准。

二十四年度判字第六号：

修正监督地方财政暂行法规定。应呈由行政院。核转立法院议决者。系指各省及直隶于行政院之市。遇有变更税目。增减税率而言。如非变更税目。增减税率。自不适用该法之规定。

二十四年度判字第七号：

人民漏税。地方政府根据征收契税规程。予以处罚。自无违法之可言。

二十四年度判字第十七号：

地方摊派公款。在官署未定有划一办法以前。自应本旧有习惯。以为摊派成数之标准。

二十四年度判字第二十九号：

早已移转占有而使用收益之权亦悉界之地产。自属一种不动产质权。与普通抵押权不同。此项物权在民法上难无明文。但发生于民法物权编尚未施行前。原可不适用民法之规定。则凡关于所质地产应负担之义务质权人与出质人互相间于设定行为既无若何特别订定。自应由出质人负担。

二十四年度判字第第三十一号：

地方官署依照呈部核准之地方单行法规。对于人民除征收牙税屠宰税外。专就卖肉营业额责令依法缴纳营业税。自不得谓之违法。

二十四年度判字第六十五号：

人民短写契价。地方政府依征收契税规程。除照补短税外。并按短纳税额处以罚金。即难指为不合。

二十四年度判字第六十七号：

（一）关于征收斗糧芝稻行牙税。地方官署既有一定章则。糧行如有把持情形。该管官署尽可依照定章办理。反之。如糧行已商得承包人之同意。仍照糧行旧习抽钱办法收税。而承包人事后希图翻異。则又属认包捐税商人与糧行相互间对于民事上契约之争执。

（二）商人向官署认包捐税。系属官署与人民之契约行为。不能视为公务员。与诉愿法所定之人民权利或利益不同。倘因官署处分。致受损害。依其性质。得认为违约行为。可提起通常民事诉讼。不得提起诉愿。

二十四年度判字第七十四号：

地方政府呈准依照据业户实产。并酌量经济状况之捐款。自系财产捐。非居户捐。凡在该境有田产者。自应负纳之义务。惟此项捐款负担应力求公平。

二十四年度判字第八十一号：

人民因受水灾。请求缓征。县政府核准与否。自应以当时勘报灾情为断。

工商行政

二十三年度六月二十九日判字第二十号：

商标之近似者不得呈请注册。商标法著有明文。所谓近似者系指商标之图样构造。排列方法及所施颜色。是否足以相混而言。

二十三年度判字第二十六号：

商标法第一条第二项。对于商标所用文字仅指其所表现之形体。并不包括读音在内及第二条第四款亦指第一条第二项所用文字图形记号或其联合式之形体而言。与读者无关。均经司法院解释有案。

二十三年度判字第二十六号：

商标法第三条系指明以相同或近似之商标。各别呈请注册之事项。意义极为明显。

二十三年度判字第二十六号：

凡瓶式瓶贴之相同或近似。法无明文限制。自不受何拘束。

二十三年度判字第二十八号：

商标法上所谓文字。当然包括字之个体。自不能以字体正草大小及排列方法相異。而视为文字不同其有以外国文字用于商标上。亦应视为文字。不能认为商标法所称之记号。

二十三年度判字第二十九号：

（一）商标自注册之日起。就指定之商品。由注册人取得商标专用权。此在商标法第四条。已有明文规定。故自专用权取得后。他人不得于同一商品。以相同或近似之商标作为商标。呈请注册。乃该法第二条当然之解释。

二十三年度判字第二十九号：

（二）商标之近似与否。应综括其全部分以隔离的观察。而判定其是否有混同或误认之虞者。为各国所行之通例。

二十三年度判字第二十号：

依商标法商标注册取得专用权之后。本有请求禁止他人再行使用相同或近似商标于同一商品之权。而商标是否近似。应以其构成该商标之主要部分。有无特别差异为断。

二十三年度判字第三十六号：

商标注册执照关于营业各项之记载。原所以杜绝混淆。若名实不符。行政官署认为有欺罔公众之虞者。自得依职权将其原领执照撤销。

二十三年度判字第四十四号：

二人以上于同一商品。以相同或近似之商标。各别呈请注册时。依商标法之规定。应准实际使用最先者注册。

二十三年度判字第五十三号：

查验商标注册证暂行章程第一条规定。凡民国十六年五月以前。在北京商标局注册之商标。除已依注册条例。向全国注册局补行注册。另有注册证者外。应自本章程公布之日起。六个月内。将原有注册证澄清商标局查验等语。凡在前北京商标局注册之商标。如未经于该章程所定限期内。呈请查验者。自不能继续有效。至该章程第七条所谓十六年五月一日以后。北京商标局所发之注册证无效。即谓是日以后所发之注册证。不得呈请查验。须另行呈请注册之意。此参之前述该章程第一条之规定。无可疑者。

二十四年度判字第四号：

商标专用权除得由注册人随时呈请撤销外。凡在注册后与其注册商标自行变换或加附记以图影射而使用之者。商标局得以其职权或据利害关系人之呈请撤销之。

二十四年度判字第十二号：

商标自注册之日起。就指定之商品由注册人取得专用权后。他人不得于同一商品。以相同或近似之标章作为商标。呈请注册。所谓近似之者系综括其全部分。以隔离的观察。而判定其是否有混同或误认之虞而言。

二十四年度判字第十四号：

当事人使用之商标。其文字上所表现之形体既非一致。而当事人一方所使用者。又必须与其他物形商标联合一起。并不能独立使用。究难为有恶意之存在。

二十四年度判字第二十五号：

（一）二人以上于同一商品以相同或近似之商标各别呈请注册时。依商标法之规定应准实际使用最先者注册。其呈请前均未使用。或孰先使用无从确实证明时。得准最先澄清者注册。

（二）商标之使用方法。系指以商标用于商品或其容器。使交易者或需要者认识其为自己营业之商品。不致误认为他人商品而言。

二十四年度判字第三十五号：

依商标法规定。商标所使用之文字图形或其联合式。须特别显著。及凡以普通使用之方法。而表示自己之姓名商号或其商品之名称产地品质形式功用等事者。不为商标专用权之效力所拘束等语。是商标之仿冒。自指文字图形等均相似而言。若他人表示商品之品质等文字。纵与已经注册之商标图案中一部分文字相同或近似。要不受专用权效力之拘束。

二十四年度判字第五十三号：

商标专用权以澄清注册所制定之商品为限。而对于相同或近似于他人之商标。使用于不同之商品。商标法并无禁止之规定。且同法对于二人以上以相同或相似之商标。各别呈请注册时。所设之限制亦明定为同一商品。足见商品不同即不发生相同或近似问题。

二十四年度判字第五十四号：

商标自注册之日起。就只定制商品由注册人取得专用权后。他人不得于同一商品。以相同或近似之标章。作为商标呈请注册。所谓近似之者。应就其通体。以隔离的观察。而判定其是否混同或误认之虞以为断。

二十四年度判字第七十二号：

（一）商标是否相同或近似应就文字图形等通体观察。不能仅据文字或图形之一部分以为断定。

（二）商标专用权之效力。应以注册时审定之名称及图样为限。其呈请时所为之说明以及习惯上别名。自不能主张专用权。

土地行政

二十三年六月二十五日判字第十九号：

土地征收法虽有地方自治团体或人民兴办公共事业。亦得征收土地之规定。但公共事业之范围。广狭不同。倘事业范围属于一定地域时。则其征收土地亦只能以该地域以内为限。换言之。即不能以兴办甲地之公共事业而征收乙地之土地。

二十三年度判字第六十二号：

依土地征收法。兴办事业人补偿土地所有人之损失。并未定有标准。而应由兴办事业人之主管官署与土地所有人协议之。协议无结果。则由征收审查委员会议定之。如已经过协议审查之法定手续。其所议定损失之补偿。即不得为违法。

二十四年度判字第十五号：

凡道路系统规定之路线。土地所有人遵照收让而受补偿金时。实际上即等于合议之收买。固无妨省略征收手续。倘土地所有人对于收让持有异议。则唯有依照土地征收法办理。经呈准公告后。如不能因协议而取得权利。依法仍应组织征收审查委员会议定之。

二十四年度判字第十八号：

公用征收国家为征收主体。

二十四年度判字第十八号：

公用征收之性质与买卖有别。非属继承取得。乃系原始取得。被征收者之权利。非直接移转于征收者。而系征收者以法律之力。以取得新权利。同时被征收者之权利。在与此不能两立之限度内。无形归于消灭。

二十四年度判字第三十九号：

地方房基线规则关于房基线之规定。既列举照线退让之工程。凡修理房屋。适合列举之工程者。退让。否则。不退让。

二十四年度判字第五十八号：

（一）土地法第一五一条及第三四七条所规定者。系指未被征收之土地而言。房地既经市府全部征收。其未使用之余地。业属市有。何能援引以为诉争。

（二）市政府为发展交通。改良市面。将业主房地全部征收。产权即属市府。业主与该地既无所有权亦原无通行权。则该地之如何使用。如何出租其权属诸市府。自非原业主所得讼争。

（三）土地全部征收。其未使用之余地。市府因业主迭请发还。未允。姑准暂时承租。不得谓非合于人情法理之平。

教育行政

二十四年度判字第八号：

荒地捐入学校。其所有权即属学校。原捐助人无可收回之理。至原捐助人生活困难。主管官署决定每年由是项学产纯净收入项下。酌定若干。补具其本身生活。与法非无不合。

二十四年度判字第二十号：

地方官署以地方公款补助地方教育经费。除法令另有规定外。原得体察各地方特殊情形。量予酌定或变更。

二十四年度判字第七十六号：

依私立学校规程。私立中等学校如设立与行政院直辖之市。政府为主管机关。否则即应以省教育厅为主管机关。设遇该私立中学校校董会发生纠纷。以致停顿时。则分别属于市或省主管者。由市或省教育厅依照规程所定办理。方为适法。

二十四年度判字第七十八号：

（一）私立学校校长之选任。固属校董事会之职权。但校董事会选任之校长。应得教育行政机关之认可。

（二）主管教育行政机关认校董会选任之校长不称职时。并得令校董会另选。故私立学校校长如有不称职情形。主管官署本于监督职权。命其解职。与法并无不合。

程序法部分

行政诉讼要件

二十三年四月十六日判字第九号：

行政诉讼法第二条规定之损害赔偿。系指行政官署因违法处分。致使损害人民权利。依法应负赔偿责任者而言。关于私人间损害赔偿之请求。自不属行政诉讼范围。

二十三年五月三十日判字第十四号：

行政官署本于行政职权所为之最终决定。纵有不当。亦只是不当处分。依诉愿法不能提起行政诉讼。

二十三年度判字第十七号：

（一）人民以中央或地方官署之处分违法。损害其权利为理由。得依行政诉讼请求救济者。必其处分之效果现仍在继续之中。若其处分之效果已不存在。即不具备提起行政诉讼之要件。

（二）既经普通司法机关以民事诉讼受理。尚未终结。且未经原告诉愿时出而主张。自不能扩张请求之范围而提起行政诉讼。

（三）提起行政诉讼。依法须因中央或地方下级行政官署之违法处分。致损害人民之权利为先决问题。如非因官署之违法处分致损害权利。自不在行政诉讼范围内。

（四）行政诉讼法所谓的附带请求损害赔偿者。系指中央或地方下级行政官署之违法处分。致损害人民之权利。依法应负赔偿责任者而言。其因私人之违法行为应予损害赔偿者。自不能于提起行政诉讼时附带请求。

附带请求损害赔偿依行政诉讼法规定。以人民权利因官署违法处分而受损害者为限。

二十三年度判字第十八号；二十四年度判字第一号、判字第四十九号、判字第六十号及判字第六十一号：

人民提起行政诉讼。须以官署之违反处分。致损害其权利为先决条件。

二十三年度判字第二十号：

行政诉讼法所谓的附带请求损害赔偿者。系指行政官署因违法处分。致损害人民之权利。依法应负赔偿责任者而言。若行政官署之处分于法无违。亦于当事人之权利无损。自不生损害赔偿问题。

二十三年度判字第七十三号：

（一）行政官署于法理上欠根据之处分。再诉愿决定及诉愿决定如未予撤销。即非适法。

（二）在现行法令上并无何种限制者。即属行政官署得自由裁量之行为。仅生适当与否问题。无违法之可言。依行政诉讼法第一条。自不得就此提出行政诉讼。

修正行政法院组织法第七条条文
（国民政府令一九三六年十一月六日）

兹修正行政法院组织法第七条条文，公布之。此令

主席　林森

立法院院长　孙科

第七条　行政法院置书记官长一人，书记官十人至十八人，分别掌理记录编案撰拟收发及典守印信等事务。

行政法院设会计员一人，统计员一人，辩理岁计会计统计事项，受行政法院院长之指挥监督，并依国民政府主计处组织法之规定直接对主计处负责。

会计室及统计室需用佐理人员名额，由行政法院及主计处就本法所定委任人员及雇员名额中会同决定之。

《中华民国行政诉讼法》
（一九三七年一月八日修正公布）

兹修正行政诉讼法，公布之。此令。

主席　林森

立法院院长　孙科

第一条　人民因中央或地方官署之违法处分，致损害其权利，经依诉愿法提起再诉愿而不服其决定，或提起再诉愿愈两个月不为决定者，得向行政法院提起行政诉讼。

已向五院或直隶国民政府各官署提起之诉愿，以再诉愿论。

第二条　提起行政诉讼，得附带请求损害赔偿。

前项损害赔偿，除适用行政诉讼之程序外，准用民法之规定。但第二百一十六条规定之所失利益，不在此限。

第三条　对于行政法院之裁判，不得上诉或抗告。

第四条　行政法院之判决，就其事件有拘束各关系官署之效力。

第五条　行政法院关于受理诉讼之权限，以职权裁定之。

第六条　评事除准用民事诉讼法三十二条之规定外，具有左列事情之一者，应自行回避，不得执行职务。

一、评事曾在中央或地方官署参与该诉讼事件之处分或决定者。

二、评事曾在普通法院参与该诉讼事件之审判者。

第七条　行政诉讼之当事人，谓原告、被告及参加人。

当事人得委任代理人代理诉讼，代理人应提出委任书证明其代理权。

第八条　行政法院得命有利害关系之第三人参加诉讼，并得因第三人之请求允许其参加。

第九条　行政诉讼之被告，谓左列官署。

一、驳回诉愿时之原处分官署。

二、撤销或变更原处分或决定时为最后撤销或变更之官署。

第十条 行政诉讼之提起，于再诉愿决定到达之次日起二个月内为之。

第十一条 原处分或决定之执行，除法律另有规定外，不因提起行政诉讼而停止。但行政法院或为处分或决定之官署得以职权或以原告请求之停止。

第十二条 提起行政诉讼，应以书状为之。

诉状应记载左列各款，有原告或代理人签名盖章或按指印，其不能签名盖章或按指印者，得使他人代书姓名，并由代书人记明其事由并签名。

一、原告之姓名、年龄、性别、籍贯、职业、住所或居所。如系法人，其名称、事务所及代表人之姓名、年龄、性别。

二、由代理人提起行政诉讼者，代理人之姓名、年龄、性别、职业、住所或居所。

三、被告之官署。

四、起诉之事实、理由、证据及再诉愿决定。

五、年月日。

第十三条 行政法院审查诉状，认为不应提起行政诉讼或违背法定程序者，应限定期间，命其补正。

第十四条 行政法院受理行政诉讼，应将诉状副本及其他必要书状副本送达于被告，并限定期间，命其答辩。

第十五条 被告答辩书应具副本。

行政法院应将答辩书副本送达原告。

第十六条 行政法院认为必要时，得限定期间，命原告、被告以书状为第二次之答辩。

第十七条 被告之官署不派诉讼代理人，或不提出答辩书，经行政法另订期间以书面催告而仍延置不理者，行政法院得以职权调查事实，迳为判决。

第十八条　行政诉讼就书状判决之。但行政法院认为必要，或依当事人声请，得指定日期，传唤原告、被告及参加人到庭为言词辩论。

第十九条　原告、被告及参加人，于为言词辩论时，得补充书状，或更正错误，及提出新证据。

第二十条　行政法院认为必要时，得传唤证人或鉴定人。

证人或鉴定人有民事诉讼法第三百零三条、第三百十一条或第三百二十四条情形者，关于科罚之处分，由行政法院裁定之。

第二十一条　行政法院得指定评事，或嘱托普通法院或其他官署，调查证据。

第二十二条　关于行政诉讼程序上之请求，由行政法院裁定之。

第二十三条　行政法院认起诉为有理由者，应以判决撤销或变更原处分或决定，其附带请求损害赔偿者，并应为判决。认起诉为无理由者，应以判决驳回之，其附带请求损害赔偿者亦同。

第二十四条　有民事诉讼法第四百九十二条所列各款情形之一者，当事人对于行政法院之判决，得向该院提起再审之诉。

第二十五条　再审之诉，应于二个月内提起之。

前项期间，自判决送达时起算，其事由发生在后或知悉在后者，自发生或知悉时起算。

第二十六条　行政诉讼费条例另定之。

第二十七条　行政诉讼判决之执行，由行政法院呈由司法院转呈国民政府训令行至。

第二十八条　本法未规定者，准用民事诉讼法。

第二十九条　本法自公布日施行。

修正行政法院组织法第六条第八条条文
（一九四三年五月十四日公布）

第六条 行政法院评事非具备左列各款资格者不得充任。

一、对于三民主义有深切之研究者。

二、在教育部认可之国内外大学或专门学校修习法律或政治经济学科三年以上专业者。

三、曾任国民政府统治下简任职公务员二年以上或荐任职公务员七年以上者。

四、年满三十岁者。

第八条 行政法院院长特任评事简任书记员荐任或简任书记官四人荐任余委任。

参考书目

［1］《学习时报》编辑部. 落日的辉煌——17、18 世纪全球编剧中的“康乾盛世”［M］. 北京：中共中央党校出版社 2001.

［2］［法］孟德斯鸠. 论法的精神［M］. 北京：商务印书馆，2005.

［3］夏新华. 近代中国宪法实施历程：史料荟萃［M］. 北京：中国政法大学出版社，2004.

［4］李华兴，吴家勋，梁启超文集［M］. 上海：上海人民出版社，1984.

［5］何勤华. 李秀清，外国法与中国法——二十世纪中国移植外国法反思［M］. 北京：中国政法大学出版社，2003.

［6］转引邹容.《革命军》辛亥革命前十年时论选集（第一卷下册）［M］. 上海：上海三联书店，1978.

［7］《立宪纪文》中评述道：计自四大臣归国以迄宣布立宪，才不足一月，其间大臣阻挠，百僚抗议，立宪之局，几为所动。苟非考察大臣以身府怨，排击俗论，则吾国之得由专制而进于立宪与否，未可知也。

［8］转引（清）朱寿朋. 光绪朝东华录［M］. 北京：中华书局，1958.

［9］转引南方周末报. 2011. 6. 16.

［10］上海商务印书馆编译所. 大清新法令（第一卷）［M］. 北京：商务印书馆，2010.

[11]《庸言》(第一卷第23号). 中华民国日本大正，民国二年十一月初一发行。

[12]《庸言》(第一卷第15号). 中华民国日本大正，民国二年七月初一发行。

[13] 章伯锋，荣梦源. 近代稗海［M］. 成都：四川人民出版社，1987.

[14] 转引吴相湘. 中国现代史料丛书（第一辑）［M］. 台北：台湾文星书局，1962：320－321. 另参阅吴相湘. 民国经世文编（第二册）［M］. 台北：台湾文星书局，1962：479－480

[15] 杨绍滨. 北洋政府平政院述论［J］. 安徽法学，2003（3）.

[16] 转引［日］清水澄. 行政法泛论［M］. 金民澜，译. 北京：商务印书馆，1912：16.

[17] 翁岳生. 行政法与现代法治国家［M］. 台北：祥新印刷有限公司，1990.

[18] 黄源盛. 民初平政院裁决书整编初探［J］. 中西法律传统，2008.

[19] 政府公报［J］. 民国三年八月，439－440.

[20] 转引中华民国国民政府公报（第49册）. 488－489.

[21] 东方杂志（第12卷第3号）［J］. 1915.

[22] 季云飞. 评杨度民国初年的君主立宪主张［J］. 常德师范学院学报：社会科学版，2003（1）.

[23] 东方杂志（第12卷第3号）［J］. 1915.

[24] 东方杂志（第11卷第2号）［J］. 1915.

[25] 政府公报［J］. 民国三年九月，490－491.

[26] 蔡志芳. 行政救济与行政法学［M］. 台北：三民书局，1993.

[27] 政府公报［J］. 民国四年十月，995.

[28] 政府公报［J］. 民国四年十月，995－1007.

[29] 翁岳生. 行政法与现代法治国家［M］. 台北：祥新印刷有限公司，1976.

[30] 政府公报［J］. 民国八年五月，718.

[31] 政府公报［J］. 民国八年五月，718－724.

[32] 政府公报［J］. 民国十二年三月，1545－1547.

[33] 政府公报［J］. 民国七年八月，667－669.

[34] 政府公报［J］. 民国十年三月，188－190.

[35] 林继东. 中华民国宪法释论［M］. 台北：三民书局，1983.

[36]［美］理查德. 尼克松毛泽东是大智慧蒋介石是小聪明［J］. 报刊荟萃，

2008（3）.

[37] 转引刘铮. 南京国民政府行政法院创建问题考［J］. 河南师范大学学报，2011（7）.

[38] 朱采真. 行政诉讼及诉愿［M］. 北京：商务印书馆，1937.

[39] 翁岳生. 行政法与现代法治国家［M］. 台北：祥新印刷有限公司，1987.

[40] 何勤华. 殷啸虎行政法总论（华东政法学院珍藏民国法律名著丛书）［M］. 北京：中国方正出版社，2005.

[41] 转引朱采真. 行政法新论（上编）［M］. 上海：世界书局，1931.

[42] 翁岳生. 行政法（下）［M］. 北京：中国法制出版社，2002.

[43] 转引周海燕. 南京国民政府行政法院论述［J］. 长春师范学院学报，2009（7）.

[44]［德］哈特穆特. 行政法学总论［M］. 毛雷尔，高家伟，译. 北京：法律出版社，2000.

[45] 范扬. 行政法总论（华东政法学院珍藏民国法律名著丛书）［M］. 北京：中国方正出版社，2005.

[46]《行政法院判决汇编》（自民国二十二年度起至三十六年度六月止），中华民国三十七年四月出版.

[47]［德］卡尔拉·伦茨. 法学方法论［M］. 北京：商务印书馆，2005.

[48] 转引阮昌锐. 台湾土著族的社会与文化［M］. 台北：台湾省立博物馆，1994.

[49] 转引唐德宗，王鹏翔. 2006 两岸四地法律发展［M］. 台北：中研院法律学研究所筹备处，2007.

[50] 台湾法律史学会，王泰升，刘恒妏. 以台湾为主体的法律史研究［M］. 台北：元照出版有限公司，2007.

[51] 转引蒋故总统经国先生七十六年及七十七年言论集［M］. 台北：行政院新闻局编印，1988.

[52] 齐光裕. 中华民国的宪法实施发展［M］. 台北：扬智文化业股份有限公司，1998.

[53] 转引自齐光裕. 中华民国的宪法实施发展［M］. 台北：扬智文化业股份有限公司，1998.

[54] 林纪东. 行政法新论［M］. 台北：三民书局，1956.

[55] 转引顾汝勳. 二十年来之行政法院 [J]. 法令月刊, 1970 (10).

[56] 史庆璞. 法院组织法 [M]. 台北: 五南图书出版股份有限公司, 2010.

[57] 行政院新闻局. 蒋总统经国先生七十五年言论集 [M]. 台北: 正中书局, 1987.

[58] 许志雄. 宪法秩序之变动 [M]. 台北: 元照出版有限公司, 2010.

[59] 陈新民. 宪法导论 [M]. 台北: 新学林出版股份有限公司, 2008.

[60] 林子仪, 叶俊荣. 宪法——权力分立 [M]. 台湾: 新学林出版股份有限公司, 2008.

[61] 李建良. 台湾行政诉讼法制的沿革演进与发展课题 [R]. 上册. 2006 两岸四地法律发展, 2007.

[62] 吴庚. 行政争讼法论 [M]. 台北: 元照出版有限公司, 2011.

[63] 史庆璞. 法院组织法 [M]. 台北: 五南图书出版股份有限公司, 2010.

[64] 林胜鹞. 行政法总论 [M]. 台北: 三民书局股份有限公司, 1999.

[65] 北大法意网台湾案例库.

[66] http: //www. laomu. cn/wxzp/ydzx/wenxueqikan/Dswy/dswy2007/dswy20070913 - 1. html.